Johannes Chrysostomus Mitterrutzner

Die Dinka-Sprache in Zentralafrika

Kurze Grammatik, Text und Wörterbuch

Johannes Chrysostomus Mitterrutzner

Die Dinka-Sprache in Zentralafrika
Kurze Grammatik, Text und Wörterbuch

ISBN/EAN: 9783743428263

Hergestellt in Europa, USA, Kanada, Australien, Japan

Cover: Foto ©Paul-Georg Meister /pixelio.de

Manufactured and distributed by brebook publishing software (www.brebook.com)

Johannes Chrysostomus Mitterrutzner

Die Dinka-Sprache in Zentralafrika

DIE
DINKA-SPRACHE

IN

CENTRAL-AFRICA.

KURZE

GRAMMATIK, TEXT UND WÖRTERBUCH.

HERAUSGEGEBEN MIT UNTERSTÜTZUNG DER KAIS.
AKADEMIE DER WISSENSCHAFTEN IN WIEN

VON

Dr. J. C. MITTERRUTZNER.

BRIXEN, 1866.
Verlag von A. WEGER's Buchhandlung.

ROM	LONDON	TURIN	PARIS
J. Spithöver.	D. Nutt.	H. Löscher.	A. Franck.
	BERLIN	MADRID	
	F. Dümmler.	C. Bailly-Baillière.	

„Jedenfalls verdanken wir alle Kenntniss der Dialekte wilder Stämme hauptsächlich, oft auch ganz allein den Missionären."

Dr. Max Müller's Vorles. über die Wissenschaft d. Sprache. S. 48.

SEINEN HOCHVEREHRTEN FREUNDEN

MONSIGNOR

MATTHAEUS KIRCHNER

UND

JOHANNES BELTRAME

IN DANKBARER VEREHRUNG

GEWIDMET

VOM

HERAUSGEBER.

Inhalts-Verzeichniss
(der Grammatik).

I. Lautlehre.

Buchstaben	§. 1.
Andere Laute und Zeichen	§. 2.
Quantität- und Tonzeichen	§. 3.
Vokale und ihre Aussprache	§. 4—8.
Konsonanten und ihre Aussprache	§. 9.
Lautveränderung und Betonung	§. 10—15.

II. Wortlehre.
(Mit syntakt. Regeln).

Hauptwort:
    a) Geschlecht . . . . §. 17—19.
    b) Zahl . . . . §. 20.
    c) Fälle . . . . §. 21.
    d) Diminutive . . . . §. 22.

Beiwort:
    α) Attributives und prädikat. . . . . . . §. 23—24.
    β) Komparativ . . . . §. 25.
    γ) Superlativ . . . . §. 26.
    Abstrakta aus Adjektiven . . . . §. 27.

Zahlwort:
    Grundzahlen . . . . §. 28.
    Ordnungszahlen } . . . . §. 29.
    Die übrigen Zahlwörter }

Fürwort:
a) Persönliche Fürwörter . . . . §. 30—31.
b) Besitzanzeigende „ . . . . §. 32—37.
c) Hinweisende „ . . . . §. 38.
d) Beziehende „ . . . . §. 39.
e) Fragende „ . . . . §. 40.
f) Unbestimmte „ . . . . §. 41.

Zeitwort:
Zeiten und ihre Bildung . . . . §. 43.
Präsens . . . . §. 44.
Perfekt . . . . §. 45.
Futur . . . . §. 46.
Das Passivum . . . . §. 47.
Verschmelzung von aci an u. s. w. . . . §. 48.
Die Negation . . . . §. 49.
Imperativ . . . . §. 50.
Infinitiv und Participien . . . . §. 51.
Irreguläre und defective Verba . . . . . §. 52.

Nebenwort:
Nebenwörter der Zeit . . . . §. 53.
„ des Ortes . . . . §. 54.
„ der Art und Weise . . . . . . §. 55.
„ der Quantität . . . . §. 56.

Verhältnisswort:
Präpositionen und Postposition . . . . . §. 57.

Bindewort:
Aufzählung derselben . . . . §. 58.

Empfindungswort:
Aufzählung der wichtigsten . . . . . . §. 59.

Anhang zur Grammatik.

I. Dinkaische Redensarten . . . . §. 60.
II. Drei dinkaisch-deutsche Dialoge . . . . . §. 61.
III. National-Lied der Dinka . . . . §. 62.
IV. Vater unser, Ave Maria und Credo in der Dinka-Sprache §. 63.

Einleitung.

I.
Die Dinka-Neger.

Die eigentlichen Marksteine des freien Negergebietes bilden im Norden — nahe dem 12° n. Br. — die „Djebel-Nyomúti" oder „Djebel-Denka". Im Süden dieser Hügelgruppe beginnen die Negerstämme der Dinka oder Denka[1]), und bewohnen die beiderseitigen Ufer des Bahr-el-Abiad, seine zahlreichen Kanäle und Nebenflüsse in einer Länge von mehr als hundert deutschen Meilen. Vom 12° bis zum 9° hausen sie am östlichen, vom 10° bis zum 5° fast ausschliesslich am westlichen Ufer des Stromes. Im Norden reicht ihr Gebiet nahe zum 31°, in der Mitte — am 9° n. Br. — bis über den 24° östl. L. v. P.[2]).

Das ganze Dinka-Gebiet ist eine unermessliche Ebene, durch die sich der Bahr-el-Abiad mit seinem weisslich-grünen Wasser mühsam dahinschleppt. Seine Ufer sind von den oben erwähnten „Denka-Hügeln" an bis hinauf zum Sobat, (9° 11' 25") bald rechts bald links mit anmuthigen Wäldern geschmückt, worin Wild jeglicher Gattung sich birgt. Vom Sobat bis zum Lande der Cir (6° n. Br.) sind seine Ufer

---

[1]) Der einheimische Name dieser Stämme ist Djyeng (nach unserer Schreibweise: Jyeng — s. Gramm. S. 9); die Missionäre und andere Europäer machten daraus Dinka oder Denka, je nachdem sie in Jyeng das y oder e vorwalten liessen.

[2]) Vergl. Petermann und Hassenstein: Karte von Inner-Afrika. Blatt 6 und 8.

niedrig; nur hie und da zeigt sich ein Mimosenwäldchen; Grassteppen von Sümpfen durchbrochen, ermüden das Auge [1]).

Die Dinka unterscheiden sich auffallend von ihren nordwestlichen Nachbarn, den Schilluk, und den Nuér, welche zwischen dem 10° und 7° n. Br. ein Enklave bilden; denn sie haben eine mehr hervorragende Stirne, einen an den Schläfen merklicher eingedrückten Schädel und einen hohen schlanken Wuchs. Sie theilen sich in mehrere Stämme [2]), die zwar von Zeit zu Zeit einander befehden, aber doch eine gewisse Zusammengehörigkeit anerkennen, während ihnen die Schilluk und Nuér als Erbfeinde gelten.

Durch das Klima geschwächt sind sie unfähig harte Arbeit zu ertragen; natürlich übt das auch in der Regel auf die Geisteskräfte einen hemmenden Einfluss; dessen ungeachtet gibt es unter ihnen sehr fähige Köpfe, ja Herr Kaufmann, der volle drei Jahre in jenen Gegenden wirkte, sagt geradezu (S. 203), dass man bei ihnen alle Anfänge der Bildung finde: sie treiben Ackerbau und Viehzucht und arbeiten schön in Holz, Eisen und Thon; „wenn sie sich nur kleideten, so würde man sie nicht Wilde nennen." Es gibt unter ihnen gewandte Sophisten und manche dürften an Erfindungsgabe selbst einem Londoner sharper überlegen sein. In den Missionsschulen haben die Kinder sehr entsprochen; Sprachen und Gesang lernen sie mit grosser Leichtigkeit; nur beim Rechnen scheinen sie über die zehn Finger nicht hinaus zu kommen [3]).

Die Bewohner südlich vom Sobat und dem Bahr-el-Gazal pflanzen zur Regenzeit ein wenig Durah und im Innern des Landes, wo es weniger Insekten gibt, einige Hülsenfrüchte,

---

[1]) Vergl. Schilderungen aus Central-Afrika etc. von A. Kaufmann, gew. Missionär. Brixen. Weger. 1862.

[2]) Die wichtigsten Dinka-Stämme sind von Norden nach Süden, und zwar am östl. Ufer: die Abyalang, Agér, Abuyo, Dongiol, Nuér (insofern sie auch dinkaisch reden) und Tuic; am westl. Ufer: die Yangé, Rek, Rol, Kyec, Ghok, Lau, Atuot und Mándari.

[3]) Vergl. Geographische Notizen aus dem apostol. Vikariate in Central-Afrika. Eilftes Programm des k. k. Gymnasium zu Brixen. Von Dr. J. C. Mitterrutzner. Brixen. Weger. 1861.

ohne jedoch das sonst so fruchtbare Land fleissig zu bestellen. Die Faulsten darunter dürften wohl die Kyec sein. Die Stämme, welche nördlich vom Sobat — zwischen 9° und 12° n. Br. — wohnen, bauen viel Durah, die sie dann an die Abu-Rof (Araber) und an die Schilluk verkaufen.

Der einzige und gesuchteste Reichthum der Dinka besteht in grossen Rinderherden, die sie denn auch mit aller Sorgfalt pflegen. Nur Einzelne treiben Fischerei, welche deshalb das ganze Jahr hindurch an den Ufern des Bahr-el-Abiad oder dessen Kanälen bleiben, während die Rinderbesitzer beim Beginne der Regenzeit truppenweise, 40—50 Familien, eine Strecke von 2—3 deutschen Meilen landeinwärts ziehen und dort in der Nähe grosser Pfützen sich niederlassen. Jede Familie rammt 6 – 7 Pfähle in den Boden, legt ein Dach von Reisig und Erde darüber, und der neue „Ansiedelungs-Ring" ist fertig. In der Mitte einer solchen Station befindet sich zur Nachtszeit das Vieh. Um die zahllosen Schnacken, Gelsen u. s. w. ferne zu halten, wird eine Menge getrockneten Rindermistes angezündet, was dann einen fast unerträglichen Rauch und Gestank verursacht. Nach einiger Zeit, bei zunehmendem Regen, wandern sie fast eben so weit tiefer in's Land, wo sie sich dann etwas bessere Hütten (Tokuls) errichten und 5—6 Monate haushalten. Hört die Regenzeit auf, dann kommen sie wieder an den Fluss.

Die feuchte Luft zur Regenzeit erzeugt Fieber und andere Krankheiten, die jedoch weder heftig sind, noch lange dauern. Schlimmer ist es bei der Rückkehr aus dem Innern des Landes, wo sie unter freiem Himmel übernachten müssen. Eine Krankheit, die oft vorkommt, ist der wtyóu (bei den Arabern frentit genannt). Es zeigt sich nämlich, zumeist an den Beinen, ein brennender Schmerz, dann bildet sich eine Geschwulst, die am Ende aufgeschnitten werden muss. Ein Wurm, zuweilen in der Länge einer Elle, kömmt zum Vorschein. Der Kranke kann aber nur dann genesen, wenn es gelingt, den ganzen Wurm herauszuziehen, da er sich stets wieder neu erzeugt, wenn nicht auch der Kopf mit ausgezogen wird.

Als ein Hauptmittel gegen alle Krankheiten betrachten sie die Ruhe; zuweilen benutzen sie dagegen auch Bäder oder den Urin von Kühen; diesen halten sie hoch in Ehren, so dass sie ihn oft unter die Milch mischen und trinken oder auch mit wahrem Wohlbehagen damit den Körper bestreichen.

Haben die Kinder ein Alter von beiläufig 10 Jahren erreicht, so bricht man ihnen die 6 Mittelzähne des Unterkiefers aus, weiss aber dafür keinen anderen Grund anzugeben, als: „uar-kua aci kan loy ayá", unsere Väter haben das auch gethan.

Niemand trägt ein Kleid; nur die verheiratheten Weiber binden sich um die Lenden ein Paar Ziegen- oder Schaffelle, oder gebrauchen ein Rachat (Schambedeckung) aus Leder und hübsch geflochtenen Eisenkettlein.

In der Regel essen sie nur Einmal des Tages und zwar gegen Sonnenuntergang. Ihre Hauptnahrung besteht aus Milch, Durah oder Lotuskörnern. In Zeiten der Noth verzehren sie wohl auch Wurzeln, Kräuter und wilde Früchte, welche die Weiber im Gebüsch oder an den Ufern des Flusses sammeln. Fleisch geniessen sie selten, z. B. bei Hochzeiten, Opfern, oder wenn ein Rind verendet.

Tabak geht ihnen über jeden Leckerbissen; es rauchen Männer, Weiber und Kinder. Fehlt es an Tabak, so rauchen sie am Ende noch Kohlen.

Kein Herrscher, kein Unterthan; jedoch bezeugt man den Besitzern vieler Rinder grosse Ehre und unterwirft sich, obwohl sonst die Lanze die Stelle des Gesetzbuches vertritt, bei Streitigkeiten willig ihrem Ausspruche. Solche Häuptlinge nennen sie: „bayn-did", grose Herren.

Ihre Ansichten und Gebräuche bei schweren Krankheiten, Todfällen, Heirathen, sowie ihre Ideen über Gott, die Schöpfung und das künftige Leben geben wir in drei dinkaisch-deutsch geschriebenen Dialogen als Anhang zur Grammatik, wollen jedoch schon im Voraus bemerken, dass aus mancher Antwort ein Einfluss der ersten Missionäre hervorleuchten dürfte.

II.
Die Mission bei den Dinka. Erforschung der Sprache.

Am 11. Februar 1848 war der Gründer der kathol. Mission in Central-Afrika, P. Maximilian Ryllo S. J. mit seinen Gefährten, darunter der Weltpriester Dr. Ignaz Knoblecher, in Chartum (15° 30′ n. Br. und 50° 20′ ö. L.) angekommen. P. Ryllo starb schon am 17. Juni 1848, und Dr. Knoblecher wurde sein Nachfolger als apostol. Provikar.

Im Jahre 1849 gründete dieser eine zweite Missionsstation zu Gondócoro unter den Bari (4° 42′ 42″ n. Br.) und nannte sie „Station zu unserer lieben Frau." Die Missionäre Angelo Vinco, B. Mosgan, J. Kohl, M. Dovjak, O. Trabant, A. Ueberbacher, Fr. Morlang, A. Kaufmann und A. Viehweider wirkten dort.

Eine dritte Station errichtete der erwähnte Barthol. Mosgan im J. 1854 beim Dinka-Stamme der Kyec (6° 40′ n. Br.) am westlichen Ufer des Bahr-el-Abiad und taufte sie „Heiligkreuz". Hier wirkten ausser ihm die Missionäre Jos. Lanz, Anton Kaufmann, Joh. Beltrame, Daniel Comboni, Angelo Melotto, Franz Oliboni und Franz Morlang. Näheres über die Kyec s. bei Kaufmann a. a. O. S. 81—148.

Herr Dr. Knoblecher, von St. Cantian in Krain, Zögling der Propaganda in Rom, hatte sich schon beim Eintritt in die Mission (1847) durch die vielseitigsten Sprachkenntnisse ausgezeichnet und war daher auch in dieser Beziehung ganz vorzüglich geeignet, eine neue fremde Sprache zu lernen und zu erforschen. Und wirklich hat er auf seinen wiederholten Reisen durch das Gebiet der Dinka-Neger sich vieles notirt und den Missionären mitgetheilt. Ein gründlicheres Studium aber konnten erst die Missionäre unter dem Volke selber machen, und es kostete grosse Mühe, bis sich die Glaubensboten den Eingebornen, und diese jenen verständlich machen konnten.

Herr B. Mosgan, aus Kärnthen gebürtig, weilte vier Jahre unter den Kyec, hat aber nichts Schriftliches in dieser Sprache oder über dieselbe hinterlassen.

XII

Der erste, der sich mit eisernem Fleisse dem Studium der Dinka-Sprache widmete, war der Missionär Hr. Jos. Lanz aus Waalen in Tirol (Diöcese Brixen), welcher im Jahre 1856 nach „Heiligkreuz" kam und durch vier Jahre mit wahrer apostol. Begeisterung arbeitete.

Ihn unterstützte (1858—1860) Herr Anton Kaufmann aus Mühlen in Tirol (Diöcese Brixen). In seinem schon erwähnten vortrefflichen Buche hat er auch über die Sprache der Dinka einige werthvolle Notizen mitgetheilt (S. 95—100).

Mit unermüdlichem Fleisse sammelte auch der Missionär Herr Joh. Beltrame, aus dem Institut des Don Nicola Mazza in Verona, durch 14 Monate (1859 und 1860) alles, was auf diese Sprache Bezug hatte und schrieb: „Regole generali di Grammatica sulla lingua dei Denka", sowie: „Dizionario Denka-Italiano" und „Dizionario Italiano-Denka" (MS.) Auch sein Mitbruder, D. Daniel Comboni, hat sich mit rastlosem Eifer der Erforschung dieser Sprache gewidmet.

Im Jahre 1858 unternahm Dr. Knoblecher eine Reise nach Europa, und starb am 13. April zu Neapel. Das hohe Comité des Marienvereins zur Förderung der kathol. Mission von Central-Afrika in Wien, sowie die Propaganda in Rom baten den apostol. Missionär zu Chartum, Herrn Matthäus Kirchner aus Bamberg in Bayern, Dr. Knoblechers Würde und Bürde zu übernehmen. Als Provikar kopirte er sich nun alle sprachlichen Vorarbeiten der Missionäre von Heiligkreuz, und berichtigte vieles im Umgang mit Dinka-Knaben, welche in der Missionsschule zu Chartum und Schellâl (wo im Jahre 1859 eine neue Station errichtet wurde) erzogen wurden. Der talentvollste und sprachgewandteste unter diesen Missionsknaben war Anton Kacual.

Im Jahre 1860 war Herr Morlang, der über 4 Jahre bei den Pari-Negern gearbeitet und besonders über die Sprache derselben gründliche Studien gemacht hatte, nach „Heiligkreuz" versetzt. Ein talentirter Bari-Knabe, Franz Xav. Logwit Lo-Ladú begleitete ihn. Sie blieben zwei Jahre

XIII

in dieser Station und benutzten diese Gelegenheit, auch das Dinkaische zu erlernen.

Im Einverständniss mit der Propaganda in Rom übergab Herr Provikar Kirchner 1861 die ganze Mission dem seraphischen Orden und kehrte nach Europa zurück. Für seine Verdienste um die kathol. Mission in Central-Afrika verlieh ihm Papst Pius IX. den Titel eines päpstlichen Ehrenkämmerers und Se. Majestät Kaiser Franz Joseph von Oesterreich das Ritterkreuz des Franz-Joseph-Ordens.

Den apostol. Provikar Dr. Knoblecher hatte ich schon in den Jahren 1846 und 1847 in Rom kennen gelernt. Als er das erste Mal von Afrika nach Europa reiste (1851), besuchte er mich in Brixen, und von diesem Jahre an stand ich mit der afrikanischen Mission in einem sehr freundschaftlichen Verhältnisse und in einem fortwährenden Briefwechsel mit fast allen Missionären. Desshalb ersuchte ich den Msgr. Kirchner bei seiner Rückkehr (1861) seinen dinkaischen Sprachschatz zum Nutzen künftiger Missionäre in jenen Gegenden und zum Frommen der Sprachwissenschaft zu ordnen und zu veröffentlichen. Jedoch die vielen neuen Berufsgeschäfte — er wurde Seminar-Regens in Bamberg — hinderten ihn daran.

Herr Kaufmann war schon im Jahre 1860 aus Afrika zurückgekehrt und hatte sich in Brixen niedergelassen. Herr Morlang folgte ihm 3 Jahre später, begleitet vom 15jährigen Negerknaben Franz Xaver Logwit, und erhielt von seinem Bischofe den Auftrag, auch in Brixen zu bleiben.

Dieses günstige Zusammentreffen weckte in mir den Gedanken die Dinka-Sprache zu lernen. Zu diesem Zwecke suchte ich mir auch die Manuscripte von Msgr. Kirchner und Herrn Beltrame zu verschaffen. Ich reiste nach Bamberg und Herr Kirchner theilte mir mit freundlichster Zuvorkommenheit alle seine „Dinkaica" mit; auf gleiche Weise übergab mir Herr Beltrame, den ich in Verona begrüsste, alle diessbezüglichen Arbeiten. Sofort kopirte ich alle Handschriften und durchging mit Herrn Morlang und dem sprachkundigen

XIV

Logwit das fast 3000 Wörter umfassende Vokabularium. Dabei gewann ich einen mehrfachen Vortheil, nämlich vorerst die genaue Aussprache eines jeden Dinka-Wortes [1]) und dadurch die Möglichkeit, das Gehörte treu schriftlich wiederzugeben, und dann die Bedeutung der einzelnen Wurzeln zu erforschen. So wurde es mir leicht, die Grammatikalien zu einer kleinen Grammatik zu erweitern und den Text zu revidiren. Ein fernerer Gewinn erwuchs mir daraus, dass die beiden Lehrer mir jedesmal auch den Ausdruck in der benachbarten Bari-Sprache dictiren konnten, so oft derselbe identisch oder doch ähnlich war.

Allen, die auf diese Weise meine Arbeit gefördert haben, sei hiemit mein herzlichster Dank ausgesprochen.

Andere Vorarbeiten standen mir nicht zu Gebote und sind wohl auch nicht vorhanden. Denn Kaufleute und Reisende, welche das Dinka-Gebiet durchzogen und dann auch etwas über diese Sprache schrieben, wurden nur zu oft von den sie begleitenden Dolmetschern mystificirt; so der sardinische Konsul Brun-Rollet, der im Jahre 1856 eine Reise in die Sumpfregionen des Nam-Aith machte und dann seinem Berichte Vokabularien der Dinka-, Nuér- und Schilluk-Sprache beifügte [2]).

Von den 300 „Dinka-Wörtern" sind kaum 30 richtig verzeichnet oder so entstellt, dass man erst nach langem Grübeln zur rechten Wurzel und Bedeutung gelangt. Da alle Dinka-Stämme nur Eine Sprache reden, die sich dialektisch nicht viel unterscheidet, so kann man auch nicht annehmen, dass Brun-Rollet oder sein Dragoman etwa den Dialekt eines einzelnen Stammes im Auge gehabt.

In Bezug auf die Schreibweisen bin ich von den deutschen und italienischen Handschriften bedeutend abgewichen und habe

---

[1]) Davon überzeugte ich mich im Sept. 1861 und 1865, wo ich mit dem oben erwähnten A. Kacual in Verona und Brixen durch mehrere Tage dinkaisch conversirte.
[2]) In Dr. A. Petermann's Mittheilungen. Ergänz. Heft Nr. 7. 1861.

XV

einem Eklekticismus gehuldigt. Philologen werden sich damit leicht zurechtfinden.

In welche Sprachenfamilie nun das Dinkaische gehöre, mögen die Gelehrten von Fach entscheiden. Ich habe zu meinem Privatvergnügen die Wurzeln dieser Sprache mit denen der semitischen, indogermanischen und namentlich auch mit denen der bisher erforschten afrikanischen Sprachen[1]) verglichen, will aber mein Urtheil darüber ganz bescheiden zurückhalten; mir genügt es, die Arbeiten der wackern Missionäre gewissenhaft zusammengestellt zu haben.

---

[1]) 1. Outlines of a Grammar of the Vei-Language together with a Vei-English Vocabulary, by S. W. Kölle. London. Ch. Miss. House. 1854.
2. Grammar of the Bornu or Kanuri-Language, by S. W. Kölle. London 1854.
3. Polyglotta Africana or a comparative Vocabulary etc. etc. by S. W. Kölle. London 1854.
4. A Grammar of the Galla-Language by Charles Tutschek, edit. by Lawrence Tutschek. M. D. Munich 1845.
5. Lexicon der Galla-Sprache. Von Karl Tutschek etc. München 1844.
6. Vocabulary of the Galla-Language by J. L. Krapf. London 1842.
7. Collection of Vocabularies of central-African-Languages, compiled and analyzed by Henry Barth I. and II. Vol. Justus Perthes. 1862. (Die Dinka-Sprache ist darin nicht berücksichtiget.)
8. A comparative Grammar of south-African-Languages, by W. H. J. Bleek. Ph. D. P. I. Phonology. London 1862.

I.
KURZE GRAMMATIK.

Erster Theil.
Lautlehre.

Erstes Kapitel.
Von der Schrift.

A. Buchstaben.

§. 1.

Die Dinka ritzen oder schneiden oft die rohen Umrisse von Menschen, Krokodilen, Schildkröten, Vögeln und anderem Gethier mit einem Dorn oder spitzigen Eisen in weiche Kürbisschalen. Dieses Eingraben nennen sie gôr, ein Ausdruck, welcher der indogermanischen Wurzel mit derselben Bedeutung entspricht.

Sahen sie nun einen Missionär schreiben, so hiess es: yen a gôr, er gräbt ein, ritzt ein, zeichnet. Selbstzeichner in diesem Sinne sind sie nicht; sie besitzen weder eine eigene Schrift, noch kennen sie eine fremde.

Um daher die Laute dieser Negersprache möglichst genau zu fixiren, wählen wir das lateinische Alphabet mit einigen Modifikationen und Beigabe des teutonischen w:

a, b, c, d, e, f, g, gh, h, i, y, j, k, l, m, n, ñ, ng, o, p, r, t, u, v, w, wd, wn, wt.

Anmerkung. 1) Die Buchstaben q, s, x, z lassen wir weg, weil ihre entsprechenden Laute im Dinkaischen nicht vorkommen.

2) Das y setzen wir gleich nach i, weil es einerseits als kurzes i dient, andererseits unser deutsches „j" vertritt.

3) Die Dinka haben einen unserm deutschen „k" ganz entsprechenden Laut, den wir durchaus mit k bezeichnen, obgleich es auch anginge, einzelne ganz gleichlautende Wörter mit einer verschiedenen Bedeutung durch Anwendung des „q" zu unterscheiden. So heisst z. B. gak, Blume, und dasselbe gak (gaq), Rabe; gåk, aufsitzen (von Schiffen) und gåk (gåq) Berathung, Rathsversammlung. So haben auch gelehrte Transscriptoren in den semitischen Sprachen zwischen kaf und kof (kef) genau unterschieden, und ersteres mit q, letzteres mit k bezeichnet; z. B. Barthélémy: Vocabulaire phraseologique français-arabe und Conte Miniscalchi-Erizzo: Sistema di trascrizione etc. Vol. VII. delle memorie dell' J. R. Istituto Veneto di scienze, lettere ed arti. Venezia. 1858. Jedoch in Egypten hörte ich das von Barthélémy transscribirte qâl, yeqùl, teqùl genau wie gâl, yegùl und tegùl sprechen. Desshalb wählte ich durchweg das k.

B. Andere Laut- und Lesezeichen.

§. 2.

Um den Laut einzelner Buchstaben genau wiederzugeben, müssen wir folgende Zeichen zu Hilfe nehmen:

α) Das Zeichen (°) auf dem a (å), um dessen tiefen Laut anzudeuten.

β) Einige Dinka-Wörter haben im Auslaut ein nasales n, ähnlich dem italienischen gn, oder dem spanischen ñ. Wir adoptiren dies letztere, um obigen Laut zu bezeichnen.

γ) Etwa 40 Dinka-Wörter haben, zumeist im Anlaut, eine ganz eigenthümliche Aussprache. Man könnte sie am füglichsten mit der des arabischen Ghain vergleichen. Wir bezeichnen diesen Laut mit gh.

δ) Zu den Lesezeichen rechnen wir auch das w vor d, n oder t, wobei das w selbst nicht gehört wird, die

Stellung der Lippen aber vor der unmittelbaren Aussprache von d, n oder t eine solche sein muss, als wollte man eben auch das w aussprechen.

ε) Durch den Bindestrich (-) bezeichnen wir die nahe Zusammengehörigkeit der betreffenden Ausdrücke.

C. Quantität- und Tonzeichen.

§. 3.

Der **Circumflex** (ˆ) bezeichnet immer eine, meist durch Kontraktion, lange Silbe und kann auf jedem der Vokale â, ê, i, ô oder û stehen.

Der **Akut** oder **Hochton** entspricht genau seiner Funktion in andern Sprachen, z. B. im Griechischen, Französischen.

Der **Gravis** oder **Tiefton** wird nur über e oder o gesetzt (è, ò) und bedeutet dann: 1) dass è und ò kurz gelesen werden, und 2) dass è einem kurzen ö, ò aber einem kurzen ou entspricht. Zuweilen ist dieses è oder ò auch lang, und dann bezeichnen wir es so: ȅ, ȍ.

Zweites Kapitel.
Von den Lauten.

A. Von den Vokalen und ihrer Aussprache.

§. 4.

Trägt ein Vokal kein Quantität- oder Tonzeichen, so ist er jedesmal, mit Ausnahme des i, **hell** und **kurz** auszusprechen. Das i ist ein **halblanger** Vokal.

A lautet also wie im lateinischen lac, im deutschen all, im italienischen ma; z. B. bak, kommet; larak, hängen, stocken bleiben; akarab, Doleb-Palme.

à lautet wie im lateinischen panis, im deutschen Ader, im italienischen caro; z. B. abâr, lang; lâr, beherbergen; mât, vereinigen; pâl, Verzeihung.

å ist ein tiefes dumpfes a, ähnlich dem englischen a in fall, all, walk; z. B. kår, suchen, nachspüren; låk, sich waschen, baden; mål, nicht wollen.

§. 5.

E entspricht dem kurzen deutschen oder lateinischen e; z B. mem (amem), unordentlich; nen, ausschelten; tem, schneiden.

ê lautet wie e in extrêmus, suprêmus; z. B. mêk, errathen; mêr, leuchten, erleuchten; têt, Ordnung (Freudenmahl).

Anmerkung. Nur die beiden persönl. Fürwörter uêk, ihr, und kêk, sie, haben eine zwischen ê und è schwankende Aussprache. Herr Beltrame schreibt uek und kek = uêk und kêk. Nach meinem Gehör nähert sich der Laut mehr dem langen e; ich schreibe desshalb auch uêk und kêk.

è klingt wie das e in den einsilbigen französischen Wörtern: le, se, te u. s. w.; z. B. abèl, dumm; kèl, Nashorn; rèm, Soldat.

è ist das lange è; z. B. nèm, besuchen: rèm, zermalmen.

§. 6.

I ist ein halblanger Vokal; z. B. in yin, du, dich; yit, entlauben.

î ein gedehntes i; z. B. arìl, fest, stark; yìl, jucken; nîn, Schlaf.

y (als Vokal) ist immer kurz; z B. loy, machen; nay, flechten, drehen.

Anmerkung. Steht y unmittelbar hinter n (ny), so lautet es fast wie das italienische gn oder das spanische ñ, nämlich wie ein rasches, nasales nj; z. B. wnyal, oben, hinauf; Himmel; nyan, lecken. Ebenso lautet yn im Ausgang eines Wortes, falls vor dem y noch ein Vokal steht, z. B. in kuayn, auflesen. Man könnte also wohl auch: wñal, ñan, kuañ schreiben.

§. 7.

O entspricht dem lateinischen kurzen o; z. B. dol, falten; dom, Mörser; tok, eins.

ô ist unser langes o; z. B. dôt (dôd), Ziegel; dôr, Friede; rôk, stottern..

ò bildet in der Aussprache einen Diphthong óu, wobei jedoch das o vorherrscht; z. B. ròm, schreien, brüllen; ròg, Zaun; tòm, Zither, Leier.

ǒ ist das lange ò; z. B. in mǒn, überschatten; muǒd, Draht; nǒn, Heu, Stroh, Gras.

§. 8.

U bezeichnet ein kurzes lateinisches u; z. B. gul, ausweichen; pul, Teich, Pfuhl; ruk, binden, umbinden, ankleiden.

û ist das lange lateinische u; z. B. pûr, ackern, Ackereisen; rûr, Nebel; tût, tief.

B. Von den Konsonanten und ihrer Aussprache.

§. 9.

B hat im An- und Inlaut eine mehr weiche Aussprache, am Ende der Wörter aber nähert es sich dem p; daher schrieben die Missionäre bald kab, bald kap, fassen (cap-ere); bald lyeb, bald lyep, Zunge.

c lautet durchaus, also auch vor a, o, u, wie das italienische c vor e oder i, wie das englische ch in church, much, such, oder das spanische ch in muchacho, noche, chico; z. B. cal, mangeln; cer, rollen; cyek, kurz sein; col, rufen; cuol, finster werden, schwarz sein. Nur am Ende der Wörter oder vor Suffixen lautet es wie ein d mit dem Nachklang eines sehr weichen deutschen „sch", ähnlich dem magyarischen gy in nagy, magyar;

z. B. in anyèc, die rothe Ameise; mac, Feuer; yio, das Innere, Bauch u. s. w.

d wechselt in der Aussprache öfter mit t; z. B. dôd oder dôt, Ziegel.

f ist nicht eine reine Labial-Spirante, wie in andern Sprachen, sondern streift an p, und kömmt nur in folgenden Wörtern vor: fât, Schale, Rinde, Thierhaut; fek, genügen, genug sein; aca-fuol, genug, und fokej, umstürzen.

g hat durchweg den deutschen Laut, wird also vor e und i nicht gequetscht.

gh ist, wie schon bemerkt worden (§. 2. γ) am besten mit dem arabischen Ghain zu vergleichen, jedoch viel gelinder und kaum hörbar zu sprechen; ich möchte dieses gh einen spiritus lenis ex imo gutture nennen, z. B. ghên, ich, mir, mich; ghôg, wir, uns — fast wie 'ên, 'ôg ('uôg) zu sprechen.

h kömmt nur in den Gegenden nördlich vom Sobat vor und da nur in einigen Wörtern; z. B. abahr, lang; kohk, sich räuspern; jyahr, wiederkauen: laht, Gürtel. In diesen Wörtern lautet nun h wie ein sehr weiches deutsches „ch". Südlich vom Sobat fällt das h in der Aussprache weg, und wird der vorausgehende Vokal gedehnt.

y (als Konsonant) hat den Laut des deutschen j in jung, jagen; oder des englischen y; z. B. yen, er, sie, es; yin, du, dich.

j gebrauchen wir zur Bezeichnung eines weichen „dsch"- Lautes, wie ihn derselbe Buchstabe im Englischen hat, z. B. in den englischen Wörtern: jeer, jest, just. Wir schreiben also: jam, reden; jet, rösten; jot, ziehen — mit der Aussprache: dscham, dschet, dschot.

k, l, m, n lauten wie im Deutschen; jedoch im Auslaut ist k oft weich, wie g.

ñ (s. §. 2. β) entspricht dem italienischen gn oder dem spanischen ñ; z. B. biñ, Becher, Schale; piñ, Erde, Welt, Boden, Tiefe; unten.

ng ist ein unserm ng in Ding, jung u. s. w. entsprechender Laut, und kömmt oft vor im An-, In- und Auslaut dinkaischer Wörter; z. B. nga, wer? ye yi nga, wer bist du? a-ngau, Katze; kong, ächzen.

Anmerkung. Im Inlaut trennen wir das ng von der vorhergehenden Silbe, um dessen richtige Aussprache zu sichern, damit man z. B. nicht an-gau statt a-ngau lese.

p hat in der Regel einen harten Labial-Laut, jedoch in dem Worte apuat, gut, in den compositis, z. B. kepuát, das Gute, die Tugend, und in wenigen andern Wörtern streift das p fast an einen f-Laut.

t lautet auch vor i (y) mit folgendem Vokal wie das griechische τ, also nie wie z oder c.

v kommt nur selten vor und hat dann denselben Laut wie im Italienischen oder Französischen.

w entspricht unserm deutschen „w", so oft es vor einem Vokal steht. Was es vor d, n und t (wd, wn, wt) für eine Bedeutung habe, ist §. 2. δ angegeben worden.

Drittes Kapitel.

Lautveränderung und Betonung.

§. 10.

Wir übergehen hier diejenigen Lautveränderungen, welche bei einzelnen Verben im Perfekt und Futur, oder einzelnen Substantiven im Plural u. s. w. vorkommen, und beschränken uns auf die eigenthümliche Mutation jener Substantive, welche sich auf b, p, c, j, g, k, d, t, endigen.

Bei diesen wird in der Regel der letzte Buchstabe in gewissen Fällen in einen andern verwandelt; jedoch gilt dies nur für die Einzahl. Die erwähnten Buchstaben ändern sich nun nach folgendem Gesetz:

b oder p geht über in m;
c in ñ (yn);
j in ng;
g, k, d, t, in n, wohl' auch zuweilen in ng.

§. 11.

Diese Veränderung tritt regelmässig ein (ausgenommen bei j):

1) so oft einem solchen Substantiv α) das hinweisende e (Stellvertreter des bestimmten Artikels) als Suffixe beigefügt wird; β) das demonstrative ó angehängt wird; γ) so oft ihm unmittelbar der Index des Genitivs (e) folgt; δ) bei der Diminutiv-Suffixe: ti, tintet u. s. w.

Beispiele.

Lyeb (lyep), Zunge; lyeme, die Zunge; lyemé, diese Zunge; lyem e wtåk, Zunge des Schafes, der Ziege; lyemti, eine kleine Zunge.

Mac, Feuer; mañe (mayne), das Feuer; mañé (mayné), dieses Feuer; mañ (mayn) e tur-e-mac, das Feuer des Pulvers.

Tik, Weib, Frau; tine, das Weib; tiné, dieses Weib; tin oder ting e ran, Weib des Mannes.

Did (dit), Vogel; dine, der Vogel; diné, dieser Vogel; din e uène, Vogel des Knaben.

Ghut, Haus; ghune, das Haus; ghuné, dieses Haus; ghun e Dén-did, Haus Gottes, Kirche.

Anmerkung. Cuèj bleibt in diesen Fällen unverändert; man sagt also z. B. cuèj e dûr, zur Rechten des Altares, und nicht: cuèng e dûr.

§. 12.

Diese Mutation geschieht 2) so oft diese Substantive ein Eigenschaftswort hinter sich haben. Als ein solches gilt auch tok, so oft es nicht Zahlwort, sondern unbestimmter Artikel ist.

Beispiele.

Lyem bâr, eine lange Zunge.
Maß did (mayn did), grosses Feuer, ein Brand.
Din did, ein grosser Vogel.
Ghun dik (dig), ein schönes Haus.
Tin tok, ein Weib; dagegen tik tok, ein Weib.

§. 13.

Endlich 3) ändert sich der Final-Buchstabe solcher Substantive, wenn ein Pronomen als Suffixe folgt.

Beispiele.

Lyem-dia, lyem-du, lyem-de u. s. w., meine, deine, seine (ihre) Zunge.
Cuèng-dia, cuèng-du, cuèng-de u. s. w., meine, deine, seine Rechte.
Din-dia, din-du, din-de u. s. w., mein, dein, sein (ihr) Vogel.
Ghun-dia, ghun-du, ghun-de u. s. w., mein, dein, sein (ihr) Haus.

§. 14.

Ausgenommen sind jedoch guop, Körper, luop, Erzählung, Gleichniss, rap, Getreide; z. B. guop-du, dein Körper; luope, das Gleichniss; rap-dia, mein Getreide. Dahin gehört auch còk, Fuss, das ganz unverändert bleibt, und rèc, Fisch, vor den Suffixen: dia (mein) und da (unser).

Dagegen unterliegen mehrere Substantive, deren Auslaut ein Vokal ist, einer ähnlichen Veränderung; z. B. bay, Gehöfte, Dorf, Gemeinde, bildet ban (öfter pan); jó, Hund, bildet jóng;

nya (gna, ña), Mädchen, bildet nyan (gnan, ñan); puóu, Herz, bildet puón; ryey, Schifflein, bildet ryen.

§. 15.

Sind die Vokale eines mehrsilbigen Wortes mit keinem Tonzeichen versehen, so gilt die Regel, dass alle Silben die gleiche Tonhöhe haben; z. B. in akarab, Doleb-Palme; ajonkor, Pferd. Sind Tonzeichen angegeben, so lese man sie nach §. 3. Von besonderer Wichtigkeit ist hiebei die rechte Betonung des i, í und ì, um dadurch argen Missverständnissen vorzubeugen. So heisst z. B. yen aci tóu, er ist gestorben; dagegen uéy acì tóu, die Seele stirbt nicht. Während ferner ací die Negation für's Präsens und Futur ausdrückt, bezeichnet acì das Passivum im Präsens und Perfekt. Abi ist die Präformative des aktiven Futurs, und abì die Formative für das Passivum im Präsens und Futur.

Zweiter Theil.

Wortlehre mit syntaktischen Bemerkungen.

§. 16.

Wir unterscheiden — mit Friedrich Bauer¹) — folgende Wörterklassen oder Redetheile:

I. **Nenn-** oder **Hauptwort**; z. B. tim, Baum; ghut, Haus; ran, Mann; tik, Weib.
II. **Beiwort**; z. B. apuat, gut; arac, schlecht; adid, gross.
III. **Fürwort**; z. B. ghên, ich; kan, dieser; yen, er, jener.
IV. **Zahlwort**; z. B. tok, eins; róu, zwei; tuèng, der erste.
V. **Zeitwort**; z. B. lek, sagen; tak, denken; nin, schlafen.
VI. **Nebenwort**; z. B. adik, schön; tedc, hier; wnyak, morgen.
VII. **Verhältnisswort**; z. B. ke (keke), mit; etong, von, zu u. s. w.
VIII. **Bindewort**; z. B. bi, damit; lone, aber; na, als, nachdem.
IX. **Empfindungswort**; z. B. ô, wohl, ja wohl! agó, weh!

Anmerkung. Der nicht oft gebrauchte und meist nur nördlich vom Sobat in der Halbinsel Sennaar vorkommende bestimmte Artikel — das suffixe e, im Plural ke — ist, wie im Deutschen, nur das abgeschwächte pronomen demonstrativum (yen, ye, o), sowie der unbestimmte Artikel tok (als Suffixe) das abgeschwächte Zahlwort tok, eins, ist.

---

¹) Grundzüge der Neuhochdeutschen Grammatik etc. Nördlingen. Beck 1853.

Erstes Kapitel.

Das Substantiv.

A. Geschlecht.

§. 17.

Für das männliche und weibliche Geschlecht bei Personen gibt es unterscheidende Bezeichnungen; z. B. ran, Mann; wton, Männchen; tik, Weib; nguot, Weibchen; nya, Mädchen; mewt, Knabe.

§. 18.

Anders ist es bei den Thiernamen. Jonkor (ajonkor) heisst Ross, Hengst; will man nun ausdrücklich die Stute bezeichnen, so setzt der Dinka dem Ausdruck jonkor das Wort tik, Plural dyar, oder nguot, Plural ngût vor und setzt ein e zwischen beide Begriffe oder hängt dem erstern Worte dieses e an, jenachdem man das e als Zeichen des Genitivs, oder als bestimmten Artikel ansehen will; jedenfalls muss dann nach der oben §. 11 aufgestellten Regel verfahren werden. Stute heisst also: tin e jonkor oder nguon e jonkor, Weib (Weibchen) des Rosses; oder auch: tine jonkor eder nguone jonkor, d. h. das Weib-Ross (Weibchen-Ross). Im Plural aber müsste man sagen: dyarke jonkor oder ngûtke jonkor.

§. 19.

Will man umgekehrt ein männliches Thier bezeichnen, für das kein eigener Ausdruck existirt, so setzt man dem allgemeinen Namen entweder wton oder muor (beide Ausdrücke bedeuten Männchen) vor; z. B. wton-ajid oder muor-ajid, Hahn, eigentlich: Männchen der Henne.

Anmerkung. Bei wtâk (Ziege, Schaf) sagt man gewöhnlich: ran e wtâk, um den „Bock" zu bezeichnen (wohl auch: muor-e-wtâk).

B. Zahl.

§. 20.

Es gibt im Dinkaischen eine Ein- und eine Mehrzahl, jedoch keine bestimmte allgemeine Regel, nach welcher aus dem Singular der Plural gebildet wird. Wir bemerken hierüber nur Folgendes:

a) Nicht wenige Substantive haben im Plural dieselbe Form, wie im Singular; z. B. jonkor heisst Ross und Rosse; jual heisst Muschel und Muscheln; abuok heisst Gazelle und Gazellen. Will man die Mehrheit bestimmt ausdrücken, so geschieht es — in den nördlichen Gegenden — durch den Plural des bestimmten Artikels ke, z. B. jonkorke, jualko; oder durch die entsprechenden Numeralien, z. B. jonkor róu, wdetem, 2, 6 Rosse, oder endlich durch die Beifügung von cuec, viele.

b) Manche Substantive verwandeln den langen Stammvokal des Singulars in den kurzen; z. B. rál, Ader; Pl. ral, Adern; pûr, Karst, Ackereisen; Pl. pur, Karste.

c) Andere dagegen den kurzen Stammvokal in den langen; z. B. ror, Wald, Wildniss; Pl. rôr; tim, Baum; Pl. tîm.

d) Viele Substantive bilden den Plural durch Umlaut des Stammvokals; z. B. bay, Gehöfte; Pl. bey; atyap, Glut, Kohle; Pl. atyep; yuén, Strick; Pl. yuin; nom, Kopf; Pl. nim.

e) Manche erleiden im Plural eine Kontraktion; z. B. lyeb (p), Zunge; Pl. lib (lip); nguot, Weibchen; Pl. ngût.

f) Einzelne haben eine ganz eigene Form; z. B. ran, Mann, Mensch; Pl. rôr; tik, Frau, Weib; Pl. dyar.

g) Andere Unregelmässigkeiten, z. B. puóu, Herz, Wille etc., Pl. puót; uet, Wort; Pl. uel u. s. w. werden wir im Wörterbuche verzeichnen.

C. Fälle.

Paradigma einer Deklination.

§. 21.

	Einzahl.	Mehrzahl.
Nominativ:	ran, Mann;	rŏr. Männer;
	ran, Mannes;	rŏr, Männer;
Genitiv:	e, de, ke, kede, ken, kene } ran, Mannes;	e, de, ke, kede, ken, kene } rŏr; Männer;
Dativ:	ran, etong ran } Manne;	rŏr, etong rŏr } Männern;
Akkusativ:	ran, Mann;	rŏr, Männer;
Vokativ:	ran, Mann!	rŏr, Männer!
Ablativ:	tede ran, etong ran, tong ran } von (dem) Manne;	tede rŏr, etong rŏr, tong rŏr } von Männern;

ke (keke) ran, mit (dem) Manne. ke (keke) rŏr, mit Männern.

Anmerkung. 1) Der Vorschlag de beim Genitiv kommt zumeist in den nördlichen Gegenden (Sennaar) vor und bedeutet Sache, Eigenthum. Auch ke (ken, kene und kede) hat dieselbe Bedeutung, nämlich: Ding, Eigenthum; das was.

2) Soll das Substantiv den bestimmten Artikel erhalten, so sage man: rane, im Plural: rŏrke.

3) Kommen Ausdrücke vor, die auf c, d, k, t, b, p auslauten, so verfahre man nach der Regel von §. 11.

Syntaktische Bemerkungen und Beispiele.

1) Der Nominativ (Subjekt) steht in der Regel am Anfang des Satzes; z. B. Logwit aci kan luel, Logwit hat das gesagt.

2) Der Genitiv folgt auf das Substantiv, von welchem er abhängt, und zwar *a*) ohne Vermittelung (aber nur selten);

z. B. mán nya, Mutter des Mädchens; β) mit vorausgehendem (zwischen beide Substantive tretendem) e, (de), oder ke (kede, ken, kene); z. B. tin e (tin de) beyn-did, Weib des Häuptlings; ryey ke (kede) Simon, ein Schiff des Simon; kan kene ran, das (ist Eigenthum) des Mannes.

3) Der **Dativ** steht regelmässig nach dem Verb; z. B. an aci kan yek ran, ich habe das dem Manne gegeben; yen abi kan yek ghên (etong ghên, er wird das mir geben.

4) Das vom Verb abhängige Objekt (**Akkusativ**) steht im Präsens (im **Indikativ** und **affirmativen Imperativ**) nach dem Verb; im **Futur** und **Perfekt**, sowie bei der **Negation vor** demselben; z. B. ghên a dek câ, ich trinke Milch; bei piu, bring Wasser; yen aci piu bei, er hat Wasser gebracht; yen abi piu bei, er wird Wasser bringen; dûne piu bei, bringe kein Wasser.

5) Der **Vokativ** hat dieselbe Form wie der Nominativ und seinen Platz am Anfange des Satzes.

6) Der **Ablativ** wird durch die Verhältnisswörter tede oder etong (tong), von, durch, aus u. s. w., und nach Umständen durch ke (keke), mit, ausgedrückt. Seine Stellung im Satze ist gar verschieden.

D. Diminutive.

§. 22.

Will der Dinka das **Diminutiv** eines Substantivs ausdrücken, so hängt er der Einzahl desselben eine der Suffixen ü, tine, tintet oder tinakan an; im Plural fügt er dem Substantiv titet oder tiakan bei; z. B. ran, Mann; ranti, rantine, rantintet, rantinakan, Männlein; rôr, Männer; rôrtitet, rôrtiakan, (die) Männlein.

So auch ryey, Schiff; ryentintet, Schifflein; Pl. ryeytitet (auch ryetitet), (die) Schifflein; kûr, Stein; kûrtinakan, Steinlein; Pl. kûrtiakan.

Zweites Kapitel.
Beiwort.

A. Attributives und prädikatives.

§. 23.

Wir unterscheiden ein attributives und ein prädikatives Beiwort. Ersteres ist gewöhnlich ein ein- oder zweisilbiges Stammwort; z. B. bâr, lang, did, gross, puat, gut. Man unterscheidet dabei weder Geschlecht noch Zahl.

Syntaktische Regel.

Das Beiwort steht seinem Substantive immer nach; z. B. ran did, grosser Mann; ryen bâr, langes Schiff; uèn puat, gutes Kind; tin puat, gutes Weib; dyar puat, gute Weiber; ròr did, grosse Männer.

Anmerkung. Der Euphonie wegen wird zuweilen, namentlich wenn das Substantiv auf d oder t auslautet, und das Beiwort mit d oder t anfängt, dem Beiwort ein a vorgeschlagen; z. B. miwt adid, grosse Knaben. Die Konstruktion im Singular s. §. 12.

§. 24.

Ist das Beiwort prädikativ, so erhält es ein a, in männlichen Wörtern wohl auch e, als Vorschlag; z. B. uèn apuat, (das) Kind ist gut; ryen abâr, (das) Schiff ist lang; acuèr arac, (der) Dieb (Räuber) ist schlimm. Ebenso im Plural.

Anmerkung. Die Form rac (arac) geht oft in rec, und bâr (abâr) in bêr über.

B. Steigerung.

a) Komparativ.

§. 25.

Der Komparativ kann verschieden ausgedrückt werden und zwar:

1) dadurch, dass man nach dem Positiv e oder (noch öfter) ke (mit) setzt; z. B. rên adid ke (e) yin, ich bin grösser als du, wörtlich: ich bin gross mit dir (verglichen). Diese Art des Komparativs kommt am öftesten vor.
2) Durch den Positiv und Superlativ zugleich; kan apuat ko kene apuat arêd, das ist besser, wörtlich: dieses ist gut und jenes ist sehr gut.
3) Durch auer ('uer), mehr, mehr als, und a-nguen, besser.

b) Superlativ.

§. 26.

Den Superlativ bildet man entweder:
1) durch arêd, sehr; — es wird dem Beiwort nachgesetzt; z. B. bâr arêd, sehr lang; apuat arêd, sehr gut; oder
2) durch Iteration des Adjektivs, besonders wenn etwas Sinnenfälliges bezeichnet wird; z. B. lang-lang, schimmernd, sehr hübsch; adik-adik (wohl auch atig-tig), sehr schön; akut-kut (akût-kût), dichtgedrängt, sehr voll.
3) Endlich kann der Superlativ durch den Positiv und die Präposition etong, unter, ausgedrückt werden; z. B. yen abâr etong koyc eben, er ist lang unter allen Leuten (d. h. der längste).

C. Abstrakta aus Adjektiven.

§. 27.

Wir haben schon §. 21, Anm. 1 angeführt, dass ke, Sache, Ding, etwas, das was u. s. w. bedeutet. Will man nun ein abstraktes Substantiv bilden, so verbinde man dieses ko (im Plural ka) mit der Form des attributiven Beiworts; z. B. kepuát, Güte, Tugend; Plural: kapuát; kerác, Schlechtigkeit, Laster, Sünde; Plural: karác; kedíd, Grösse; Plural: kadíd; kemid, die Süssigkeit; Plural: kamid.

Anmerkung. 1) Das Adverb a-nguen, besser, erlangt durch diese Zusammensetzung mit ke die Bedeutung des Superlativs; z. B. Dén-did ye ke-nguen, Gott ist das höchste Gut 2) Bei diesen abstrakten Substantiven ruht der Ton immer auf der letzten Silbe.

Drittes Kapitel.

Zahlwort.

§. 28.

a) Die Grundzahlen.

1	tok	19	wtyer-ko-wde-nguan
2	róu	20	wtyer-róu
3	dyak	21	wtyer-róu-ko-tok
4	'nguan (u-nguan)	22	wtyer-róu-ko-róu
5	wdyec	23	wtyer-róu-ko-dyak
6	wdetem	30	wtyer-dyak
7	wderóu	40	wtyer-nguan
8	bêt (bêd)	50	wtyer-wdyec
9	wde-nguan	60	wtyer-wdetem
10	wtyer (wtyar)	70	wtyer-wderóu
11	wtyer-ko-tok	80	wtyer-bêt (bêd)
12	wtyer-ko-róu	90	wtyer-wde-nguan
13	wtyer-ko-dyak	100	buôt (bouot)
14	wtyer-ko-nguan	101	buôt-ko-tok
15	wtyer-ko-wdyec	1000	tim
16	wtyer-ko-wdetem	1000	buor-tok (so Beltrame).
17	wtyer-ko-wderóu	1000	wtyer-buôt.
18	wtyer-ko-bêt (bêd)		

Syntaktische Regel.

Alle Zahlwörter stehen ihren Substantiven nach. Ihre Form ist unveränderlich.

§. 29.

b) Die Ordnungszahlen.

Tuong (öfter tuèng), der (die, das) erste;
dé, der (die, das) zweite; — eigentlich: anders, das andere;
callic, der (die, das) dritte; — eigentlich: der Mittelfinger;
man gebraucht auch: dyak, drei, sowie man alle folgenden durch die Grundzahlen ausdrückt;
cyèng, der letzte, hinterste.

c) Die übrigen Zahlwörter.

Callic = ½, Theilung in der Mitte; long-dyak = ⅓;
tok-ko-tok, je einer; róu-róu, je zwei. Ayá-tok, einmal; ayá-róu, zweimal; ayá-dyak, dreimal u. s. w.

Viertes Kapitel.

Das Fürwort.

Wir unterscheiden a) persönliche, b) besitzanzeigende, c) hinweisende, d) beziehende, e) fragende und f) unbestimmte Fürwörter.

§. 30.

a) Persönliche Fürwörter.

a) einfache.

Volle Form:		Gekürzte Form:	
ghên (an), ich;	ghôg, wir;	gha (a);	gho (o, a);
yin, du;	uêk, ihr;	yi (i);	ue (o);
yen, er, sie, es;	kêk, sie;	ye (e);	ke.

Anmerkung. 1) Das zurückbeziehende persönliche Fürwort mich, dich, sich drückt man einfach und vielfach durch rot aus; z. B. jo rot (jo gekürzt aus jot), erhebe dich

(stehe auf), Plural: jotke rot, erhebet euch. Ebenso: ghên a ting (tyeng) rot, ich sehe mich.

2) Die Abänderung der persönlichen Fürwörter nach Beugungsfällen geschieht wie bei den Substantiven, jedoch werden sie oft in der gekürzten Form dem entsprechenden Verb angehängt; z. B. statt zu sagen: yin, yek ghên, du, gib mir, sagt man: yin, yeka; statt: ghên yek yin, ich gebe dir, heisst es: ghên yeki u. s. w.

β) Zusammengesetzte.

§. 31.

Ghatok oder atok, ich allein;
yitok oder itok, du allein;
yetok oder etok, er (sie, es) allein.

Ghapec oder apec, ich selbst; ghopec, wir selbst;
yipec oder ipec, du selbst; uepec, ihr selbst;
yepec oder epec, er (sie, es) selbst; kepec, sie selbst.

Anmerkung. Statt pec (peyc, selbst) kann man auch guop, Körper, Wesen, Wesenheit unterstellen und sagen: ghaguop (aguop), yiguop, yeguop u. s. w.

b) Besitzanzeigende Fürwörter.

§. 32.

Alle Fürwörter dieser Klasse sind Suffixen und zwar:

Einzahl.		Mehrzahl.	
mein	dia	meine	dia (kia)
dein	du	deine	ku
sein (ihr)	de	seine (ihre)	ke
unser	da	unsere	kua
euer	dûn (duon, duen)	euere	kûn (kuon, kuen)
ihr	den;	ihre	ken.

Beispiele.

Lyem-dia, meine Zunge;   lyem-da, unsere Zunge;
lyem-du, deine Zunge;   lyem-dûn, euere Zunge;
lyem-de, seine (ihre) Zunge;   lyem-den ihre Zunge.

Uèl-cia, meine Worte; uèl-kua, unsere Worte;
uèl-ku, deine Worte; uèl-kûn, euere Worte;
uèl-ke, seine (ihre) Worte; uèl-ken, ihre Worte.

Anmerkung. Statt der gewöhnlichen Suffixen, dia, du, de u. s. w. gebraucht man, wenn von Körpertheilen die Rede ist, oft die gekürzte Form des persönlichen Fürwortes, aber als Präfixe; man sagt also auch: gha-lyeb, yi-lyeb, ye-lyeb, gho-lib, ue-lib, ke-lib; ebenso: gha-nom, mein Kopf, statt: nom-dia; yi-cyn, deine Hand, statt: cyn-du. Da aber diese Formen auch oft eine adverbiale Bedeutung erhalten, z. B. gha-cyn, eigenhändig (wörtlich: ichhändig); uc-cok, hinter euch, euch auf dem Fusse (wörtlich: euchfüssig), so gebraucht man, falls eine Zweideutigkeit entstehen sollte, die oben aufgeführten Suffixen. Vergl. §. 57, Anm. 2.

§. 33.

Auf ähnliche Weise, wie die Abstrakta — s. §. 27 — entstehen die Formen für das als Substantiv gebrauchte besitzanzeigende Fürwort: das Meinige, Deinige u. s. w. — Durch ke (Sache, Ding) in Verbindung mit der entsprechenden Suffixe, nämlich:

Einzahl. Mehrzahl.

ke-dia, das Meinige; ka-cia, das Meinige;
ke-du, das Deinige; ka-ku, das Deinige;
ke-de, das Seinige (Ihrige); ka-ken, das Seinige (Ihrige);
ke-da, das Unsrige; ka-kua, das Unsrige;
ke-dûn, das Eurige; ka-kûn, das Eurige;
ke-den, das Ihrige. ka-ken, das Ihrige;

Beispiele:

Kan ke-dia, das gehört mir; goré ke-du, dies Buch ist dein; kak ka-ken, das ist sein.

Anmerkung. Statt: ke-dia, ke-du u. s. w. seht auch oft: yeke-dia, yeke-du u. s. w.

§. 34.

Auf eigenthümliche Weise werden die Bezeichnungen von vier Verwandtschaftsgraden und dem Nennwort mad, Freund, in Verbindung mit den §. 32 erwähnten Suffixen, gebildet, nämlich:

Uâ, mein	} Vater.	Uar-cia, meine	} Vater.
ur, dein		uar-ku, deine	
un, sein (ihr)		uar-ke, seine (ihre)	
uâ-da, unser		uar-kua, unsere	
ur-dûn, euer		uar-kûn, euere	
un-den, ihr		uar-ken, ihre	

§. 35.

Mâ, meine	} Mutter.	Mar-cia, meine [1]	} Mütter.
mor, deine		mar-ku, deine	
mán, seine (ihre)		mar-ke, seine (ihre)	
mâ-da, unsere		mar-kua, unsere	
mor-dûn, euere		mar-kûn, euere	
mán-den, ihre		mar-ken, ihre	

§. 36.

Nyankay [2], meine	} Schwester.	Nyirkay, meine	} Schwestern
nyankuy, deine		nyirkuy, deine	
nyanken, seine (ihre)		nyirken, seine (ihre)	
nyankay-da, unsere		nyerke-kua, unsere	
nyankay-dûn, euere		nyerke-kûn, euere	
nyankay-den, ihre		nyerke-ken, ihre	

§. 37.

Mad, mein	} Freund.	Mêd-kia, meine	} Freunde.
muod (mûd), dein		mêd-ku, deine	
mê-de, sein (ihr)		mêd-ke, seine (ihre)	
mad-da, unser		mêd-kua, unsere	
mad-dûn, euer		mêd-kûn, euere	
mad-den, ihr		mêd-ken, ihre	

---

[1] Die Formen uar-cia, uar-ku und uar-ke, sowie mar-cia, mar-ku und mar-ke bezeichnen Vater und Grossvater, sowie Mutter und Grossmutter.

[2] Hr. Beltrame schreibt: nyankae. In der Aussprache ist fast kein Unterschied.

Uanmad, mein Bruder (auch mit der weitern Bedeutung: Verwandter), Plural: uanmêd, folgt ganz dem vorausgehenden mad; also: uanmûd, dein Bruder (Vetter); uanmad-da, unser Bruder (Vetter); uanmêd-kua, unsere Brüder (Vettern) u. s. w.

c) Hinweisende Fürwörter.

§. 38.

In der Regel drückt der Dinka das alleinstehende Demonstrativum: dieser, diese, dieses durch: kan, Plural: kak aus; z. B. kan man e uanmûd, dieser (ist) ein Sohn deines Bruders; kan abi man dyèt, diese wird einen Sohn gebären; na aci kan ting, aci lo akenbay, nachdem er das (dieses) gesehen hatte, ist er weggegangen.

Steht aber das Demonstrativ mit einem Hauptwort in Verbindung, so erhält das Substantiv regelmässig in der Einzahl die Suffixe é (zuweilen hört man auch de), in der Mehrzahl die Suffixe ké; z. B. rané arac, der (dieser) Mensch ist schlecht; ròrké arac, die (diese) Leute sind schlecht.

Anmerkung. Vergl. §. 16. Anm. Wir accentuiren dieses e (é) und ke (ké), da wir ja auch im Deutschen zwischen: der Mann (homo) und der Mann (homo iste) in der Betonung einen Unterschied machen.

Unser Demonstrativ: jener, jene, jenes heisst: kene (ken), im Plural: kaka (kak); z. B. kan aci jam, ko kene aci byet, dieser redete, und jener schwieg; yin a nong puóu kan kó kene? willst du dieses oder jenes?

Dazu kommen noch die Komposita: yenkan (yenekan), dieser, diese, dieses, Plural: kekak; sowie: ketúy (ketúi), jener, jene, jenes dort; Plural: kakúy (kakúi).

d) Beziehende Fürwörter.

§. 39.

Das am öftesten vorkommende Pronomen dieser Art ist im Singular und Plural e, wohl auch ye und ke (im Plural auch ka und ai selten) mit der Bedeutung: welcher, welche, welches.

In Verbindung mit dem vorausgehenden Worte erscheinen nun folgende Formen:

Einzahl.   Mehrzahl.

kan, ye (e),⎫   kêk, ye (e),⎫
yen, e,   ⎬ derjenige, welcher, kêk, ai, ⎬
yen, ye,   ⎪ diejenige, welche,   kêk, ka, ⎬ diejenigen, welche.
ye(yen), ke,⎭ dasjenige, welches, kêk, ke, ⎭

Das Neutrum: dasjenige, was (id quod) drückt man durch: ke aus; worin, wo (in quo, ubi) durch: te, tede, tede... tin; woraus (ex quo): yekan (ye-kan); wesswegen (propter quod): ko-yekan.

Beispiele.

Ran e luoy apuat, ein Mann, welcher brav arbeitet. Statt e könnte man auch: ye oder ke gebrauchen.

Ròr ka (ke, ye, ai) luoy apuat, Leute, welche brav arbeiten.

Ran e ringé ke-de, ein Mann, dessen diess Fleisch ist (dem diess Fleisch gehört).

Ròr ke ringé ke-den, Leute, deren diess Fleisch ist.

Ran e ca yek kan (ca kan yek), ein Mann, welchem ich das gegeben.

Ròr ke ca yek kan (ca kan yek), Leuten, welchen ich das gegeben.

Ran e ca ting, ein Mann, welchen ich sah.

Ròr ke ca ting, Leute, welche ich sah.

Ran e ci ghên kan kâp tede (etong) yen, ein Mann, von welchem ich das erhalten habe.

Ròr ka (ke) ci ghên kan kâp tede (etong) kêk, Leute, von welchen ich das empfangen habe.

Leka (die vollere Form: lekegha) ke yin a tak, sage mir das, was du denkst.

e) **Fragende Fürwörter.**

§. 40.

Das interrogative wer? drückt der Dinka durch: ye-nga oder nga, was? durch: ye-ngu oder ngu aus. Zahl und Geschlecht wird dabei nicht unterschieden. Eine andere seltenere Form statt ye-ngu ist ye-ka-ngu.

Syntaktische Regel.

Die verschiedenen Beugefälle werden wie bei den Substantiven gebildet.

Beispiele.

Nga (ye-nga) aci kan loy? wer hat das gethan?
Ye-ghe-ngu? wer bin ich?
Ye-yi-nga? wer bist du?
Ye-ye-nga? wer ist er?
Ye-gho-nga? wer sind wir?
Ye-ue-ngu? wer seid ihr?
Ye-ke-nga? wer sind sie?
Ye kêk nga a mân nêy-kua? welches sind die Feinde unserer Seele?
Ye-nga luel e? Ye-ye-nga luel? wer ist der, welcher sagt?
Ye-ye-nga, ye yòm uèlke ping ko uar? wer ist der, dem die Winde gehorchen und die See?
Ye-ye-nga? cie ghên beyn? wer ist er? bin nicht ich der König?
Ye-nga lek yi (leki)? wer sagt dir?
Nga (etong nga) aba gam? wem soll ich glauben?
Ye-ngu loy? oder: yin a loy ngu? was thust du?
Ye-ngu be loy? oder: yen abi ngu loy? was wird er thun?
Ye-ngu ca loy? oder: ghen aci ngu loy? was habe ich gethan?
Dén-did aci ngu rek etong koyc? was hat Gott den Menschen gethan?
Ghén abi ngu loy, ba kan kâp? was werde (muss) ich thun, um das zu erlangen?

Anmerkung. Aus den angeführten Beispielen ist ersichtlich, dass die volle Form: ye-nga und ye-ngu am Anfange des Satzes (die persönlichen Fürwörter in der Mitte), die gekürzte nga und ngu meist nach der Formative des Perfekt und Futurs steht.

Andere Interrogative sind:

ô — als Suffixe gebraucht was für ein? z. B. akolô? an welchem Tage? wann? tenô? wo? woher? wohin? wörtlich: was für ein Ort?

dé? wie? zuweilen auch: wohin?

ye ... dé? wieviel? im Plural: ke ... dí oder yeke ... dí?

na? wann?

agó? wo?

no-ngu? (zuweilen auch: ye-ngu?) warum?

Syntaktische Bemerkungen.

1) Ye ... dí, ke ... dí oder yeke ... dí nehmen ihr bezügliches Substantiv in die Mitte; z. B. ghontêr yeke rŏr dí aci Dén-did cak? wieviele Menschen hat Gott einst erschaffen?

2) Ne-ngu steht (wie ye-nga und ye-ngu) am Anfang des Satzes, na und ayô am Ende; z. B. ne-ngu yin aci kan loy? warum hast du das gethan? yin ayô? wo bist du? yen abi ben na? wann wird er kommen?

f) **Unbestimmte Fürwörter.**

§. 41.

Dahin gehören:

eben, ganz, jeder, ein gewisser;

tok
nyèk } jemand, ein gewisser;

tetok, einige, manche;

acín-ran
acín-tok } niemand, keiner;

dé, Plural: kôk (beides Suffixen), ein anderer;
dé ... dé ⎫
tok ... dé ⎭ der (die, das) eine, der (die, das) andere;
tetok ... kôk, die einen, die andern;
kede, etwas;
acín kede, nichts (ohne etwas);
donya, Plural: kôkya, das Uebrige.

Anmerkung. Für unser deutsches man existirt keine eigene Form; es wird auf ähnliche Weise, wie im Lateinischen ausgedrückt; z. B. koyc a luel, man sagt, wörtlich: die Leute sagen; na ghôg a gam, wenn man glaubt, wörtlich: wenn wir glauben.

Fünftes Kapitel.

Das Zeitwort.

§. 42.

Fast alle dinkaischen Verba sind primitive Wurzeln, welche nicht selten — ohne grosse Veränderung der Quantität u. s. w. — auch als Substantive, Adjektive oder Präpositionen gebraucht werden.

Die meisten Verbalwurzeln schliessen mit einem Konsonanten; z. B. nap, herausnehmen, herausnippen; ner, drehen, verdichten; tem, schneiden u. s. w. Nur einzelne haben im Auslaut einen Vokal und zwar meist o, y oder u; z. B. bo, kommen; ngay, nehmen; cyú (kyú), schreien, krähen.

Man kann diese Wurzeln als **Infinitive** auffassen, oder auch, namentlich die auf einen Vokal auslautenden, als **Imperative**.

A. Die Zeiten und ihre Bildung.
§. 43.

Die Dinka haben nur die s. g. drei Hauptzeiten: **Präsens**, **Perfekt** und **Futur**.

Das **Präsens** besteht aus der Wurzel, der man das entsprechende Subjekt (Substantiv, persönl. Pronomen etc.) und unmittelbar die Formative a vorsetzt; z. B. gam, glauben; ran a gam, der Mann glaubt; rôr a gam, die Leute glauben; ghog, uêk, kêk a gam, wir glauben, ihr glaubet, sie glauben. Es wird somit weder auf die Zahl noch die Person eine Rücksicht genommen. Die Formative bleibt oft weg.

Im **Perfekt** steht der Wurzel die Formative aci (oft gekürzt: ci) vor; z. B. ghên aci gam, yin aci gam, ghôg aci gam, ich habe geglaubt, du hast geglaubt, wir haben geglaubt.

Jedoch ändert die Wurzel im Perfekt zuweilen:
1) ihre Quantität; z. B. ghên a nin, ich schlafe; im Perfekt: ghên aci nin, ich habe geschlafen;
2) erleidet sie einen Umlaut; z. B. ghên a gal, ich beginne; im Perfekt: ghên aci gol, ich habe begonnen; oder
3) eine Kontraktion; z. B. ghên a ruom, ich raube; im Perfekt: ghên aci rum, ich habe geraubt.

Anmerkung. Es lässt sich über diese Mutation keine bestimmte Regel feststellen. Im Wörterbuch werden wir das Perfekt (Futur) jedesmal verzeichnen.

Im **Futur** steht statt aci die Formative abi; z. B. an (ghên) abi gam, ich werde glauben; yin abi nin, du wirst schlafen; yen abi gol, er wird beginnen; ghôg abi rum, wir werden rauben.

Anmerkung. 1) Aus den obigen Formen: nin, gol, rum u. s. w. ist zu entnehmen, dass die im Perfekt veränderte Wurzel auch im Futur erscheine.

2) Bo, kommen, hat im Futur immer abi ben, während im Perfekt aci bo mit aci ben wechselt.

Paradigma der Verba: gam, nin, gal, ruok.

§. 44.

I. Präsens.

Einfache Zahl.

ghèn (an) a gam, ich glaube; yin a gam, du glaubst; yen a gam, er glaubt;

ghèn (an) a nin, ich schlafe; yin a nin, du schläfst; yen a nin, er schläft;

ghèn (an) a gal, ich beginne; yin a gal, du beginnest; yen a gal, er beginnnt;

ghèn (an) a ruok, ich binde; yin a ruok, du bindest; yen a ruok, er bindet.

Vielfache Zahl.

ghôg a gam, wir glauben; uèk a gam, ihr glaubet; kèk a gam, sie glauben;

ghôg a nin, wir schlafen; uèk a nin, ihr schlafet; kèk a nin, sie schlafen;

ghôg a gal, wir beginnen; uèk a gal, ihr beginnet; kèk a gal, sie beginnen;

ghôg a ruok, wir binden; uèk a ruok, ihr bindet; kèk a ruok, sie binden.

§. 45.

II. Perfekt.

Einfache Zahl.

ghèn (an) aci gam, ich habe geglaubt; yin aci gam, du hast geglaubt; yen aci gam, er hat geglaubt;

ghèn (an) aci nin, ich habe geschlafen; yin aci nin, du hast geschlafen; yen aci nin, er hat geschlafen;

ghèn (an) aci gol, ich habe begonnen; yin aci gol, du hast begonnen; yen aci gol, er hat begonnen;

ghèn (an) aci rûk, ich habe gebunden; yin aci rûk, du hast gebunden; yen aci rûk, er hat gebunden.

Vielfache Zahl.

ghôg aci gam, wir haben geglaubt; uèk aci gam, ihr habt geglaubt; kèk aci gam, sie haben geglaubt;
ghôg aci nîn, wir haben geschlafen; uèk aci nîn, ihr habt geschlafen; kèk aci nîn, sie haben geschlafen;
ghôg aci gol, wir haben begonnen; uèk aci gol, ihr habt begonnen; kèk aci gol, sie haben begonnen;
ghôg aci rûk, wir haben gebunden; uèk aci rûk, ihr habt gebunden; kèk aci rûk, sie haben gebunden.

§. 46.
III. Futur.
Einfache Zahl.

ghên (an) abi gam, ich werde glauben; yin abi gam, du wirst glauben; yen abi gam, er wird glauben;
ghên abi nîn, ich werde schlafen; yin abi nîn, du wirst schlafen; yen abi nîn, er wird schlafen;
ghên abi gol, ich werde beginnen; yin abi gol, du wirst beginnen; yen abi gol, er wird beginnen;
ghên abi rûk, ich werde binden; yin abi rûk, du wirst binden; yen abi rûk, er wird binden.

Vielfache Zahl.

ghôg abi gam, wir werden glauben; uèk abi gam, ihr werdet glauben; kèk abi gam, sie werden glauben;
ghôg abi nîn, wir werden schlafen; uèk abi nîn, ihr werdet schlafen; kèk abi nîn, sie werden schlafen;
ghôg abi gol, wir werden beginnen; uèk abi gol, ihr werdet beginnen; kèk abi gol, sie werden beginnen;
ghôg abi rûk, wir werden binden; uèk abi rûk, ihr werdet binden; kèk abi rûk, sie werden binden.

Das Passivum.
§. 47.

Für das Passivum im Präsens und Futur gibt es nur Eine Form, und diese unterscheidet sich vom Aktivum blos durch die Quantität der Silbe i in der Präformative abi; diese wird im Passivum abi; z. B. yen abi côl heisst: er wird rufen, und yen abì côl heisst: er wird gerufen, oder auch: er wird gerufen werden. Dieses abì geht durch alle drei Personen und die einfache und vielfache Zahl.

Auf gleiche Weise wird das Präsens und Perfekt des Passivums durch acì mit der Wurzelform des Perfekts gebildet; z. B. yen aci côl, er hat gerufen, und yen acì côl, er wird gerufen (eigentlich: er ist der Gerufene) und: er ist gerufen worden.

Auch dieses acì erscheint durch alle drei Personen und beide Zahlen, und besonders in gekürzter Form als Particip (cì).

Verschmelzung von aci und abi mit den persönlichen Fürwörtern.

§. 48.

So oft ein persönliches Fürwort Subjekt ist, verschmelzen die Dinka gar häufig das Pronomen mit der Formative des Perfekts und Futurs, aber so, dass diese den ersten Theil des neuen Wortes bildet, wie wir z. B. auch im Deutschen eine solche doppelte Stellung der Wörter haben und sagen können: wir haben ja gesagt, oder auch: haben wir ja gesagt u. s. w.

Diese Verschmelzung geschieht nun auf folgende Weise:

a) Im Perfekt:

ghén (an, gha) aci — oder durch Metathesis: aci gha — geht über in aca;

yin (yi) aci — oder durch Metathesis: aci yi — geht über in aca (aci);

yen (ye) aci — oder durch Metathesis: aci ye — geht über in acé (acié);

ghóg aci — aci ghog geht über in: acûg;

uék aci — aci uêk „   „   „   acak (zuweilen: acuek);

kék aci — aci kêk „   „   „   acik (acik).

Anmerkung. In Fragesätzen und wohl auch sonst oft fällt das erste a aus, und es erscheinen dann die Formen: ca, cûg, cak u. s. w.

b) Im Futur.

an (gha, ghên) abi	— abi gha —	geht über in:			aba;
yin (yi) abi	— abi yi —	„	„	„	aba (abi);
yen (ye) abi	— abi ye —	„	„	„	abé (abe);
ghôg abi	— abi ghôg —	„	„	„	abûg (abû);
uêk abi	— abi uêk —	„	„	„	abák (abak);
kêk abi	— abi kêk —	„	„	„	abik (abik).

Anmerkung. Was oben von der Kürzung des aca u. s. w. gesagt worden, gilt auch von aba, abûg u. s. w., so dass also die Formen: ba, bé (be), bûg, bak und bik erscheinen.

Bezeichnung der Negation.

§. 49.

Dieselbe Wurzel, welche als Formative des Perfekts dient, nämlich aci (ci), gilt im Präsens und im Futur als Negation. Um aber Präsens und Perfekt unterscheiden zu können, betont der Dinka das negirende aci am Ende = acî oder hängt auch noch ein kurzes e an, somit acíe; z. B. an a lo, ich gehe; an aci lo, ich bin gegangen; an acî (acíe) lo, ich gehe nicht.

Im Futur steht dieses aci (ci) vor der Formative bi, oder, wenn man will, ci zwischen a und bi (aci bi oder a ci bi); z. B. an aci bi lo, ich werde nicht gehen.

Anmerkung. Im passiven Präsens und Futur erhält abi (ci) das gedehnte î, also acî bi; z. B. kan acî bi loy, das wird nicht gethan (geschieht nicht) oder: wird nicht gethan werden.

Im Perfekt erscheint als Verneinungspartikel keyc (gekürzt auch key' oder ke'). Folgt auf keyc eine Verbalwurzel, die mit einem Quetschlaut beginnt, so gebraucht man gewöhnlich die gekürzte Form; z. B. an akey' cam, ich habe nicht gegessen.

Wie man die Verneinung im Imperativ ausdrückt, siehe
§. 50, Ende.

B. Redeweisen (modi).

Wir haben im Dinkaischen ausser dem Indicativ (siehe oben die Paradigmen) den Imperativ, Infinitiv und 2 Participien.

Der Imperativ.

§. 50.

Wir unterscheiden die Verba, die auf einen Konsonanten, und jene, welche auf einen Vokal auslauten.

Bei den erstern gilt die Regel, dass man im Singular zur Wurzel ein ganz kurzes e fügt; z. B. gale, beginne; came, iss; deke, trink; jame, rede; kaje, stehe still, warte; nyuce, setze dich.

Anmerkung. 1) Selbst in den angeführten Beispielen, stimmen nicht alle Dinka bezüglich des „e" überein; manche verschlucken es so, dass man fast nur die reine Wurzel hört. Nie hört man dieses Final-e in den Wörtern auf b und n; z. B. lyeb, öffne; pen, missrathe.

2) Bei einigen wenigen Zeitwörtern nimmt man zur Bildung des Imperativs im Singular die Form des Perfekts; z. B. pyeng, Perfekt: ping; Imperativ: ping, horche, höre; pyek, Perfekt: pik; Imperativ: pik, dränge.

Der Plural des Imperativs besteht in der einfachen Wurzel mit der Suffixe ke (die zuweilen fast wie ki lautet); z. B. galke, beginnet; camke, esset; dekke, trinket; jamke, redet; kajke, wartet; nyucke, setzet euch; pyengke, höret; pyekke, dränget.

Die Verba, welche auf einen Vokal endigen, erhalten im Imperativ der einfachen Zahl keinen Zusatz: die Wurzel ist Imperativ; z. B. ngay, nehmen, und nimm; luy, lugen, gucken, und lug, guck; cyú (kyú), schreien, krähen, und schreie, krähe.

Im Plural erscheint wieder die Suffixe ke; z. B. ngayke, nehmet; luyke, luget; cyúke (kyúke), schreiet.

Den Imperativ der ersten und dritten Person drückt der Dinka durch das Futur aus; z. B. ghôg abi cam heisst sowohl: wir werden essen, als: essen wir; ghôg abi dèk: wir werden trinken, und: trinken wir. Ebenso: kêk abi cam, sie werden essen, und: sie sollen essen; kêk abi dèk, sie werden trinken, und: sie sollen trinken.

Anmerkung. 1) Nicht selten werden in diesen Fällen die gekürzten oder verschmolzenen Formen (s. §. 48) angewendet; z. B. bûg cam statt ghôg abi cam; bik dèk statt kêk abi dèk u. s. w.

2) Einige unregelmässige Formen des Imperativs s. §. 52.

Den negirenden Imperativ bildet der Dinka durch Vorsetzung der Wörter: dû (dûn, dûne) im Singular, dunke (duoke, duonke) im Plural; z. B. dû (dûn, dûne) lo, gehe nicht; dunke (duoke, duonke) lo, gehet nicht.

Infinitiv und Participien.

§. 51.

Wir haben §. 42 angemerkt, dass man die einfachen Wurzeln des Präsens und Perfekts als Infinitive auffassen kann. Dies ist besonders der Fall, so oft aci oder abi als Präformativen erscheinen; z. B. yen aci lek heisst eigentlich: er hat aufgehört zu sagen, d. h. er sagt nicht mehr, hat gesagt; yen abi lek, er wird sagen, heisst wörtlich: er wird kommen (bo, bi) zu sagen; an abi ben, ich werde kommen (ich komme zu kommen), ähnlich wie der Rumäne sein Futur bildet: veng a vegnir.

Nur sehr selten wird der einfache Infinitiv (die Verbalwurzel) angewendet; z. B. ich lerne (lehre) schreiben: ghên a nyec gor. Viel häufiger erscheint die Konstruktion mit ba, bi, (be) bûg u. s. w., besonders in den Fällen, in denen in unserer deutschen Sprache dem Infinitiv das „zu" voransteht; z. B. ist ein Blinder im Stande einen Blinden zu führen? ran côr a leu, bi (be) côr wtel? ich möchte gerne etwas zu essen haben: ghên a nong puóu, ba kede cam.

Anmerkung. 1) Die lateinische Konstruktion des accusativus cum infinitivo drückt der Dinka durch den Indikativ aus; z. B. er hat erfahren, dass dein Bruder gestorben sei, heisst: yen aci nyic, uanmùd aci tóu (also wörtlich: er hat erfahren, dein Bruder ist gestorben).
2) So oft unser „dass" im Lateinischen durch „ut" gegeben werden muss, konstruirt der Dinka mit ba, bi (be), bùg u. s. w.; z. B. baynké a nong puóu, bùg jam e wtong jyeng, diese Herren wünschen, dass wir in der Dinka-Sprache reden.

Das Particip des Präsens drückt man durch die Verbalwurzel und die Präfixe a aus; z. B. a cam, essend; a nin, schlafend; a nong, habend, besitzend. Geht nun ein Subjekt voraus (Pronomen, Substantiv u. s. w.), so erhält man die Form des Indicativs im Präsens; z. B. ghèn a cam, ich (bin) essend, ich esse; yin a dek, du (bist) trinkend, du trinkst.

Das Particip des Perfekts bildet man durch die Verbalwurzel (des Perfekts) mit vorgesetztem ci in der thätigen, ci in der leidenden Bedeutung; z. B. ci tóu, der (die, das) Todte; ci lek, der gesprochen hat — locutus —; ci côl, der gerufen hat — vociferatus; ci lek, der (die, das) Gesprochene — dictus, a, um; ci côl, der (die, das) Gerufene — vocatus, a, um. Statt ci côl kann man auch a côl gebrauchen.

Anmerkung. 1) Geschlecht und Zahl bleiben immer unverändert.
2) Diese Participien, besonders die des Perfekts, finden viel häufiger, als in andern Sprachen, ihre Anwendung; denn statt der beziehenden Fürwörter nimmt der Dinka lieber die Participial-Konstruktion; z. B. ròr ci kan ping aci dyèr arèd, die Leute, welche dieses hörten, staunten sehr, wörtlich: „Leute habend diess gehört, staunten sehr"; ran ci côl aci luel: ye yic, der Mann, welcher gerufen wurde, hat ausgesagt: es ist wahr.

C. Irreguläre und defektive Verba.

§. 52.

1) Bo, kommen, bildet den Imperativ im Singular: bar, im Plural: bak. Im Perfekt wechselt die Form: aci

bo und aci ben; im Futur immer: abi ben. Wohl von derselben Wurzel bo erscheinen die Formen: ba und bak in der Bedeutung: sei und seid. Vergl. das italienische venire und diventare. „Sein" als Kopula wird nicht ausgedrückt; z. B. ghèn a beyc, ich (bin) krank. Vergl. die arabischen Phrasen: ana fakír; el-hawa radí.

2) Lo, gehen, bildet den Singular des Imperativs: lor, den Plural: lak. Die Phrase: gehe im Frieden! heisst: loró; gehen wir im Frieden = logó. Die Frage: soll ich, sollen wir gehen, lautet: lar?

3) Statt des gewöhnlichen nong (nang), haben, erscheint im Präsens zuweilen: de. Das „nicht haben" drückt man durch die Präposition: acín (ohne, sine) aus mit folgendem Substantiv; z. B. yin acín puóu, du hast kein Herz.

4) Unser unpersönliches: „man muss, man soll" heisst: édi oder auch di.

5) Die Phrase: „es ist nicht (nichts) vorhanden" lautet: aliu.

Sechstes Kapitel.
Das Nebenwort.

§. 53.
Nebenwörter der Zeit.

Émane (yémane), émanic (yémanic, yémenic), jetzt.
Uèr, gestern; akol-tuèng-uèr, vorgestern, „Tag vor gestern".
Akolé, heute, „an diesem Tage".
Akuriec (akoriec, akorièc), immer, alle Tage.

Alauon (aloghon), jemals; in Verbindung mit key' (akey') = niemals; z. B. an akey' ting alauon, ich habe nie gesehen. Vergleiche das italienische mai und non mai.
Aledi, nimmer; ewig nicht.
Aluòt, oft.
Wnyak, 1) morgen; 2) morgens.
Wnyak-dûr, frühmorgens, am frühen Morgen.

§. 54.
Nebenwörter des Ortes.

Ayó (ayô), wo.
Yic, von innen, drinnen.
Beyc, draussen.
Te (ten, tene), hier, an diesem Orte; hieher.
Tetúy, dort. Vergl. das italienische costui.
Tede-eben, überall.
Temec (te mec), entfernt.
Tewtyok (te-wtyok), nahe.

§. 55.
Nebenwörter der Art und Weise.

Alotiom, ungleich, uneben.
Dèb, schnell, bald; kontrahirt aus: dey' ben.
Dayc (day') ⎫
Deyc (dey') ⎭ schnell, bald.
Mâd (emâd), langsam.
Apuat, gut; arac, schlecht.
Did, gross; lik (alik), klein.

§. 56.
Nebenwörter der Quantität.

Alik (alik), wenig.
Acuec, viel.

Eben, alles.
Keriec (kiriec) eben, gar alles.
Anmerkung. Alle Adjektive können auch als Nebenwörter dienen.

Siebentes Kapitel.
Das Verhältnisswort.

§. 57.

Man kann hier die eigentlichen Präpositionen, deren es nur wenige gibt, von jenen Verhältnisswörtern, die auch als andere Redetheile, namentlich als Substantive vorkommen, unterscheiden, und diese letztern füglich Postpositionen nennen. Zur ersten Klasse gehören:

E, zeigt die verschiedensten Verhältnisse an; z. B. e rin-cia, in meinem Namen; e lôm, von der Seite; e tong, mit der Lanze; e pėy wdyec, nach fünf Monaten u. s. w.

Etong, von, zu, wegen; z. B. etong ryey, vom Schiffe aus; etong yin, von (zu) dir; etong dut e koyc, wegen der Volksmenge.

Ke (keke), mit; z. B. ke yin, mit dir; ke koyc-ke, mit seinen Jüngern.

Lyel ⎫ unter; z. B. pifi-tar, unter der Erde; teyn-lyel unter
Tar ⎭   das Geschirr (auch: unter dem Topf).

Na (sehr selten), nach; z. B. na uėlké, nach diesen Worten.

Zur zweiten Klasse gehören vorzüglich folgende:
1) Alé (dann, hierauf) nach; z. B. pėy róu alé, nach zwei Monaten.
2) Cyèng (der letzte), nach; z. B. an aci ben ye cyèng, ich bin nach ihm gekommen.
3) Tuèng (der erste), vor; z. B. ye nyin tuèng, vor seinen Augen (vor ihm).

4) Yo (yio, das Innere), entspricht dem griech. ἐν und εἰς; z. B. yen a nin ghut-io, er schläft im Hause; lak ghut-io, gehet in's Haus.
5) Kóu (Rücken), auf; z. B. mûl-kóu, auf dem Esel.
6) Lôm (Seite), neben, gegen; z. B. pul-lôm, neben dem See; bay-lôm, gegen das Dorf (hin).
7) Nom, Pl. nim (Kopf), auf, vor; z. B. ghut-nom, auf dem Hause; piu-nim, auf den Wollen; koyo-nim, vor den Leuten.
8) Te (tede, Ort), anstatt; z. B. korór te (tede) rèo, eine Schlange statt eines Fisches.

Anmerkung. 1) Oft wird die Präposition oder Postposition ganz weggelassen, wenn der Sinn nicht zweideutig ist; z. B. ghut, zu Hause; pan, in's Dorf.

2) Bei den Theilen des menschlichen Körpers wird gewöhnlich kein eigenes Verhältnisswort gesetzt, wohl aber die gekürzte Form des betreffenden persönl. Pronomens vorangestellt; z. B. gha-nom, auf meinem Kopfe; ye-cèn, mit seinen Händen; ye-nyin, mit seinen Augen.

Achtes Kapitel.
Das Bindewort.
§. 58.

Dahin gehören:

Acit-ke oder acit-ki, wie.

Ai (selten), damit sie (im Plural).

Ayá (gekürzt: ya), auch.

Bi, damit, um zu — ist das wichtigste aller Bindewörter, aber meist in Verbindung mit dem persönlichen Fürwort:

bi-gha = ba, damit ich;   bi-ghóg = bûg, damit wir;
bi-yi = bi (ba), damit du;   bi-uèk = bak (bák), damit ihr;
bi-yo = bi (bé [1]), damit er;   bi-kèk = bik, damit sie.

---

[1] Für bi (bé) zuweilen auch: bin (kontrahirt aus bi yen.

Duong, damit nicht.
Ké, denn; weil.
Ko (ku, kuye), und; wenn; und wenn.
Kó, oder.
Kó . . . kó, entweder, oder.
Lon (selten), dass, auf dass.
Lone, aber; allein.
Na, da, als, wenn, wann.
Na alé } nachdem.
Na badó }
Nauen, sobald als.
Ti (te), wenn, wann (seltener als na).
Uone, ehe — wird mit keyc (key' ke') konstruirt; z. B. uone Dén-did akey' wnyal cak, ehe als Gott die Himmel erschuf.

Neuntes Kapitel.

Das Empfindungswort.

§. 59.

Der gebräuchlichste Ausruf ist ein langgedehntes ô, was **Bezahlung, Zufriedenheit** oder **Verwunderung** ausdrückt.

Andere Empfindungswörter sind:

Yene (yen), ja, ja wohl, wahrlich!
Ey, nein.
Agó (aguó), wehe, ach wehe! Die gleiche Bedeutung hat maké.
Kin (kik), siehe da! Gewöhnlicher: yenkin.
Maddo (zuweilen auch: madde), sei gegrüsst!
Maô, o weh! (Ruf der Weiber).

Anhang zur Grammatik.

Dinkaische Redensarten.

§. 60.

I. Affirmative.

É yic, es ist wahr.

Ele \
Kele / so, so ist es.

Yen \
Yene / ja.

A gam ele \
A gam kele / ich glaube, so.

Ghèn a nguoti, ich verspreche es dir (ich zeige es dir).
Ghèn a yeki, ich schenke es dir.

É ye(n)-pec \
É ye(n)-guop / er ist es selber.

Kèk-guop, sie sind es (selber).
A nyec yen, ich kenne ihn (sie).

Yin a de e yic \
Yin a nong e yic / du hast recht.

Yen ake' de e yic, er hatte unrecht.
Ghôg a tak ele, wir denken so.
Yen a to ghut-ic, er ist zu Hause.
A-ngot a nin, er schläft noch.
Ghôg aci cam akol, wir haben zu Mittag gegessen.

Kêk aci cam tehi (tèn, wtèn, wtey), sie haben zu Abend gespeist.
Yen aci lo beyc, er ist ausgegangen.
Ghên a nong luoy, ich habe Arbeit.
Acie dûr, es ist spät (nicht früh).
A-ngot e dûr, es ist noch früh.
An aca nom dok ghut } ich bin nach Hause zurückgekehrt.
An aci dûk ghut
Ghên aci dâk, ich bin müde.
An a nek rou, ich habe Durst.
An a nek cok, ich habe Hunger.
An a nek nin, ich habe Schlaf.
An a nek yuir, ich habe kalt.
An a nek tuyc, ich habe heiss.
Ghôg abi tit e tyem e timé, wir werden im Schatten dieses
 Baumes warten.

II. Negative.

Kan acie yic, das ist nicht wahr.
Acín ran tok to tin, es ist niemand hier.
Acín ran tok luel kene, kein Mensch sagt das.
Acín ke luoy, ich thue nichts.
Acín ke luel, ich sage nichts.
A luel ey (é), ich sage nein.
Acín puóu kede, nichts wollen.
Kêk acie wtyèc kede, sie verlangen nichts.
Yen aliu ten, er ist nicht hier.
Yen akeyc jam kele, er sprach nicht so.
Akeyc ping } ich habe ihn (es) nicht verstanden.
Aken ping
Ghên acín puóu kuyn, ich will kein Brod.
Yen acín puóu piu abyèc, er will keinen Wein.
An acie cam ring, ich esse kein Fleisch.
Yen acín e yic, er ist im Unrecht (nicht im Recht).
Mûr aken (akeyc) bat, die Ochsen haben nicht gefressen.

Wtôk akon (akeyc) dèk, die Ziegen haben nicht getrunken.
Aliu, nicht da; nichts da.
Yen acín ghut-ic, er ist nicht zu Hause.
Kanací bi fek, das genügt nicht.
Acíe gam kan, das glaube ich nicht.
Dù (dùn, dûne) jam, rede nicht.
Ghên a mâl, ich will nicht.
An aken (akeyc) kuet, ich war nicht satt.
Akolé deng ací bi ben, heute wird es nicht regnen.
Akolé akol ací bi ruel, heute wird die Sonne nicht brennen.

III. Interrogative.

Ye-nga dí? wer ist's?
Ye-nga tâng? wer klopft?
Ye-nga ye col gha? wer ruft mich?
Ye-ngu loy? was thust du?
Ye-ngu kôr? was willst (suchst) du?
Ye-ngu wtyèc? was verlangst du?
Yin ayô? wo bist du?
Yen ayô? wo ist er (es)?
Yen ye-ngu loy? was macht er?
Uèk a lo tenô? wohin geht ihr?
Uèk a jam e dí? was (wie) sprechet ihr?
Cak ping? habt ihr gehört?
Uèk a kôr kuyn? wollt ihr Brod?
Uèk a dé puóu cam kó dèk? wollt ihr essen oder trinken?
Yin a luel yic? sagst du die Wahrheit?
Wtôk aci dèk? haben die Ziegen (Schafe) getrunken?
Yin aci koyc ger ting? hast du die Weissen gesehen?
Kèk aci yin lat? haben sie dich misshandelt?
Ghôg abi lo tenô? wohin wollen wir gehen?
Yin a nong puóu lo tenô? wohin willst du gehen?
Yin a tak ngu? an was denkst du?
Yin a lo panô? in welche Ortschaft gehst du?

Yin a lo pan còl ngu? wie heisst der Ort, wohin du gehst?
Pané còl dí? wie heisst dieser Ort?
Amec akòl kedí? wieviele Tagreisen ist er entfernt?
Ghôg abi jâl akolô? wann werden wir abreisen?
Yin aci piu kâb, bû dèk kuèr-ic? hast du Wasser für unsere Reise mitgenommen?
Piu a to kuèr-ic? gibt es Wasser auf dem Wege?
Ur aci tóu akolô? wann ist dein Vater gestorben?
Ko mor aci tóu akolô? und wann ist deine Mutter gestorben?
Un a pir? ko mán a pir? lebt sein Vater und seine Mutter?
Uâ ko mâ, yin aci kè ting? hast du meinen Vater und meine Mutter gesehen?
Yin adak? bist du müde?
Yin a nek cok? nîn? bist du hungrig? schläfrig?

IV. Imperative.

Bak ten, kommet her.
Bar ten, komm her.
Lor, gehe.
Lokó (logó), gehen wir.
Lak (laki, lake), gehet.
Wtyoke rot, nähere dich.
Wtyokke rot, nähert euch.
Cuote rot, nahe dich.
Cuotke rot, nahet euch.
Nyuce (nguice) a lòm, setze dich an die Seite.
Nyucke (nguicke) a lòm, setzet euch an die Seite.
Lor ghut-ic, tritt ein (in's Haus).
Lak ghut-ic, tretet ein.
Lor beyc, gehe hinaus.
Lak beyc, gehet hinaus.
Buote ghèn wtyok, folge mir nahe.
Leke bi ben, sage ihm, er soll kommen.
Lyeb ghut-wtok, öffne die Thür.
Wtyòk auèr, schliesse das Fenster.
Came, iss.
Camke (camki), esset.
Dcke, trink.
Dekke (dckki) trinket.
Ping, höre.
Pyenke, höret.
Gale, fange an.
Galke (galki), beginnet.
Cane, setze fort.
Canke (canki), setzet fort.

Jorot, stehe auf.
Jotke rot, stehet auf.
Câwte, gehe weiter.
Câwtke (câwtki), gehet weiter.
Dèb e rot jot, stehe schnell auf.
Dèbke rot jot, stehet gleich auf.
Kâje, warte.
Kâjke (kâjki), wartet.
Nyece nom, gib acht.
Nyecke nim, gebt acht.
Jame, rede.
Jamke (jamki), redet.
Loy kecit ke ca luel, thu, was ich gesagt habe.
Loyke kecit ke ca luel, thuet, was ich gesagt habe.
Duoke } bo ten, kommet nicht
Duonke } hieher.
Dû (dûn) bo ten, komme nicht hieher.
Dû (dûn) lo, gehe nicht.
Duoke }
Duonke } lo, gehet nicht.
Dunke }
Dûne rot wtyok, komm nicht nahe.
Dunke rot wtyok, nahet euch nicht.
Duoke nyuc a lôm, setzt euch nicht in meine Nähe.
Dû nyuc a lôm, setze dich nicht nahe zu mir.
Dû lo ghut, gehe nicht in's Haus.
Duoke (dunke) lo ghut, geht nicht in's Haus.

Dû lo beyc, gehe nicht hinaus.
Dunke lo beyc, gehet nicht hinaus.
Dûn ghèn buot te wtyok, folge mir nicht nahe.
Duoke yen buot te-mec, folgt ihm nicht von der Ferne.
Dû lek ye bi ben, sage ihm nicht, dass er komme.
Dû lyeb wtok, mache die Thür nicht auf.
Dû auèr wtyòk, schliess das Fenster nicht.
Dû (dûne) cam, iss nicht.
Duoke (dunke) cam, esset nicht.
Dû (dûne) dek, trinke nicht.
Duoke (dunke) dek, trinket nicht.
Dû (dûne) ping, höre nicht.
Duoke }
Duonke } gal, beginnet nicht.
Dunke }
Dû (dûne) can, höre auf zu arbeiten.
Duoke }
Duonke } can, höret auf zu arbeiten.
Dunke }
Dû rot jot, stehe nicht auf.
Duoke }
Duonke } rot jot, stehet nicht auf.
Dunke }
Dû câwt, gehe nicht.
Duoke u. s. w. câwt, gehet nicht.
Dû dèb câwt, eile nicht.

Duoko dèb câwt, eilet nicht. Dû loy kecit ke ci e lekĭ, thue nicht, was ich dir gesagt habe.	Duoke ⎫ luoy kecit ke ci e lek Duonke ⎬ uè, thuet nicht, was Dunke ⎭ ich euch gesagt habe.

Artigkeits-Phrasen bei den Dinka.

Maddo, maddo..	Sei gegrüsst (dies maddo wird 8—10 Mal wiederholt).
Yin aci nîn? ci nîn? ci nîn?	Wie gehts dir? (wörtlich: hast du geschlafen?).
Yin a bo tenô?	Woher kommst du?
An a bo e pan-túy.	Ich komme von der Ortschaft dort.
Koyc e pan-túy a nin?	Befinden sich die Leute jener Ortschaft wohl?
Yene, a nin.	Ja, sie befinden sich wohl.
Acín kede tutúy?	Nichts Neues dort?
Acín kede.	Nichts (ohne etwas).
Ur ko mor ko tin-du ko mîwt-ku ko mêd-ku a nin?	Dein Vater und deine Mutter und dein Weib und deine Kinder und deine Freunde — befinden sie sich wohl?
Yen (yene) a nin.	Ja, sie leben gut.
Tice kóu.	Geh' im Frieden (wörtlich: zeige [mir] den Rücken).
Lor apuat.	Reise glücklich.
Acín ke bi yòk e kuèr ic.	Möge dir auf dem Wege nichts (Schlimmes) begegnen.

Gespräche des Missionärs D. Giov. Beltrame mit den Dinka.

I.

§. 61.

In Bezug auf Krankheiten und Verstorbene.

Na ran tok abeye aréd, ye-ngu bak loye?	Wenn Jemand schwer erkrankt, was thut ihr ihm an?
Ghôg abi ye koyn, ke bi ghôg a leu (leo).	Wir stehen ihm bei, worin wir können.
Ko uêk abi ye ting, ké wtyok e tóu, ye ngu bak leke?	Wenn ihr ihn dem Tode nahe sehet, was sagt ihr zu ihm?
Acín ke bûg leko; lone ghôg abi beyn e uâl côl, be ye ting apuat; ko beyn e uâl abi ghôg luel, kó yen abi pir, kó yen abi tóu. Ko beyn e uâl abi ghôg luel ya, bú muor tok nok, ke uêr-de yen abi ran beye toj guop, bi jàk jál e ye guop, ko cí bi lar ghûn-de.	Wir sagen nichts zu ihm, sondern wir rufen den Arzt, der ihn fleissig untersucht; und der Arzt sagt uns dann, ob er leben oder sterben wird. Und der Arzt wird uns auch sagen, dass wir einen Ochsen schlachten, mit dessen Koth er den Kranken bestreicht, damit der Teufel von ihm weiche und ihn nicht in sein Haus führe (trage).
Ye-nga abi ring e muor cam?	Wer verzehrt das Fleisch des Ochsen?
Lông did abi tyet cam, ke bi dong abi koye e ran beye cam, ko méd-ke.	Ein grosses Stück verzehrt der Zauberer (Arzt), den Rest die Angehörigen des Kranken und seine Freunde.
Ko na ran beyo aci tóu, uêk abi loy ngu?	Und wenn der Kranke gestorben ist, was thut ihr dann?
Ghôg abi ye nom mût, ko bi ye kût-ie, ko bi ye wtyok,	Wir scheeren ihm den Kopf, biegen ihn (den Leichnam)

ko alé (ku lé) bû kût nom e tyop.	zusammen, begraben ihn, und legen Erde darüber.
Uėk abi rang loy ayô?	Wo macht ihr das Grab?
Ghôg abûg loy te-wtyok ghun e ran tóu, ké cí a-nguy bi cuėt.	Wir machen es nahe beim Hause des Todten, damit ihn die Hyäne nicht fresse.
Ye-ngu, na ran tok a loy rang, yen a tyop tau e yin-de?	Warum legt der Mann, wenn er das Grab macht, Erde in sein Ohr?
Yen a tau tyop e yin-de, ké cí yen dyau e ran tóu bi ping.	Er legt Erde in sein Ohr, um die Seufzer des Todten nicht zu hören.
Ko koyc e ran tóu ye ke dyao akôl cuėc?	Und die Angehörigen des Todten — betrauern sie ihn viele Tage?
Koyc e ran tóu eben adyan ye; lone koyc e ghun-de aci bi cam akôl dyak, na ye moc aci tóu; na ye tik aci tóu, aci bi cam akôl 'nguan; kėk a cam kalik.	Alle Verwandte des Todten beweinen ihn; aber die Leute seines Hauses essen 3 Tage nichts, wenn ein Mann gestorben ist, und 4 Tage nichts, wenn ein Weib gestorben; sie essen da nur ein Bischen.
Na akôl 'nguan aci wtòk, yengu bak loy?	Wenn die 4 Tage vorüber sind, was thun sie dann?
Na akôl 'nguan aci wtòk, ghôg abi lo eben keke tyet ko muor-amâl e rang nom.	Wenn die 4 Tage um sind, so gehen wir alle mit dem Arzt, und mit einem Widder zum Grabe.
Ko ye-ngu bak loy?	Und was thut ihr?
Ghôg abi mayn did toj e rang nom, ko tyet abi rang gòl ke muor-amâl, na ci kan loy aluòt, yen abi muor-amâl puol, be lo ror; ko yen abi	Wir zünden am Grabe ein grosses Feuer an, und der Arzt umkreiset es mit dem Widder; nachdem er dies oft gethan, lässt er den Widder los, da-

tóu ko bi dyet cuèt. mit er in die Wüste gehe; da geht er zu Grunde und die Vögel zehren ihn auf.

Ye-ngu uêk kak loy? Warum thut ihr dieses?
Ghôg a loy kan, ké cí jàk keráo be loy e koyc e ran tóu. Wir thun dieses, damit der Teufel den Angehörigen des Verstorbenen kein ferneres Uebel zufüge.

Koyc e ran tóu ye-ngu bik loy alé? Was thun dann die Angehörigen des Verstorbenen?
Kèk abi guèt dâk eben, ko nbi meleng baho bey, ko abi yuin e tim ruok. Sie legen alle Glasperlen fort, ziehen die Ringe ab und umgeben sich mit einem Rindengeflecht.

II.
In Bezug auf die Ehe, Erziehung u. s. w.

Na ran tok a nong puóu bi nya tyek (wtyek), ye-ngu bi loy tuèng? Wenn Jemand ein Mädchen heirathen will, was thut er zuerst?

Yen abi wtyèc tuèng, na nya a de puóu yen; ko alé yen abi jam keke un-de ko mánde, bi yen nyic, ghok dí abi yekke. Zuerst fragt er, ob das Mädchen ihn wolle; dann redet er mit den Eltern (seinem Vater und seiner Mutter), um zu erfahren, wieviele Kühe er ihnen geben müsse.

Na beyn-did abi nyan e beyn-did wtyek, ghok dí e yen abi yek un ko mán-de? Wenn ein Häuptling die Tochter eines Häuptlings heirathet, wieviele Kühe muss er den Eltern geben?

Adueng abi yek ghok wtyer, ko muor tok e un e duòc, ko ghok wtyer e mán-de. Der Bräutigam gibt dem Vater der Braut 10 Kühe und einen Stier; ihrer Mutter 10 Kühe.

4.*

Ku na duèc a nong uanmêdke ko nyirke, adueng ye-ngu bi yekke?	Und wenn die Braut Geschwisterte (Brüder u. Schwestern) hat, was wird ihnen der Bräutigam geben?
Yen abi yek uanmêdke ghok wdyec ran tok ko ran tok, ko nyirken yen abi ke jek guèt ko meleng.	Er gibt jedem Bruder fünf Kühe, und den Schwestern Glasperlen und Kupferringe.
Na aduen acín ghok, ye abi wtyek a dí?	Wenn der Bräutigam keine Kühe hat, wie heirathet er dann?
Na aduen acín ghok, e nyan cín kede kôr.	Wenn der Bräutigam keine Kühe hat, so sucht er ein Mädchen, das auch nichts hat.
Uêk a leu, bak dyar cuèc wtyek?	Dürft ihr mehrere Weiber heirathen?
Ke ye ghôg koyn.	Soviele wir ernähren können.
Ko dyar a ye ròr cuèc wtyak?	Können die Weiber mehrere Männer heirathen?
Acíe a muok cuèc; etok kepec.	Sie nehmen nicht mehrere, sondern nur Einen.
Na tin e ran tok arac, moyn-de ye-ngu be luoye?	Wenn das Weib eines Mannes untreu ist, was thut ihm der Mann?
Moyn-de abi ye duy, ko bi ye cyèc bey e ghut-ic, ko koyc eben ací bi ye ting apuat, ko bi ye mân.	Ihr Mann schlägt es und jagt es aus dem Hause, und alle Leute schauen es unfreundlich an und verachten es.
Ko tik abi lo tenô?	Und wohin geht das Weib?
Na un a to tin ko mán, abi lo eton kêk ko abi kêk lim, bìk moyn-de lûk.	Wenn seine Eltern noch leben, geht es zu diesen und bittet sie, es mit dem Manne zu versöhnen.

Na moyn e tik aci luok, ye-ngu bi loy keke tin-de?	Wenn der Mann des Weibes versöhnt ist, was thut er mit dem Weibe?
Yen abi tin-de côl ko mán-de ko un-de ko bi toyn e piu kâp, yen abi kêk wtyey e piu ko bi ke lek: nyucke; ko bi cam ke-wdia ko bik dôr.	Er ruft das Weib und dessen Eltern, nimmt ein Gefäss mit Wasser, besprengt sie damit und spricht: setzet euch; alle essen dann mit einander und machen Frieden.
Moyn e tik ye-ngu bi boy alé e moyn ci kerác loy keke tin-de?	Was thut der Mann des Weibes dem Manne, der sich mit seinem Weibe vergangen hat?
Yen a nong puóu ghok wtyer tede yen.	Er fordert von ihm 10 Kühe.
Na ran ci keráo loy, acín ghok, ye-ngu be loy?	Wenn der Mann, der sich vergangen hat, keine Kühe hat, was thut er dann?
Yen abi ghok kôr tede koyc wtyok yen, ko na yen acie ke bi yòk, yen abi rot kual tede pan-de, ko na cíe rot bi kual, yen abi ryoc tede moyn e tik akoriec.	Er wird die Kühe bei dessen Verwandten suchen, und findet er dort keine, so muss sich jener flüchten (sich aus der Heimath stehlen), und wenn er sich nicht flüchtet, so muss er sich vor dem Manne des Weibes immer fürchten.
Na moyn e tik abi tóu, ko acín miwt, ye-nga bi uèu-ke kâp?	Wenn der Mann eines Weibes stirbt und keine Kinder da sind, wer erbt das Vermögen?
Ayen e tin-de?	Vielleicht sein Weib?
Abi ran wtyok arêd uèu-ke kâp, ko yen abi tik wtyck. Na ci miwt dyèt, kêk abi uèu kâp; ko nu kêk aci did,	Der nächste Verwandte nimmt die Habe und heirathet das Weib (die Wittwe). Gebärt sie Kinder, so erhalten diese

abi gêo loy e rang e moyn ci tóu kóu.

Na moyn e tik abi tóu, ko a nong miwt, ye-nga bi uèu-ke kâp?

Na miwt-ke adid, kêk abi uèu-ke kâp ko abi mán-den koyn; lone na kèk akòr, abi ran wtyok arêd uèu-ke kâp, ko yen abi miwt ko mán-den koyn aghêt bi kêk did.

Na moyn e tik abi tóu, ko a nong dyar cuèc ko miwt cuèc ye-nga bi uèu-ke kâp?

Ko ye kele, moyn e dyar yen-guop abi uèu-ke têk miwt-ke, ké yen ci tóu miwt-ke ací bi ghòk.

Na moyn e tik abi tóu, ko a nong nyir kepec, yo-nga abi uèu-ke kâp?

Abi ran wtyok arêd uèu-ke kâp; ko yen abi tin e moyn ci tóu ko nyir koyn aghêt bì kêk did; lone uèu moyn aci tóu a to ke yen akoriec.

das Vermögen; sind diese erwachsen, so errichten sie am Grabe des Todten eine Seribe.

Wenn der Mann eines Weibes stirbt und Kinder hat, wer erhält seine Habe?

Sind seine Kinder gross, so erhalten sie das Vermögen und versorgen ihre Mutter; sind sie aber klein, so nimmt der nächste Verwandte das Vermögen, und versorgt die Mutter und die Kinder, bis diese erwachsen sind.

Wenn der Mann eines Weibes stirbt und er hatte viele Weiber und viele Kinder, wer erbt da dessen Vermögen?

Wenn das ist, so theilt der Mann der Weiber selbst (vor dem Sterben) seine Habe unter seine Kinder, damit nach seinem Tode die Kinder nicht streiten.

Stirbt der Mann eines Weibes und hat nur Töchter, wer erhält das Vermögen?

Der nächste Verwandte empfängt das Vermögen; dieser versorgt dann das Weib des verstorbenen Mannes und die Töchter, bis sie erwachsen sind; jedoch das Vermögen

Na miwt-kùn a gal bik jam, ko bik tak, ye-ngu bak lek kêk, ko bak nyec ngu?

Ghôg abùg kê nyic bi ghok mùk apuat ko bùg kẹ́ lek: na ur-dùn aci tóu, uêk abi loy kele ko kele; ɓak nêr kùt-ic; bak mac tog uakóu; bak tôl loy, kẹ́ cí wdir ghok bi cam; ko alẹ́ bak nȧ̀n ghadd ko uċk abi ghok cuâd bik cam ko bik dèk; ko bak pam kele, ko bak ghok rel kele; ko na uêk a nong puóu ghok a lo knêr cuèj, kọ́ kuèr câm, uêk abi lôj kele ko kele, e jam tok, uêk abi kan loy kecit ko yc ghóg loy.

Cak bi nyèc kedẹ́? uêk aci miwt-kùn bi lek kenc e Dén-did?
Acie ran tok ci kede loy.
Ghôg abùg lek kene Dén-did ngu? ku tit-kua akuoc kenc Dén-did; lone kêk a nyec jam apuat keke jâk. Tede jâk keráċ a bo bey eben;

des verstorbenen Mannes bleibt immer sein eigen. Wenn euere Kinder zu reden und zu denken beginnen, was sagt ihr ihnen, und was lehrt ihr ihnen? Wir lehren ihnen die Rinder gut zu pflegen und sagen ihnen: wenn euer Vater todt ist, so machet es so und so; sammelt den Vielmist und zündet ihn Nachts an; machet einen Rauch, auf dass die Gelsen die Thiere nicht fressen; dann sammelt Gras (Heu), und führet die Rinder auf die Weide und zur Tränke; und so sollet ihr (mit den Händen) klatschen, und so den Kühen zurufen; und wenn ihr wollet, dass die Rinder nach rechts oder links gehen, so pfeifet so und so; mit Einem Worte: ihr sollt es machen, wie wir es machen. Lehret ihr ihnen nichts anderes? Sagt ihr euern Kindern nichts von Gott?
Kein Mensch thut das.
Was sollen wir über Gott sagen? Auch unsere Zauberer wissen von Gott nichts; wohl aber verstehen sie mit dem Teufel gut zu reden. Alles Böse

ko na yen ci ghŏk, tit-kua abi ye lon. Lone Dén-did a loy kepuát akoriëc, ko yckan ghôg acíe ryoc.	kommt vom Teufel, und wenn dieser zornig ist, so besänftigen ihn unsere Zauberer mit Opfern. Gott aber thut nur Gutes und desshalb fürchten wir ihn nicht.
Akol ci uék cyêr a nong yol bâr ting, uék aci ngu luel, ko ye-ngu cak loy;	Was habt ihr am Tage, wo ihr den Stern mit dem langen Schweif gesehen habt, gesprochen und was habt ihr gethan?
Ghôg aci ryoc ghô-wdia; ké yen e juay behi ko tóu; lone bayn-did-kua aci kê ic kuot keke tit-kua ko ci ghok nok e jâk ko jâk aci dôr.	Wir alle fürchteten uns; denn er bringt Krankheiten und Tod; allein unsere Häuptlinge versammelten sich mit unsern Zauberern, und tödteten Rinder als Opfer des Teufels, und der Teufel wurde besänftigt.

NB. Bayn e nyic e luel e Dén-did aci cyêré ting 1. October — 15. November 1858.

III.

Ueber die Idee, welche die Dinka von Gott, von der Schöpfung und dem künftigen Leben haben.

Ye-nga aci wnyal-ic câk, ko piñ, ko akol, ko pêy ko kuel, ko tim ko lây ko rŏr ko keriëc eben?	Wer hat Himmel und Erde, Sonne, Mond und Sterne, Pflanzen u. Thiere, Menschen und alle Dinge erschaffen?
Ci Dén-did câk.	Gott hat (Alles) erschaffen.
Dén-did aci keriëc câk eben e di?	Wie hat Gott alle Dinge erschaffen?

Ghôg akuoc; lone koyc ger a nyec; koyc ger aci Dèn-did lek kê.	Wir wissen es nicht; allein die Weissen wissen es; den Weissen hat Gott es gesagt.
Ghôg acùg ping, uék aci rin ajàk luel; ko ajâk a to tenô?	Wir hörten, dass ihr den Namen „Engel" aussprachet; wo sind die Engel?
Ajâk a to e pan e Dén-did.	Die Engel sind im Hause Gottes (bei Gott).
Këk a ye ngu loy tutúy?	Was thun sie dort?
Këk aci jam ghontêr keke bayndid kua; lone yémonic acíe jam.	Sie redeten einst mit unsern Häuptlingen; aber jetzt reden sie nicht mehr.
Ko jâk aci ben longô?	Und woher kam der Teufel?
Ghôg a kuoc; ghog a nyec kepec, yen a to piñ ic.	Wir wissen es nicht; wir wissen nur, dass er im Innern der Erde wohnt.
Akol ci Dén-did ròr câk, aci kè câk ager kó acòl?	Als Gott die Menschen erschuf, hat er sie weiss oder schwarz erschaffen?
Dén-did aci koyc ger câk ten puat, ko aci koyc còl câk ten còl, ko yekan ghôg acuòl.	Gott hat die Weissen an einem reinlichen Orte erschaffen; die Schwarzen hat er an einem schmutzigen Orte erschaffen; desshalb sind wir schwarz?
Dén-did aci koyc di câk ghontuèng?	Wie viele Menschen hat Gott anfangs erschaffen?
Ghôg a kuoc.	Wir wissen es nicht.
Ku jâk ye-ngu ye loy piñ ic?	Und was thut der Teufel im Innern der Erde?
Yen a kerǹe luoy ghôg.	Er fügt uns Böses zu.
Ko Dén-did a to tenô?	Und wo ist Gott?
A to pan wnyal akorièc.	Er ist immer im Hause des Himmels.

Ye-ngu ye loy tutúy?	Was thut er dort?
Keriècpuatebenabobey tede yen.	Alles Gute kommt von ihm.
Dén-did aci to akorièc?	Ist Gott immer gewesen?
Ghôg a kuoc.	Wir wissen es nicht.
Dén-did abi tóu?	Wird Gott sterben?
Dén-did ací bi tóu.	Gott wird nicht storben.
Dén-did a to tede eben?	Ist Gott überall?
Dén-did a to wnyal; lone e wnyal-ic e kan ting eben ke to piñ.	Gott ist im Himmel; aber vom Himmel aus sieht er Alles, was auf der Erde ist.
Dén-did a nong guop?	Hat Gott einen Leib?
Ghôg a kuoc; ké ghôg akeyc ye ting.	Wir wissen es nicht; denn wir haben ihn nie gesehen.
Dén-did a leu kan loy eben?	Kann Gott Alles machen?
Yene; yen a leu kan loy eben.	Ja, er kann Alles machen.
Dén-did a leu ya kerác loy?	Kann Gott auch Böses thun?
Yen acíe kerác loy; lone e kepuát loy akorièc.	Er thut nichts Böses, sondern thut immer Gutes.
Na ran tok arac abi tóu, bi lo tenô?	Wenn ein böser Mensch stirbt, wo kömmt er hin?
Na ran tok arac abi tóu, jâk abi ben te-ror ko uakóu abi uêy-de ghadd pan e mac.	Wenn ein böser Mensch stirbt, so kömmt der Teufel aus der Wüste und Nachts trägt er seine Seele in's Feuerland.
Na ran tok apuat abi tóu, be lo tenô?	Wenn ein guter Mensch stirbt, wohin kömmt er?
Na ran tok apuat abi tóu, uêy-de abi lo keke Dén-did wnyal-ic.	Wenn ein guter Mensch stirbt, so geht seine Seele mit Gott in den Himmel.
Ran rac e pan e mac, ko ran apuat e wnyal-ic bik rèr tutúy akorièc?	Bleibt der Böse immer in der Hölle, und der Gute immer im Himmel?
Ghôg a kuoc.	Wir wissen es nicht.

National-Lied der Dinka.

§. 62.

Akol ci Dén-did keriec câk eben, aci ruel câk;
Ko ruel a ben bey, ko a lo piñ, ko a duok; aci pêy câk;
Ko pêy a ben bey, ko a lo piñ, ko a duok; aci kuel câk;
Ko kuel a ben bey, ko a lo piñ, ko a duok; aci ran câk;
Ko ran a ben bey, ko a lo piñ, ko aci bi dûk.

Am Tage, als Gott alle Dinge erschaffen, hat er die Sonne erschaffen;
Und die Sonne geht auf und geht unter und kehrt wieder; hat er den Mond erschaffen;
Und der Mond geht auf und geht unter und kehrt wieder; hat er die Sterne erschaffen;
Und die Sterne gehen auf und gehen unter und kehren wieder; hat er den Menschen erschaffen;
Und der Mensch kömmt hervor, geht in die Erde und kehret nicht wieder.

Das Vater unser.

§. 63.

Uâ-da ke yin a to wnyal; ghôg a wtyèc rin-ku abi lèc, pan-du abi ben; puón-du abi loy piñ-ic acit wnyal-ic. Yeke ghôg miwd-kua akolé awtong; pal ghôg karác-kua, acit ghôg ya a pal koyc ci kerác loy etong ghôg, ko dûnc pal, bi ghôg kuat temac-ic, lone koyn ghôg etong kerác. Amen.

Das Ave Maria.

Maddo Maria, yin awtyan uêy Garang; beyn-did ke yin, yin a côl a-nguen dyar-ic eben, ko a côl apuat arèd dau yin-du Yesua. Maria agher mán e Garang, còr etong ghôg arac yémane ko akol tón ghôg. Amen.

Das Credo.

An a gam etong Garang un a leu eben acyeng wnyal ko piñ, ko etong Yesus Christus man-de tok-rir beyn-did-da; yen acı lyac etong uèy Garang ko acı dyèt etong Maria agher; yen aci rèm na Pilat e Ponti beyn-did, ko acı pyât agèr kóu, ko aci tóu ko acı wtjòk rang-ic. Yen aci yed piñ-tar ko akol callic yen aci rot jot etong tóu, ko yen aci yid wnyal, ko a rer etong cuèj Garang un a leu eben, ko tong tutúy abi ben bi tak ko bi ryop koyc pir ko koyc ci tóu.

An a gam etong uèy Garang ko ecclesia cattolica apuat arèd, aluék Yesu eben mât-ic, pal e kerác, jorot gup, ko pır akuriec akuriec. Amen.

II.
TEXT.

Lucas-Evangelium.

Nom I.

1. Ké ya acuec aci têm bĭk nòd gåk e kan c cĭ a e ghòg callic.
2. Acit aci ghòg tòn kak aci ting kepec tuèng ko acĭ a aluék e uet.
3. Ghèn ayá aci tak ba kepuát loy, na ghèn aci nyĭc eben apuát ghon-tuèng, ba gor etong yin e tèt, Theophilus apuat arêd.
4. Ba yin nyĭc yic c uel ca nyĭc.
5. Aci to tin ghon Herodes beyn-did Yudaea, tyet e Dén-did tok a col Zacharias etong tèt Abia ko tin-de etong nyr (ngyr) Aaron, ko rin-ke Elisabeth.
6. Lone kèk ka róu lacit e Dén-did-nyin aci jàl e tèt ko luoy e Dén-did acín kerác.
7. Ko kèk acin mewt, ké Elisabeth acĭ rol, ko kèk ka róu aci ngor e run.
8. Lone acĭ a, na yen acit tèt buon-de aci loy luoy e tĭt e Dén-did-nyin.
9. Aci ben bey mèk, acit tĭt e Dén-did ci loy têr, be tòl-tòl, ko aci lo ghun e Dén-did.
10. Ko dut e koyc eben aci côr aken-bay ghon e tòl-mĭd.
11. Lone aci tĭc etong yen ajyeng e Dén-did ko aci kâc etong cuèj e dìr e tòl-mĭd.
12. Ko Zacharias aci nom lyap, na yen aci ting, ko ryoc aci yen gap.

13. Lone ajyek aci lek yen: Dùne ryoc Zacharias, ké còr-du aci ping, ko tin-du Elisabeth abi dyèt etong yin man, ko yin abi rin-ke cak Yoannes.
14. Ko yen abi etong yin myed ko tùk, ko koyc cuec abi myed etong akol-de.
15. Ké yen abi adid e Dén-did-nyin, ko aci bi dèk abyèc ko ke muól, ko abi wtyang e uèy e Dén-did a-ngot e mán yic.
16. Ko yen abi dùk acucc e miwt Israel etong Dén-did beyn-did-dùn.
17. Ko yen abi kene ngor e uèy ko ryel Elias, ko yen abi dùk puot e ùr etong miwt, ko koyc a key' gam etong ngeing e koyc lacit, bi yen juir kuât acin dàk etong Dén-did.
18. Ko Zacharias aci luel ajyek: Etong tenò ghèn abi kan nyic? ké ghèn aci dyop, ko tin-diu aci ngor etong akòl-ke.
19. Ko ajyek aci bèr ko aci luol: Ghèn Gabriel ke ghèn a kâc e Dén-did-nyin, ko ghèn aci tòc, ba lek yin ko ba kan luel etong yin.
20. Ko yenkin, yin abi mim ko aci bi leu, ba jam, ghèt akol na kake abi a, ké yin akey' gam uel-cia, bi a yic e ghon-den.
21. Ko koyc aci Zacharias tit ko aci dyèr, ké yen a kuèk ghun e Dén-did.
22. Lone na yen aci ben bey, akey' leu, bi lek kèk, ko kèk aci nyic, yen aci tic ting ghun e Dén-did-ic. Ko yen aci kèk nyod ko aci rèr mim.
23. Lone na akol luoy-de aci tâb, yen aci lo pan-de.
24. Lone alé akòlké Elisabeth tin-de aci lyac ko aci tyân rot pèi wdyec ko aci luel:
25. Kele beyn-did aci loy etong ghèn akòlké, na yen aci ghèn ting piñ, bi yen ngay etong ghèn lät e koyc-nyin.
26. Lone pèi wdetem Gabriel ajyek aci tòc etong Dén-did pan tok e Galilaea a còl Nazareth —

27. Etong nya ci tyek etong ran còl Yoseph etong pan e David, ko rin e nya ci còl Maria.
28. Ko ajyek aci lo ghut etong yen ko aci luel: Maddo, Maria, yin atyan a reyl e Dén-did; beyn-did keke yin, yin aci wtyey etong dyar eben.
29. Na yen aci kan ping, aci nom lyap etong uèl-ke, ko aci tak ye kenò maddé.
30. Ko aci lek yen ajyek: Dúne ryoc Maria, ké yin aci yòk wtyey etong Dén-did.
31. Yenkin, yin abi lyac, ko abi man dyèt, ko abi rin-ke cak Yesus.
32. Kan abi adid, ko abi cak Man e Gerang, ko abi yek yen Dén-did beyn-did wtoc e David ùn, ko yen abi bayn ghun e Yakob atêr.
33. Ko ací bi wtòk bayn-de.
34. Ko Maria aci lek ajyek: kedí kan abi a, kú ghên akûc moyc?
35. Ko ajyek aci bêr ko aci luel: Uèy e Dén-did abi ben etong yin, ko ryel e Gerang abi yin mòn.
36. Ko yenkin, Elisabeth, ruey-du yen ayá aci lyac man ghon dyop yen; ko kan péy wdyec etong yen, ke ci cak ròl.
37. Ké acin kede acî bi leu etong Dén-did.
38. Lone Maria aci luel: ghén-kin aloang e beyn-did ko abi a etong ghên acit uet-du. Ko ajyek aci jâl etong yen.
39. Lone Maria akòlké aci rot-jot ko aci dayc lo alèl-nom pan e Yuda.
40. Ko aci lo ghun e Zacharias, ko aci Elisabeth mòd.
41. Ko na Elisabeth aci ping mad e Maria, uèn aci tuk e yen-yic, ko Elisabeth aci tyan uèy e Dén-did.
42. Ko aci cyú e kuoy-did ko aci luel: yin a wtyey e dyar-ic ko acî wtyey dan e yi-yic.
43. Ko etong tenò kan etong ghên, bi ben etong ghên mán beyn-did-dia?

44. Ké yenkin, na kuoy e mad-du aci ben gha-yid, mewt aci tuk e myed e gha-yic.
45. Ko myed yin ci gam, ké abî a yic kan cî luel yin etong Dén-did.
46. Ko Maria aci luel: Uéy-cia abi did beyn-did,
47. Ko uèy-cia aci tuk e Dén-did koyn-dia.
48. Ké yen aci ting piû tût e puóu aloan-de: ko yenkin, etong yémanic kuât e koyc eben abi ghèn cak myed e puóu.
49. Ké yen aci kedíd loy etong ghèn, yen a leu, ko rin-ke cî wtyey.
50. Ko puón-de-dyau etong kuât ghèt e kuât, e koyc ye ryoc.
51. Yen aci ryel loy e ye-kòk, ko aci tyay koyc e kòl e puon-den-ic.
52. Yen aci ngay koyc leu etong wtoyc ko aci jot koyc tût.
53. Yen aci wtyang e pyat e ke uek cok, ko koyc e nong uèu yen aci kèk puól acín kede.
54. Yen aci lòr Israel man-de, ko aci dúk ye nom e dyau e puón-de.
55. Acit aci luel etong ûr-kua Abraham, ko kuowt-ke atèr.
56. Lone Maria aci rèr ke kene acit pêi dyak ko aci dùk pan-de.
57. Ko Elisabeth aci tâb ghon-de, be dyèt, ko aci man dyèt.
58. Ko koyc-wtyok ko ruey-ke aci ping, Dén-did aci kedíd loy etong yen, ko kèk aci amyed puon-den ke yen.
59. Ko akòl bèt kèk aci ben uèn tem, ko kèk aci yen cak Zacharias acit rin e ûn.
60. Ko mún-de aci bèr ko aci luel: ey, lone abî cak Yoannes.
61. Ko kèk aci lek yen: Acín-tok etong dyen-du eben cî cak e rin-ké.
62. Lone kèk aci nyod ûn, kedí a nong puóu bî yen cak.
63. Ko yen aci wtyèc kur e gòr ko aci gor uèl: rin-ke a còl Yoannes; ko koyc eben aci dyèr.
64. Ko yémanic aci dåk ye wtok ko lyem-de, ko aci jam ko aci Dén-did lêc.

65. Ko aci ben bey ryoc etong koyc-ke-wtyok eben, ko alèl e Yudaea eben aci tyay uèl-ke eben.
66. Ko koyc eben ci kan ping aci kan tit e puón-den-ic, ko aci luel: Bi a ngu uèné? ké cyn e Dén-did ke yen.
67. Ko Zacharias ûn aci tyang e uėy Dén-did, ko aci lek ka bi ben, ko aci luel:
68. A wtyey beyn-did Dén-did Israel, ké yen aci nèm ko aci koyn kuât-de Israel.
69. Ko aci jot etong ghòg tung e koyn ghun e Dén-did uèn-de.
70. Acit aci luel ghon-tèr e wtok e ròr-ke Dén-did ròr e ting;
71. Koyn etong ka kuėd ghòg ko etong cyn e kak eben ci ghòg mân.
72. Bi puón-de-dyau keke uar-kua, ko bi dùk ye nom mât-de puat
73. Mèllkuèng itet ci yen kuèng etong Abraham uâ-da bi yen yok ghòg,
74. Bùg cín ryoc, na ghòg aci koyn etong cyn ka mân ghòg, abi luak etong yen —
75. E pyat ko lùk e ye nyin akòl-kua eben.
76. Ko yin, uène, abi cak ran e ting e Gerang, ké yin abi ngor e beyn-did nyin tuèng, ba juir kuer-ke,
77. Ba yek nyic e koyn e kuât-de etong pâl e kerác-ken.
78. E puón-den-did-dyau, e yen aci ghòg lòp yen a bo bey etong wnyal.
79. Bi mer kak nyuc e muód ko atyep e tóu-ic, bi yen kuâd cok-kua e kuèr e dòr-ic.
80. Ko uèn aci did ko aci ril e uėy, ko aci rèr e ror-ic ghèt akol e tic-de e Israel nyin.

Nom II.

1. Lone akòlké aci ben bey uel Augustus beyn-did, bi gor bay eben.
2. Kan gor tuèng aci loy etong Cyrinus beyn e Syria.
3. Ko koyc eben aci lo, bik rin-ken luel, tok eben pan-de.

4. Lone Yoseph ayá aci yid etong Galilaea etong pan e Nazareth Yudaea-ic pan e David a còl Bethlehem, ké yen etong pan ko dyen e David,
5. Bi rin-ke luel ke Maria tin-de a duec, ye ci lyac.
6. Ko na kèk aci to tutúy, aci wtòk akòlke, bi yen dyèt.
7. Ke aci kay man-de tuèng, ko aci yen kuot-ic e dekuet, ko aci yen tau ghun e nòn, ké acín tede etong kèk ghun aborá.
8. Ko aci to tin ròr e bòk tede ten e pab, ye aci tit lay-ken uakóu.
9. Ko yenkin ajyeng e Dén-did aci kâc e ke-lom, ko gher e Dén-did aci kèk mer, ko kèk aci ryoc ryoc-did.
10. Ko ajyek aci lek kèk: Dunke ryoc; yenkin, ké ghèn a lek uèk myed-e puóu adid, yekede koyc eben.
11. Ké akolé uakóu aci dyèt etong uèk ran bi koyn, yen e Christus beyn-did, pan e David.
12. Ko kan e cit etong uèk: abák yòk mewt kuot e dekuet, ko ci toc ghun e nòn.
13. Ko dayc aci to tin keke ajyek e duol e rèm wnyal, ye aci Dén-did lêc ko luel:
14. Lec etong Dén-did wnyal-ic ko dòr piñ-ic etong koyc anong puón . puat.
15. Ko na ajàk aci jâl etong kèk wnyal-ic, ròr e bòk aci lek rot: Lokò ghèt Bethlehem ko bûg ting uet de aci ben bey ko aci Dén-did nguod ghòg.
16. Ko kèk aci day' ben, ko aci yòk Maria ko Yoseph keke mewt ci toc ghun e nòn-ic.
17. Lone na kèk aci ting, kèk aci nyic uet ci luel etong kèk etong mewne.
18. Ko koyc eben ci kan ping aci dyèr etong kan, ci ròr e bòk luel etong kèk.
19. Lone Maria aci luel kak eben tit, ko aci tak e puón-de-ic.
20. Ko ròr e bòk aci dûk, ko aci Dén-did lêc etong kan eben ci kèk ping ko ting, acit aci luel etong kèk.

21. Ko na akôl bẹt aci wtòk, bi uèn tem, aci cak rin-ke Yesus ci cak etong ajyek tuèng a key' lyac e mán-ic.
22. Ko na akòl e gher Maria etong têt e Moses aci tâb, kèk aci Yesus bei Yerusalem, bi yen gam etong Dón-did,
23. Acit ci gor e têt e beyn-did: Uèn-did eben (ci dyèt tuèng) abi cak kede Dén-did.
24. Ko bi kèk yek ke ci myac, acit aci luel etong têt e Dén-did kuór róu ko auér róu.
25. Ko yenkin, ran aci to tin Yerusalem a còl Simeon, ko rané lacit ko a ryoc Dón-did; ko aci tìt dud Israel, ko uèy e Dén-did e yen-ic.
26. Ko yen aci kåp luel etong Uèy e Dén-did, dûn yen bi tóu ting, tuèng a key' ting Christus e beyn-did.
27. Ko yen aci ben etong Uèy ghun e Dén-did; ko na mán ko ûn aci bei uèn Yesus, bik loy etong yen acit tèt e gor e Dén-did,
28. Yen aci uèn kåp ye-kok, ko aci Dén-did lèc, ko aci luel:
29. Yémanic yin a loyn aloang-du, beyn-did, e ruén, acit net-du.
30. Ké gha-nyin aci koyn-du ting,
31. Yen aci juir e kuât eben nyin tuèng,
32. Yen gher bi nyic koyc ci Dén-did kùc, ko did koyc-ku Israel.
33. Ko ûn ko mán aci dyèr etong kan ci luel etong yen.
34. Ko Simeon aci kèk wtyey ko aci lek Maria mán: yenkin, kan aci tau etong ryok ko etong jot-e-rot e koyc cuec etong Israel, ko etong cit, bi koyc jay.
35. Ko abatåu abi uèy-ku wtor, bi tic tak e puóu cuec.
36. Ko aci to tin Anna tin e ting, nyan e Phanuel etong kuât Aser; kan ci ngor ke akòl cuec, ko aci pir keke moyn-de run deróu, alé ghon yen e nya.
37. Ko yen abår e run wtyer-bèt ko 'nguan, yen a key' jål akenbay ghun e Dén-did, ko aci luák e tek ko còr uakóu ko akol.

38. Ko kan yémane-còk aci ben ko aci Dén-did lèc ko aci lek etong yen koyc eben, ci koyn Israel tït.
39. Ko na kèk aci tàb kiriec eben etong uel e Dén-did, kèk aci dûk Galilaea pan-den Nazareth.
40. Lone mewt aci did ko aci ril ko tyang e ngeyn, ko ryel e Dén-did aci to tin etong yen.
41. Ko ûn ko mán e Yesus aci lo pan Yerusalem run eben akol e Dén-did a col Pascha.
42. Ko na yen aci nong run wtyer-ko-róu, ko na kèk aci yid Yerusalem acit tèt akol e Dén-did,
43. Ko na aci tàb akòl, ko kèk aci dûk, Yesus uèn aci rèr Yerusalem, ko aci kan kuyc mán ko ûn.
44. Ko kèk aci ngât yen ke mèd-ke ko aci lo kuèr akol tok, ko aci yen kòr etong ruey-ke ko mèd-ke.
45. Ko na akcy' yen yòk, kèk aci dûk Yerusalem, ko aci yen kòr.
46. Ko na akòl dyak kèk aci yen yòk ghun e Dén-did, yen a nyuc ròr e nyic-callic, yen a ping kèk, ko a tyec kèk.
47. Lone koyc eben ci yen ping, aci dyèr etong ngeyn-de ko uèl-ke.
48. Na kèk yen ting, kèk aci dyèr, ko mán aci yen luel: man-dia, ye ngu ci yin loy etong ghôg kele? Yenkin, ur ko ghèn aci yin kòr e puon-da a rem.
49. Lone yen aci lek kèk: ye-ngu uèk aci ghèn kòr? acak kûc, ghèn abi rèr tede ua?
50. Ko kèk akey' nyèc uel ci yen luel.
51. Ko yen aci yid piñ ke kèk, ko aci ben pan Nazareth, ko aci kèk loák. Ko mán aci tït uèl-ke eben ye puon-de.
52. Ko Yesus aci ngor e ngeyn ko run ko ryel etong Dén-did ko koyc nyin tuèng.

Nom III.

1. Lone run wtyer-ko-wdyec, na Tiberius Caesar beyn-did, ko Pontius Pilatus nom e pan Yudaea, ko Herodes beyn

e Galilaea, ko Philippus uanmê-de beyn Ituraea ko pan Trachonitis, ko Lysias beyn Abilene,
2. Etong nim e tĭt Annas ko Kaiphas aci ben bei uet o Dén-did etong Yoannes, man e Zacharias ror-ic.
3. Ko yen aci ben tede eben Yordan-yòu ko aci nyèc uȧk e long bĭ pyal e karác-ken.
4. Acit acĭ gor gor-ic uèl-ke Isayas ran e ting a luel: kuoy e col e yûic: juirke kuèr o boyn; loyke alacok dòl-ke.
5. Tût eben abĭ telĭp, ko alel ko akut eben abĭ ray; ke a ngol-ic, abĭ lacok, ko té-tyek abĭ a kuer lĭp.
6. Ko ring eben abi koyn o Dén-did ting.
7. Ko yekan aci luel etong dut e koyc ci ben bei bĭ kèk uȧk etong yen: Dyen e korôr, ye-nga aci uèk nyod, bak kat etong ghok o Dén-did bi ben?
8. Ko yekan beike tȧu puat e long, ko dunke gal bak luel: Ghôg anong uȧ-da Abraham; ké ghèn a lek uèk, Dén-did yen a leu bi jot boy mĭwt Abraham etong kurke.
9. Ke yémanic yeb aci juir e mèy o tĭm. Ko yekan, tim tok eben aci bi bei tȧu puat, abĭ tèm ko abĭ cuat mac.
10. Ko dut o koyc aci yen wtyèc ko aci luel: ghòg abi ngu loy?
11. Aci bèr ko aci lek kèk: ke nong buòng róu, bi yek ke cín buóng; ko ke nong mĭd, bi loy kele ya.
12. Lone aci ben etong yen koyc Publikani ya ko aci lok yen: beyn e nyic, ghôg abi ngu loy?
13. Ko yen aci lek kèk: dûne wtyèc kedo auer etong ko ci tau etong uèk.
14. Lone aci yen wtyèc rȯr o rèm ayá ko aci luel: ghôg abi ngu loy ayá? Ko aci lek kèk: dunke tȧt koyc ko dunke lòm, ko myedke puóu e ryop-dûn.
15. Ko na koyc aci ngȧt ko aci tak o ke puot etong Yoannes ayin e yen Christus,
16. Yoannes aci bèr ko aci lek kèk eben: ghèn a lȧk uèk

e piu rabac; lone abi ben ke 'uer ril e ghên, ko ghên a ci bi joc bi dåk uat e uar-ke; yen abi uêk låk e uêy e Dén-did ko mac.

17. Pûr e bòg e ye cyn; ko yen abi uec piñ ko abi kuet lób e guk-de-ic, bone nyop aiyêl e mac ci bi dum atêr.
18. Ayá kok acuec yen aci nyêc ko aci koyc uêt.
19. Lone na yen aci Herodes beyn-e-nguan cil etong kene etong Herodias tin e uanmê-de ko etong karác eben, ci Herodes rêk,
20. Herodes aci lyeb etong kak eben ayá, ko aci Yoannes wtyòk ghun e rûk.
21. Lone na koyc eben aci låk ko Yesus ayá aci låk, ko ci côr, wnyal aci rot lyeb-wtok.
22. Ko uêy e Dén-did e guop acit auér aci yid e Yesus-nom, ko aci a kuoy etong wnyal: yin man-dia ci wnyar; ghên a wnyar yin.
23. Ko na Yesus aci gol, yen acit run wtyer-dyak, yen acit koyc ngat, man Yoseph; kan man Heli; kan man e Matthat,
24. Kan man Levi; kan man Melchi; kan man Yanne; kan man Yoseph;
25. Kan man Mattathias; kan man Amos; kan man Nahum; kan man Heli; kan man Ragge;
26. Kan man Mahat; kan man Mattathias; kan man Semei; kan man Yoseph; kan man Yuda;
27. Kan man Yoanna; kan man Resa; kan man Zorobabel; kan man Salathiel; kan man Neri;
28. Kan man Melchi; kan man Addi; kan man Kosam; kan man Elmadan; kan man Her;
29. Kan man Yesu; kan man Eliezer; kan man Mathat; kan man Levi;
30. Kan man Simeon; kan man Yuda; kan man Yoseph; kan man Yona; kan man Eliakim;
31. Kan man Melea; kan man Menna; kan man Mattatha; kan man Nathan; kan man David;

32. Kan man Yesse; kan man Obed; kan man Boz; kan man Salmon; kan man Naason;
33. Kan man Aminadab; kan man Aram; kan man Esron; kan man Phares; kan man Yuda.
34. Kan man Yakob; kan man Isaak; kan man Abraham; kan man Thare; kan man Nachor;
35. Kan man Sarug; kan man Ragau; kan man Phaleg; kan man Heber; kan man Sale;
36. Kan man Kainan; kan man Arphaxad; kan man Sem; kan man Noe; kan man Lamech;
37. Kan man Mathusale; kan man Henoch; kan man Yared; kan man Malaleel; kan man Kainan;
38. Kan man Henos; kan man Seth; kan man Adam; kan etong Dén-did.

Nom IV.

1. Lone Yesus ci tyang e uėy e Dén-did aci mec etong Yordan ko aci kuad etong uėy e yuic;
2. Ko na akôl wtyer-nguan aci tėm etong jåk. Ko akey' cam akôlké; ko na akôl aci tåb, yen aci nok cok.
3. Lone jåk aci lek yen: Na yin man e Dén-did, lek kuré bi a monó.
4. Ko Yesus aci lek yen: Aci gor: Acie monó yetok ran a pir, lone e uet e Dén-did eben.
5. Ko jåk aci yen kuad alel-nom atoyn, ko aci yen nyod bey e piñ eben ghon tok;
6. Ko aci lek yen: ghèn abi yek yin ryelé ko didé eben; ké kak aci yek etong ghèn, ko a yek kak etong kan ghèn a nong puóu.
7. Ko yekan, na yin a lec ghèn, kan eben abi a ke-du.
8. Ko Yesus aci bėr ko aci lek yen: Aci gor: lec beyn-did Dén-did-du ko loák yen etok.
9. Ko yen (jåk) aci yen kuad Yerusalem, ko aci yen tau

ghun e Dén-did dol ko aci lek yen: Na yin e man e Dén-did, cuate rot piñ,
10. Ké aci gor: yen aci cyeng ajâk-ke etong yin, bi kêk yin tit.
11. Ko kêk abi yin bei e ke-cèn, dùn ɉin biyen bi gut yi ook e kûr.
12. Ko Yesus aci bêr ko lek yen: Aci luel: dûne tèm beyn-did Dén-did-du.
13. Ko na aci tàb tèm eben, jâk aci jâl etong yen ghêt ghone.
14. Ko Yesus aci dûk a ryel e uèy pan Galilaea, ko uet aci ben bei etong yen e pan eben ic.
15. Ko yen aci nyèc e ghut e nyic-ken, ko aci did etong kèk eben.
16. Ko aci ben Nazareth pan-de, ko acit têt-de aci lo ghun e nyic akol e Sabbath, ko aci rot jot bi lem.
17. Ko aci yen yek gor Isaya ran e ting; ko na aci gor uar, aci yòk tede ci gor ten:
18. Uèy e Dén-did ke ghèn; ké yekan yen aci ghèn toc, ba luel pyat etong koyc ci ngong; yen aci ghèn tòc, ba dèm koyc ci nyac puón-den;
19. Ba uet koyn koyc ci mâc, ko ting etong koyc ci còr; ba tau koyc ci rûk e koyn; ba uet ruòn e Dén-did ci lòr, ko akol ryop.
20. Ko na yen aci gor dol, aci yen yek etong aloák, ko aci nyuc. Ko nyin e koyc cben ghun e nyic-ic, aci yen lyèc.
21. Lone yen aci gol ko aci luel: Akolé goré aci a yic e ue yid.
22. Ko koyc eben aci yek gam etong yen ko aci dyèr etong uèl e ryel ci ben bey e yen wtok, ko aci luel: Acin kan man e Yoseph?
23. Ko yen aci lek kèk: Itet uèk abi lek ghèn luope: Ran e ual, dem rot; kan acûg ping ci a e Kapharnaum, luoy kak ayá ten pan-du.
24. Lone yen aci lek etong kèk: Itet ghèn a lek uèk: acin tok ran e ting aci lòr pan-de.

25. Yic ghên a lek uêk: Aci to tin dyar-bâr cuec e Israel ghon Elias, na wnyal aci wtyòk e run dyak ko pėy wdetem, na aci cok adid e pan eben.
26. Ko Elias akey' tòc etong tok etong kêk e Sarepta pan e Sidonia etong tik abâr.
27. Ko aci to tin koyc auanya cuec e Israel ghon Elisacus, ko acín tok etong kêk akeyc gher e Naaman e Syries.
28. Ko koyc eben e Synagoga aci wtyan e ghok, na kòk aci kan ping.
29. Ko kêk aci rot jot, ko aci yen cyec akcnbay pan, ko aci yen kuad ghêt alel-nom, ci to tin pan-den, bi kêk yen cuat piñ.
30. Lonc yen aci rèt a ke callic ko aci jàl.
31. Ko aci yid piñ Kapharnaum pan e Galilaea, ko aci kêk nyèc tetúy akôl e Sabbath.
32. Ko kêk aci dyêr etong nyèc-kc; kć uèl-ke a to ryel tin.
33. Ko ghun e nyic aci to tin ran a nong jân rac, ko aci cyú e kuoy did.
34. Ko aci luel: Puol, ye-ngu etong ghòn ko yin, Yesus etong Nazareth? Yin aci ben, ba ghòg ryâc? Ghèn a nyic, yin e-nga, yin ran e Dén-did.
35. Ko Yesus aci yen cil ko aci luel: Mim ko jalc etong ran! Ke na jàk aci yen yuit callic, aci ben bcy etong yen, ko akeyc kede rêk yen.
36. Ko acî a ryoc etong koyc cben, ko aci jam ke rot ko aci luel: Ye-ngu uet-dc? ke yen a ryol ko leu a cyeng uêy rac, ko kôk a bo bcy.
37. Ko acì tyay kuoy-de tede beyke ebcn.
38. Lone Yesus aci rot jot ctong ghun e nyic, ko aci lo ghun c Simon. Ko mán-tin e Simon aci nok juan did, ko kêk aci yen lim etong kan.
39. Ko yen aci tau rot ye-lôm, ko aci cyong juay, ko juay aci yen puol. Ko yen aci rot day' jot, ko aci loák etong kêk.

40. Lone na ruel aci cuòl, koyc eben a nong beyc keke juay aci-wton, aci kêk kuad etong yen. Ko yen aci tan ran eben ye-cèn ke nim, ko aci kêk dèm.
41. Ko jȧk aci ben bey etong cuec, ko aci cyú ko aci luel: yin e man e Dén-did; ko yen aci kêk cîl, ko akeyc kêk puol, bik jam, ké kêk aci nyic yen e Christus.
42. Lone na aci akol, yen aci ben bey, ko aci lo tede ror, ko koyc aci yen kòr, ko aci ben ghêt yen, ko aci yen geng, dûn yen bi jâl etong kêk.
43. Lone yen aci lek kêk: Ayá e bey-dé ghén abi nêt uel e Dén-did; ké ghên aci tòc e ye kan.
44. Ko yen aci uêt ghut e nyic o Galilaca.

Nom V.

1. Lone na koyc cuec aci gen rôm, bik ping uet e Dén-did, ko yen aci kȧc bar-ic Genesareth-lôm,
2. Yen aci ting ryct róu pul-lôm; lone ròr e lek aci yid akenbay ko aci lȧk aled e rèc.
3. Lone yen aci yid ryen tok-ic kede Simon, ko aci yen lim, be mec ayáti etong agor-nom. Ko aci nyuc ko aci nyèc dut e koyc etong ryey.
4. Lone na yen aci tâb bi jam, aci lek Simon: Ghadde ryey té tyan ko petke aled-ke, bák dèb.
5. Ko Simon aci bêr ko aci lek yen: beyn e nyic, uakóu eben ghôg aci loy ko akeyc mûk kede; lone e uct-du ghên abi pet alan e rèc.
6. Ko na kêk aci kan loy, aci mûk dut e rèc adid, ko aci rèt alan-den.
7. Ko kêk aci nyod méd-ken e ryen-dé-ic, bik ben ko bi kêk koyn. Ko kêk aci ben, ko aci tyong ryet róu kele ryet acì duèr wdir.
8. Ko na Simon Petrus aci kan ting, aci muol tuk e Yesus nyin tuèng, ko aci luel: jale etong ghên, ké ghên e ran jol.

9. Ké ryoc aci nâm yen ko kôk eben ci to ke yen tin e lek e rèc kèk ci mûk.
10. Ko kele ayá Yakob ko Yoannes miwt e Zebedaei kèk o mèd-ke Simon. Ko Yesus aci lek Simon: Dûne ryoc; etong yémanic yin abi a ran e lok e koyc.
11. Ko kèk aci del ryet-ken agor-ic, ko aci puol kaken eben ko aci yen buot.
12. Ko na yen a to pan tok-ic, yenkin ran atyan auanya. Na yen aci Yesus ting, aci ye nom loyn piñ e ye nyin tuèng, ko aci yen lim ko luel: beyn-did, na yin a nong puóu, yin a leu bi ghên còt.
13. Ko yen aci cyn mit ko aci yen tâp ko aci luel: ghên a nong puóu bi yin gher; ko yémanic auanya aci yen puol.
14. Ko Jesus aci yen cyeng, dûn bi lek tok, lone: lor ko nyod rot tyen e Dén-did, ko myace, ké yin gher, acit Moses aci cyeng otong gam-den.
15. Lone uet etong yen aci tyay auer; ko aci kût dut e koyc cuec, bi yen ping, ko bi gher etong juay-ken.
16. Lone yen rot luang ror-ic ko aci côr.
17. Ko akol tok yen aci nyuc ko nyèc. Ko aci nyuc ayá Pharisaei ko ròr e nyic, ci ben bey etong pan e Galilaea ko Yudaea ko Yerusalem eben; ko aci to tin ryel e Dén-did, bi kèk dòm.
18. Ko yenkin, ròr aci ghaj e kèt ran lêti; ko kèk aci nong puóu, bi yen boi ghut, ko bi tau ye nyin tuèng.
19. Ko na koyc yòk tede, bi yen bei ghut-ic otong dut e koyc, kèk aci yid ghut-nom, ko aci yen jut piñ e kèt-ic dòt nyin e Yesus cok tuèng.
20. Ko na yen aci ting gam-den, aci luel: Ran, aci pâl yin karác-ku.
21. Ko ròr e gor ko koyc Pharisaei aci gol bi tak, ko aci luel: ye-nga kan ye luel lât etong Dén-did? Ye-nga a leu, bi puol karác o Dén-did otok?

22. Lone na Yesus aci nyic tan-den, aci bêr ko aci lek kêk: ye-ngu takke e ue puot?
23. Ye-ngu 'uer pyal uet: aci pâl karác-ku, kó uet: jo rot ko jat?
24. Lone bák nyic, man e ran a nong ryel e piñ-ic, bi yen puol karác (yen aci lek ran lêti) ghên a lek yin: jo rot ko ghaj kèt-du ko lor pan-du.
25. Ko day' rot jot e ke nyin, ko aci jot kèt-de, ko aci lo ghun-de ko aci Dén-did lèc.
26. Ko dyêr aci kêk nâm eben, ko aci Dén-did lèc; ko aci tyan e ryoc, ko aci luel: ghôg aci ting akolé kadíd.
27. Ko alé yen aci lo akenbay ko aci ting Publikanus tok a côl Levi yen a nyuc ghun e col, ko aci lek yen: buote ghên.
28. Ko kene aci puol kake eben, ko aci rot jot, ko aci yen buot.
29. Ko Levi aci loy etong yen tèt adid pan-de, ko aci to tin dut e koyc Publikani ko kôk cuec ci nyuc e tèt ke yen.
30. Ko Pharisaei ko koyc e gor etong kèk aci mon ko aci lek koyc Yesus: Ne-ngu uêk a cam ko dek ke koyc Publikani ko koyc e jol?
31. Ko Yesus aci bêr ko aci lek kêk: koyc ril édi cíe etong kèk ran e uâl, lone koyc beyc.
32. Ghên akeyc ben, ba côl koyc lacit, lone koyc e jol etong long e karác.
33. Lone kèk aci lek yen: ye-ngu koyc e Yoannes a tek cuec ko a côr acit koyc e Pharisaei; lone koyc-ku a cam ko a dek?
34. Ko yen aci lek kêk: Uêk leu, bák loy koyc adueng bik tek, na adueng a to tin ke kêk?
35. Lone abi ben akôl, na adueng abi dak etong kêk; ko alé akôlké kèk abi tek.
36. Lone aci lek kêk ayá luop: acin-ran-tok a tau long-de etong buông puoyc e buông ci dyop ic; dé yen abi

rèt buông puoyc-ic, ko long-do puoyc aci bi mât ke ci dyop.

37. Ko acín-tok a puok abyèc puoyc e luong ci dyop; dé abyèc puoyc abi rèt luong, ko yen abí pùk bey, ko luong abi ryak;
38. Lone abi tau abyec puoyc e luong puoyc-ic, ko abí tít ka róu.
39. Ko acín-tok a dek ko ci dyop, abi dayc nong puóu ko puoyc; ké yen a luel: ke ci dyop yen a-nguen.

Nom VI.

1. Lone akol e Sabbath e róu, na yen aci rèt dom-ic, koyc-ke aci nyuet rap-yèd, ko aci kôy e ko cèn, ko aci cam.
2. Lone tetok etong Pharisaci aci lek kèk: ye-ngu uèk a loy ko cíe yic akol o Sabbath?
3. Ko Yesus aci bêr ko lek kèk: Uèk akeyc kuèn ke ci David loy, na yen aci nok cok, ko koyc ke yen?
4. Kedí yen aci lo ghun e Dén-did, ko aci ngay monó ci tau, ko aci cam, ko aci yek koyc-ke ke yen; monó acíe yic bi tok cam e tít e Dén-did kepec?
5. Ko yen aci lek kèk: Man e ran yen ayá beyn akol e Sabbath.
6. Ko akol o Sabbath dé yen aci lo ghun e nyic, kó aci nyèc; ko tetúy a to tin ran yen cyn cuèj aci arèl.
7. Lone koyc e gor ko Pharisaei aci buor, na yen abi koyc dèm akol e Sabbath, bik yòk kede, bi yen lom.
8. Lon yen aci tan-den nyic, ko aci lek ran ye cyn ci rèl. Jo rot ko kâje callic. Ko yen aci rot jot, ko ci kaj callic.
9. Ko Yesus aci lek kèk: ghèn a wtyèc uèk, ye yic bi loy puat kó rac akol e Sabbath? bi koyn uèy-tok kó bi ryak?
10. Ko na yen aci kèk lyèc eben, aci lek ran: Myet yi cyn; ko yen aci mít; ko aci dèm cyn-de.
11. Ko kèk aci nim mum, ko aci jam ke rot, ye-ngu bi kèk loy etong Yesus.

12. Lone akôlké Yesus aci lo akenbay alel-nom, bi côr, ko aci rû uakóu, bi Dén-did côr.
13. Ko na acî akol, yen aci koyc-ke côl ko aci loc wtyer-ko-róu etong kèk callic (ci kèk cak ayá ròr e tòc):
14. Simon ci cak Petrus, ko Andreas uanmè-de: Yakobus ko Yoannes, Philippus ko Bartholomaeus;
15. Mathias ko Thomas; Yakobus man Alphaei, ko Simon a côl Zelótes;
16. Ko Yudas man e Yakob, ko Yudas Iskariôtes; yen aci Yesus nyod.
17. Ko yen aci yid piñ ke kèk, ko aci kaj té ci ray, ko dut e koyc-ke, ko did e koyc cuec etong pan eben Yudaea ko Yerusalem ko uar-adid-lôm, ko Tyrus ko Sidon,
18. Ci ben, bi yen ping, ko bik gher etong juay-ken; ko koyc ci duy etong uèy rac, aci gher.
19. Ko koyc eben aci nang puóu bi yen tâp; ké ryel aci ben bey etong yen, ko aci dèm kèk eben.
20. Ko yen aci ye nyin jot etong koyc-ke, ko aci luel: Myed e puóu koyc ci ngong, ké ke-den pan wnyal.
21. Myed e puóu uèk a nek cok, ké uèk abi kuet. Myed e puóu uèk ka dyau yémanic; ké uèk abi dol.
22. Myed e puóu, na koyc a mân uèk, ko bi uèk tyay, ko bi uèk lât, ko bi rin-kuen cyec bey acit kerác etong man e ran.
23. Myedke puóu akolé ko tukke; ké yeukin, ryop-duen adid wnyal-ic; ké acit kan ur-ken aci loy etong ròr e ting.
24. Lone agó uèk koyc ci kuet uèu, ké uèk a noug dud-dùn.
25. Agó uèk, ci kuet, ké uèk abi cok nok. Agó uèk a dal yémanic, ké uèk abi rèm ko abi dyau.
26. Agó, na koyc bi uèk wtyey; ké acit kan ur-ken aci loy etong ròr e ting e luewd.
27. Lone ghèn a lek uèk a ping: wnyarke ka mân uèk, loyke pyat etong ka kuèd uèk.
28. Wtyeyke ka ye uèk lât, ko côrko etong ka ye uèk lom.

29. Ko kan ye yin guop yi gòm, gam e dé ayá; ko kan ye ngay buòng-did-du, dùne pen yen buòng ayá.
30. Lone yeke tok eben ye yin lim, ko ke ye ngay ka-ku, dùne wtyèc bi bèr.
31. Ko acit uèk a nong puóu, bi koyc loy etong uèk, uèk ayá loyke kèk kele.
32. Ko na uèk a wnyar kak wnyar uèk, ye-ngu ryop-duen? ké ka jol ayá a wnyar ka wnyar kèk.
33. Ko na uèk a loy pyat etong kak a loy pyat etong uèk, ye-ngu ryop-duen? ké koyc jol ayá a loy kan.
34. Ko na uèk a yek bi còl etong kak ye uèk ngat, bák kâp auer, ye-ngu ryop-duen? ké ka jol ya a yek etong ka jol, bik kâp etok.
35. Lone uèk wnyarke ka man uèk; loyke puat, ko yekke bi còl, na uèk acie tyet kede; ko abi did ryop-duen, ko uèk abi miwt e Dén-did; ké yen teleyeng etong koyc cin puóu ko koyc rac.
36. Ko yekan, bák puóu dyau, acit ur-duen a puóu dyau.
37. Dunke tak, ko uèk aci bi tak; dunke luk, ko uèk aci bi lùk; palke, ko abi pâl uèk.
38. Yekke, ko abi yek uèk tem puat, ci tyang arèd, ci còk, ko ci tuey bey abi yek ue ghom. Ké e tèm yetok bi uèk tèm, abi tèm etong uèk.
39. Lone aci lek kèk luop: ran còr a lou, bi còr wtel? aci bi yuik ka róu adòm-ic?
40. Ran e ping yen aci 'uor e ran e nyec; lone tok eben acin dâk, na yen acit ran e yen nyec.
41. Lone ne-ngu yin a ting ryol e uanmùd nyin, lone tuoyn a to tin e yi nyin acie ting yen?
42. Ko kedí yin a lou, bi lek uanmùd: uanmad, kaje, ghèn abi ryol ngay etong yi nyin, ko tuoyn e yi nyin acie ting? Ran e kuet rot, tuòng ngay tuoyn e yi nyin, ko alé ting, kedí yin abi ryol ngay etong uanmùd nyin.
43. Ké aliu tim puat a bei tàu rac; ko aliu tim rac a bei tàu puat.

44. Ké tim eben abi nyic etong tâu-ke; ké koyc aci bi nyuet ngep etong kòt, ko aci bi kâp abyèc etong géu.
45. Ran puat etong uèu e puón-de puat abi kepuát bei; ko ran rac etong uèu rac abi kerác bei; ké etong puóu ci tyan wtok a jam.
46. Lone ye-ngu a cak ghèn beyn-did, beyn-did, ko uèk acie loy ke luel ghèn?
47. Tok eben a bo etong ghèn ko a ping uèl·cia ko a loy kèk, ghèn abi ngòt uèk, yen acit ngu?
48. Yen acit ran a yèk ghut ye piñ uèc ko a tau ghut-lyel e kûr-nom. Ko na aci a wtyòr e uer, ko uer a buok ghut acie leu, bí yen luèk; ké yen aci tau e kûr-nom.
49. Lone ke ping ko aci bi loy yen acit ran yèk ghun-de e piñ-nom acin lyel; uer aci ye mang, ko yémanie aci yuik, ko ryak e ghuné adid.

Nom VII.

1. Lone na yen aci tâb uèl-ke eben e ke yid, yen aci lo Kapharnaum.
2. Ko aloang e nom e rèm tok aci bec a duèr tóu; ko yen aci wnyar etong kene.
3. Ko na yen aci ping Yesus, aci tòc etong yen ròr e did e Yudaei ko aci yen lim bi ben, ko bi dèm aloang-de.
4. Ko na kak aci ben etong Yesus, kèk aci yen lim arèd, ko aci lek yen: yen a joc, bi yin kan loy etong yen.
5. Ké yen a wnyar kuât-da, ko aci yik ghun e nyic etong ghòg.
6. Lone Yesus aci lo ke kèk. Ko na yen akey' mèc ke bay, nom e ,rèm aci tòc etong yen mèd-ke ko aci luel: beyn-did, dûne dak; ké ghèn acie joc, bi yin ben ghun-dia dòl-lyel.
7. Ko yekan ghèn akey' rot ngât a joc, ba ben etong yin, lone luel uet tok, ko uèn-dia abi gher.
8. Ké ghèn ya e ran ci tau e ryel-ic, ko ghèn a nong ròr

e rèm gha-lyel, ko na a lek kan: lor, ko yen a lo, ko etong dé: bar, ko yen a bo, ko etong aloang-dia: loy kan, ko yen a loy.

9. Lone na Yesus aci kan ping, yen aci dyèr, ko aci rot uel etong dut e koyc ci yen buót, ko aci luel: Itet ghèn a lek uêk, ghèn akey' yòk etong Israel gam acit kan.

10. Ko ka ci tòc aci dûk ghut, ko aci yòk aloang boyc ci gher.

11. Ko alé yen aci lo pan-de a còl Nain, ko aci lo ke yen koyc-ke ko dut e koyc adid.

12. Lone na yen aci wtyok pan-wtok, yenkin, tok ci tóu kèt akenbay, yen man tetok e mán, ko kan abûr; ko dut e koyc cuec e pan ke yen.

13. Na beyn-did aci yen ting, aci puón-de dyau ke yen, ko aci lek yen: dûne dyau.

14. Ko aci wtyok ko aci kèt tâp; lone koyc ci yen kèt, aci kâc; ko aci luel: uène, ghèn a lek yin: jo rot!

15. Ko aci nyuc yen ci tóu, ko aci gol jam, ko Yesus aci yen yek etong mán.

16. Lone ryoc aci kûp koyc eben, ko kèk aci Dén-did lèe, ko aci luel: ran e ting adid aci rot jot e gho-callie, ko Dén-did aci lôp kuât-ke.

17. Ko uet-de etong yen aci tyay pan Yudaca eben, ko pan eben ci yuil.

18. Ko koyc Yoannes aci yen lek kak eben.

19. Ko yen aci còl e róu etong koyc-ke ko aci kèk tòc etong Yesus, ko aci luel: yin kan édi bi ben, ko tyet-ku dé?

20. Lone na koyc aci ben etong yen, kèk aci luel: Yoannes ran a lâk aci ghòg tòc etong yin, ke a luel: yin kan édi bi ben, ko tyet-ku dé?

21. (Lone ghonó yen aci dèm koyc cuec etong juay ko etong duy ko etong uèy rac, ko aci nyin dûk koyc ci còr acuec).

22. Ko yen aci bèr ko lek kèk: Lak ko bèrke Yoannes ka

ci uêk ping ko ting: koyc còr a ting, ngol a jat, auanya aci gher, ming a ping, koyc ci tóu a jo rot, koyc ci ngong a nyec uet e pyat.

23. Ko myed e puóu, ke cíe mar etong ghên.
24. Na koyc ci Yoannes tòc aci lo, yen aci gol bi lek dut e koyc etong Yoannes: ye-ngu uêk aci lo akenbay, bák ting yuic? aruor ci mèt e yòm?
25. Lone ye-ngu uêk lo akenbay, bák ting? ye ran ci rùk buòng laníp? Yenkin, ka ruk buông dikekik ko amyed puón-den, a rer bey e bayn-did.
26. Ko ye-ngu ci uêk lo beyc, bák ting? Ye ran e ting? Yene, ghên a lek uêk, yen 'uer e ran e ting.
27. Kan ye ci gor etong yen: yenkin, ghên a tòc ajyen-dia e nyin tuèng, ye abi juir kuèr-du yi nyin tuèng.
28. Ké ghên a lek uêk: auer did e ran e ting Yoannes acín tok etong koyc ci dyòt etong dyar; lone ke 'uer puol-ic pan e Dén-did, yen auer did e kene.
29. Ko kuât eben ci yen ping, ko koyc Publikani ci lâk e ye lâk c Yoannis aci Dén-did lèc.
30. Lone Pharisaei ko koyc e gor akeyc lâk etong Yoannes, ko aci gâk e Dén-did jay e ke rot.
31. Lone beyn-did aci luel: Etong nga ghên a luel awton koyc e kuâté? Ko kèk acit nga?
32. Kêk awton uêt a rer aburró-ic, ko a jam ke rot ko a luel: ghôg aci lòj aruor etong uèk, ko uêk a keyc wdir; ghôg aci cyú, ko uêk akeyc dyau.
33. Ké Yoannes aci bon, ko akey' monó cam, ko akey' abyèc dèk, ko uêk a luel: yen a nong jâk.
34. Ko aci ben ran e man, ko yen a cam ko a dek, ko uêk a luel: yenkin, ran a kòk ko a dek abyèc, ko mad e koyc Publikani ko koyc jol.
35. Lone ngeyn aci luel yic etong uet-ke eben.
36. Ko tok etong Pharisaei aci yen lìm, bi cam ke yen, ko aci lo ghun c Pharisaeus, ko aci nyuc.

37. Ko yenkin, tik jol etong pan, na yen aci nyic, yen aci nyuc, ghun e Pharisaeus, aci uèu e kûr bei a còl alabaster, a to tin mok nir.
38. Ko yen aci kåc cyèng ye cok-lòm, ko aci gol bi yen låk cok e piu nyin, ko aci uêc e nim-ke, ko aci cim cok-ke ko aci kèk toc e mok nir.
39. Lone na ran Pharisaeus ci yen còl aci kan ting, aci luel e ye rot: Na kan ran e ting ye, abi nyic itet, ye-nga ko yekenó tiné e yen tap, ké yen e jol.
40. Ko Yesus aci bèr ko aci lek Simon: Simon, ghèn a nong kede, ba lek yin. Ko yen aci luel: beyn, luel.
41. Koyc róu a nong kèng ctong ran c ghòc tok: tok a nong kèng denar wdyec, ko dé denar wtyer-wdyec.
42. Ko na kèk aci liu kedc bik ghòc, yen aci yek kèk c róu. Ko yekan ye-nga a wnyar yen auer?
43. Simon aci bèr ko aci luel: ghèn a ngat, kan ye ci yek auer. Ko kene aci lek yen: yin aci lùk itet.
44. Ko yen aci rot uel etong tik, ke aci lek Simon: yin a ting tiné? Ghèn aci ben ghun-du, ko yin a key' yek gha cok piu. Lone tiné aci tyop gha cok e piu nyin, ko aci kèk uêc e nim-ke.
45. Yin a key' ghèn cim; lone kan tuèng na aci ben ten akeyc puol bi cim gha cok.
46. Yin akey' tok gha nom mok; lone kan aci toc gha cok mok nir.
47. Ko yekan ghèn a lek yin: aci pyal yen karác cuec, ké yen aci wnyar cuec. Lone ke bi pyal yen auer lik, yen a wnyar auer lik.
48. Ko aci lek tik: aci pyal yin karác-ku eben.
49. Ko aci gol, ka ci nyuc etok bi luel ke rot: ye-nga kan a pyol ayú karác?
50. Lone yen aci lek tik: gam-du aci yin koyn. Lor ke dòr.

Nom VIII.

1. Ko alé yen aci keyn e bey-did ko bey-kòr, ko aci uet ko aci nyèc pan e Dén-did, ko wtyer-ko-róu ke yen,
2. Ko dyar tetok kèk ci koyn etong uêy rac ko beyc, Maria a còl Magdalene, etong yen aci ben bey jâk wderóu.
3. Ko Yoanna, tin e Chusa yen ran e tyet e Herodes, Susanna ko kôk acuec ci yen loak etong ueu-ken.
4. Ko na aci dut e koyc did ko koyc etong bey aci loc etong yen, yen aci luel e luop:
5. Aci ben bey ran e còm, bi yen còm kowt-ke; ko na yen aci còm, tok aci loyn c kuèr-lông, ko aci kaj piñ, ko dyét e wnyal aci yen cam.
6. Ko dé aci loyn e kur-nom; na aci cil, aci ril, ké acín piu.
7. Ko dé aci loyn e kòt-callic; ko aci did kòt ke, ko kèk aci yen dêc.
8. Ko dé aci loyn piñ puat, ko aci cil, ko aci bei nyin buot. Ko na yen aci kan luel, aci còl: ke nong yid bi yen ping, bi ping.
9. Lone koyc-ke aci yen wtyèc, ye-ngu luopé.
10. Ko yen aci lek kèk: Etong uêk aci yek bi uêk nyèc ka ci dòm e pan e Dén-did, lone etong kôk a to tin luop, bik e nyin acie ting, ko na kèk a ping, aci bi nyic.
11. Lone kan e luopé: kòwt é uct e Dén-did.
12. Ke to e kuèr-lôm, kèk e ping; alé a bo jâk, ko a ngay uet etong puón-den, dûn kèk bi gam, ko bi koyn.
13. Ke to kur-nom, kèk, na aci ping, a kâp uet e myed puóu, ko kèk acin mey; kèk a gam ghon, ko ghon e kerác kèk a dûk.
14. Lone ke ci loyn e kòt-callic, kak ci ping ko a lo ko kan a tayn piñ etong tyek ko uèu, ko myed e puóu, ko aci bi bei tau.
15. Lone ke ci loyn piñ puat, kak ci ping e puón-de puat ko puat arêd, ko a tyet uet, ko a bei tau agum.

16. Acín tok a deb gher ko a kum yen toyn, ko a tau yen wtoc e tim-lyel, lone a tau yen muok gher-nom, bi koyc a lo ghut ting gher.
17. Ké acín kede cï tyân, ye cí bi tïc alé, ko acín kede cï tyân, ye cí bi nyïc, ko aci bi ben akenbay.
18. Ko yekan tyengke, kedí uèk a ping; ké ye nong kedo, abï yek yen, ko ke ye liu etong yen, abï ngay etong yen ayá, ye yen ngat kede.
19. Lone mún ko uanmèd-ke aci ben etong yen, ko akey' leu, bi ben etong yen e dut e koyc.
20. Ko aci yen lek: mor ko uanmèd-ku a kåc akenbay, a nong puóu, bi yin ting.
21. Ko yen aci bèr ko lek kèk: mâ ko uanmèd-kia kak ye ping ko loy uel e Dén-did.
22. Akol tok yen aci yid ryey-ic ko koyc-ke, ko aci lek kèk: ghôg abi tèm pul longtúy! Ko kèk aci yid.
23. Ko na kèk ci gèr, yen aci nïn. Ko aci yid pul-ic yòm atuòl, ko kèk aci tyang piu, ko aci duèr.
24. Ko kèk aci lo etong Yesus, ko aci yen puoyc ko aci luel: beyn e nyic, ghòg a dïr. Ko yen aci rot jot, ko aci cyú yòm uèr e puor; ko aci wtòk ko aci byot.
25. Lone aci lek kèk: yen ayó gam-dùn? Ko kèk aci ryoc ko aci dyèr ko aci luel e ke rot: ye-nga kan yin ngat, kó yen a cyeng ya yòm ko uèr, ko kèk a ping yen?
26. Ko kèk aci lo ke ryey pan e koyc Gerasene, ye to e Galilaea-nom.
27. Ko na yen aci lo agòr-ic, aci ben etong yen ran a nong jåk ghontèr, ko acín buòng, ko akey' nyuc bay, lone ghut e rang.
28. Ka na yen aci Yesus ting, aci muol tuk etong yen, ko aci cyú e knoy did, ko aci luel: ye-ngu etong ghèn ke yin, Yesus, man e Dén-did? Ghèn a wtyèc yin, dùne ghèn duy.
29. Ké Yesus aci cyeng uèy rac, bi yen ben bey etong ran;

ké ayá ghon cuec aci yen mûk, ko yen aci dût e jowt, ko aci tît e rèk; ko na yen aci rûk tuèn, yen aci cyec yuic eton jàk.

30. Lone Yesus aci yen wtyèc ko luel: yin a col dí? Ko kene aci luel: duol; ké jàk cuec aci ben e yen-ic.
31. Ko kèk aci yen lîm, dûn yen bi kèk cyeng, bik lo piñ-tar.
32. Ko aci to tin tetúy bôk e dyèr cuec, a nyuat alel-nom; ko kak aci yen lim, bì kèk yek yic bi kèk lo e lay-ic. Ko yen aci kèk yek yic.
33. Ko yekan jàk aci ben bey etong rane, ko aci lo e dyèr-ic, ko bôk aci yod e roc ke nim e pul-ic, ko aci. móu.
34. Na rờr e bôk aci kan ting, aci kat, ko aci koyc lek e bey ko ghut-ic.
35. Ko koyc aci ben bey, bi ting ke ci a, ko aci ben etong Yesus; ko aci ran yòk ci nyuc ye cok, ci jâk ben bey etong yen; ko yen aci ruok, ko ci gher nom-de; ko kèk aci ryoc.
36. Ko kak ci ting aci lek kèk, kedí yen aci gher etong duol e jàk.
37. Ko dut e koyc eben e bey Gerasene aci yen lîm, bi yen jâl etong kèk; ké kèk aci ryoc arêd. Lone yen aci yid ryey, ko aci dûk.
38. Ko aci yen lîm ran ci jâk ben bey etong yen, bi rèr ke yen. Lone Yesus aci yen loyn ko luel:
39. Duoke pan-du ko leke kedíd ci Dén-did loy etong yin. Ko yen aci lo pan eben ko aci uêt kedíd ci Yesus loy etong yen.
40. Lone na Yesus aci dûk, dut e koyc aci yen lòr; ké kèk eben aci yen tít.
41. Ko yenkin, aci ben ran a col Yairus, ko yen nom e ghun e nyic; ko aci muol tuk e Yesus cok, ko aci yen lîm, bi ben ghun-de.
42. Ké yen aci nyân e tok, runke acit wtyer-ko róu, ko yen

aci duèr tóu. Ko na yen aci ben ton, aci rôm ctong dut e koyc.
43. Ko tin tok, yen a nek juan c ryam run wtyer-ko-róu; ko aci yek uèu-ke eben ctong ròr c ual, ko acín tok etong kèk akeyc leu, bi yen gher.
44. Aci wtyok ke yen cyèng ko aci tàp buông-de, ko aci dayc kâc juan e ryam-de.
45. Ko Yesus aci luel: ye-nga aci ghèn tàp? Ko na kèk eben aci rac, Petrus aci luel: ko ka to ke yen: beyn e nyic, dut c koyc a rom ko a pyek yin, ko yin a jam: ye-nga aci ghèn tàp?
46. Ko Yesus aci luel: tok aci ghèn tàp; kè ghèn a nyic ryel aci ben bey etong ghèn.
47. Lone tik, na yen aci ting key' bi tyán, aci ben a lèwti ko aci ye muol tuk e ye cok, ko aci luel c koyc-nyin eben, ne-ngu yen aci kan tàp, ko kedí yen yémanic aci gher.
48. Ko Yesus aci lek yen: Nyû, gam-du aci yin koyn; lor ke dòr.
49. Ko na yen a-nguot c jam, tok aci ben etong nom e Synagoge, ko aci lek yen: nyân-du aci tóu; dûne dak yen.
50. Lone na Yesus aci kan ping, aci bèr ûn nyû ko aci luel: dûnc ryoc, gam yetok, ko yen abi gher.
51. Ko na yen aci ben ghut, yen akey' yek yic, bi tok lo ghut ke yen, e Petrus, ko Yakobus ko Yoannes, ko ûn ko mán nyû.
52. Lone kèk eben aci dyau ko aci rèm etong yen. Ko Yesus aci luel: dunke dyau, kè nyà• akeyc tóu, lone yen a nin.
53. Ko kèk aci yen dol; kè kèk aci nyic, yen aci tóu.
54. Lone yen aci mûk cyn-de, ko aci côl, ko aci luel: nyáne, jo rot.
55. Ko uèy-de aci dûk ye guop, ko yen aci rot day' jot. Ko Yesus aci cyong, bik yek yen cam.
56. Ko aci dyèr ûn ko mán, ko Yesus aci kèk pèn, dûn bi kèk lek tok ke ci a.

7

Nom IX.

1. Yesus aci còl ròr e tòc wtyer-ko-róu, ko aci kèk ryel yek etong jàk eben, ko bi kèk dèm juay.
2. Ko aci kèk tòc, hik uêt pan e Dén-did, ko bik dèm koyc beyc.
3. Ko aci lek kèk: dunke kàp kede ke uêk, acín wtyèc, acín luong e uèu, acín monó, acin uèu, ko dunke nang buông róu.
4. Ko pan tok eben ci uêk lo tin, rerke ten, ko dunke jal tin.
5. Ko na kèk acie lor uèk, jalke etong pané, ko tengke tur eton ue cok ayá e gam etong kèk.
6. Lone kèk aci lo bey, ko aci uét, ko aci koyc dèm tede eben.
7. Lone Herodes beyn e 'nguan aci ping kan cî a etong yen, ko aci gay, ké tetok aci luel:
8. Yoannes aci rot jot etong tóu; lone tetok: Elias aci tic; ko tetok: ran e ting tok etong ka tuèng aci rot jot.
9. Ko Herodes aci luel: ghén aci Yoannes tèm nom; lone ye-nga kan, ye ghèn kak ping? Ko yen aci nong puóu, bi yen ting.
10. Ko ròr e tòk aci dûk, ko aci lek yen, ka ci kèk loy eben. Ko yen aci kèk kàp, ko aci lo yetok tede ror e Bethsaida-lôm.
11. Na dut e koyc aci kan nyic, aci yen buot; ko yen aci kèk lòr, ko aci jam ké kèk etong pan e Dén-did ko aci dèm koyc a dak dem.
12. Lone akol aci gol bi a wtèn, ko wtyer-ko-róu aci lo etong yen, ko aci lek yen: loyne koyc bi kèk lo e bey ko ghut cî yuil, ko bik mid yòk; ké ghóg a to tin tede ror.
13. Lone yen aci lek kèk: uêk yekke kèk mid. Lone kèk aci luel: ghòg acín kede auer monó wdyec ko rèc róu; na ghòg aci bi lo, bûg ghòc mid etong dut eben.

14. Lone aci to tin acit rŏr tim-wdyec. Ko yen aci lek koyc-ke: luoyke, bik nyuc e kût buot wtyer-wdyec kepec.
15. Ko kele kêk aci loy, ko aci puol, bik nyuc eben.
16. Ko yen aci kâp monó wdyec ko rêc róu, ko aci wnyal lyèc, ko aci wtyey, ko aci têk-ic, ko aci yck koyc-ke, bi tau e tuèng dut e koyc-nyin.
17. Ko kêk eben aci cam, ko aci kuot; ko ko cĭ dong, kêk aci ngay atayn wtyer-ko-róu e long.
18. Ko na yen yetok aci côr, ko a to ke yen koyc-ke, yen aci kêk wtyèc ko aci luel: koyc a jam ye ghên nga?
19. Ko kêk aci bér ko aci luel: Yoannes ran e làk, ko kôk Elias, ko kòk: tok etong rŏr e ting tuèng aci rot jot.
20. Lone yen aci lek kêk: lone uêk a luel ye ghên nga? Simon Petrus aci bér ko aci luel: yin Christus e Dén-did.
21. Ko yen aci kêk luel ko aci pên, dùn bik kan lek tok,
22. A luel: man e ran abi rêm aréd, ko abi a jay etong koyc did, ko nim e tĭt, ko abi nok, ko akol callic abi rot jot.
23. Lone yen aci lek kêk eben: na tok a nong puóu, bi buot gha cok, edí bi rot rec, ko abi agèr-de jot akol eben, ko abi ghên buot.
24. Ké yen a nong puóu, bi nêy-ke koyn, yen abi mor; ko ke ye mâr uêy-ke etong ghên, abi yen koyn.
25. Ké ye-ngu bi ran koyn, na yen abi kuot piñ eben, lone na abi rot ryâc, ko abi rot mor.
26. Ké yo nyin ryoc etong ghên ko uèl-cia, man e ran abi nyin ryoc etong yen, na yen abi ben e did-de, ko e did ûn ko ajâk e Dén-did.
27. Lone ghên a lek uêk yic: a to tin tetok ten a kâc cí bi tóu tĭp tuèng akoyc ting pan e Dén-did.
28. Lone acit akól bót na uèlké yen aci kâp Petrus, ko Yakobus, ko Yoannes, ko aci yid alel-nom, bi còr.
29. Ko na aci côr, aci nyin uar, ko buóng-ke a gher ko a mèr.

30. Ko yenkin, ròr e róu aci jam ke yen; ko kèk Moses ko Elias,
31. Aci tíc e did, ko aci lek ka cyeng-de, kedí yen abi táb Yerusalem-ic.
32. Lone Petrus ko ka to ke yen, aci tyek e nín; ko na kèk aci pâj, aci did-de ting ko ròr róu ci kâc ke yen.
33. Ko na kak aci jàl etong yen, Petrus aci lek Yesus: beyn e nyic, apuat na ghóg a rer ten; loyku ghut dyak, tok yeke-du, tok etong Moyses, ko tok etong Elias. Ké yen aci kûc a luel ngu.
34. Ko na yen a-nguot a jam, aci ben bey luet, ko aci kèk mòn; ko kèk aci ryoc, na kake aci ben e luct-ic.
35. Ko aci a kuoy etong luet, ko aci luel: kan man-dia, ci wnyar; pyengke yen.
36. Ko na aci ping kuoy, Yesus aci to yetok. Ko kèk aci byet, ko akey' lek tok akòlké kedo ci kèk ting.
37. Ko na akol dé kèk aci yid piñ etong alel, dut e koyc did aci ròm ke kèk.
38. Ko yenkin, ran tok etong dut aci kyú ko aci luel: beyn e nyic, ghèn a lim yin, ting man-dia, ké yen é tong-dia.
39. Ko yenkin, uèy (rac) a muk yen, ko man a dayc kyú; ko (uèy rac) a cuop yen, ko a pyek yen, bi yen tuak, ko na cuop yen, a kuek ya, bi yen puol.
40. Ko ghèn aci koyc-ku lim, bi yen cyec, ko kèk akeyc leu.
41. Ko Yesus aci bèr ko luel: kuàt acín gam ko ci jâl! A ghèt na ghèn abi rèr ke uèk, ko abi uèk gum? Bei ten man-du.
42. Ko na yen aci ben jàk aci yen cuòp, ko aci yen pyek.
43. Ko Yesus aci cíl uèy rac, ko aci uèn dèm, ko aci yen dûk ûn.
44. Lone koyc eben aci dyèr etong did e Dén-did; ko na kèk eben aci dyèr etong kan ci yen loy eben, yen aci lek koyc-ke: tauke uèlké e ue puot; ké man e ran abi tòn cèn e koyc.

45. Lone kĕk akey' ueté nyic, ko aci tyȧn e ke nyin tuèng, dûn bĭk ping; ko kĕk aci ryoc, bi yen wtyòc ueté.
46. Lone aci lo kĕk-ic tak, ye-nga etong kĕk auer did.
47. Lone na Yesus aci tak e puón-den ting, aci uèn kâp, ko aci yen tau ye-lôm,
48. Ko aci lek kĕk: tok ebon a lor uèné e rin-cia, yen abi ghėn lòr; ko ke lor ghên, yen a lor, ke ci ghėn tòc. Ke 'uer kòr uèk-callic, yen auer did.
49. Lone Yoannes aci bėr ko luel: beyn e nyic, ghóg aci ting tok a cyec jâk e rin-ku, ko ghog aci yen pėn, ké yen aci ghóg buot.
50. Ko Yesus aci lek yen: dunko pen; ké ko cí mȧn uėk, yen keke uėk.
51. Ko nu aci wtyok akòl, na yen abĭ ngay, yen aci ye nyin uel, bi lo Yerusalem.
52. Ko aci tòc e ye nyin tuèng koyc e lek; kĕk aci jâl, ko aci lo pan e Samaritani, bĭk juir etong yen.
53. Ko kak akey' yen lòr, ké ye nyin acĭ uel e kuèr Yerusalem.
54. Ko na koyc-ke Yakobus ko Yoannes aci kan ting, aci luel: beyn-did, nong puóu, bûg luel, bi mac loyn etong wnyal, ko abi kĕk ryok?
55. Ko yen aci rol uel, ko aci kĕk cĭl, ko aci luel: uėk akuyc, uėk eton uėy-ó?
56. Man e ran akeyc ben, bi ryok uèy, lone bi kĕk koyn. Ko kĕk aci lo pan-dé.
57. Ko na kĕk a jat kuèr-ic, tok aci lek yen: ghên abi yin buot tede eben, bi yin to tin.
58. Yesus aci lek yen: auèn a nong adòm, ke dyet e wnyal a nong ghut; lone ran e man acin tede, bi ye nom tâyn.
59. Lone aci lek dé: buot ghên! Lone kan ci luel: beyn-did, pal ghėn tuèng, ba lo ko ba uȧ wtyòk rang.
60. Ko Yesus aci lek yen: Pal ka ci tóu bik wtyòk koyc-ken ci tóu; lone yin lor, ko uet pan e Dén-did.

61. Ko dé aci lek: ghên abi yin buot, beyn-did, lone pal ghên tuèng, ba puol kêk ai pan-dia.
62. Yesus aci lek yen: acín tok a tau ye cyn etong pûr, ko bi ye kóu lyèc, yen abi mât ke pan e Dén-did.

Nom X.

1. Lone alé Yesus aci loyc kôk wtyer-wderóu-ko-róu, ko aci kêk tòc róu--róu etong ye nyin tuèng pan ko tede eben, bi yen ben tin.
2. Ko aci lek kêk: Tem-rap cucc, lone koyc e pûr alik. Ko yekan, lyemke beyn e tem, bi yen tòc koyc e pûr etong tem o rap-ke.
3. Lak! yenkin, ghên a tòc uêk acit amél akuekuey callic.
4. Dunke kâp ke uêk kuet, ko luong e uèu, ko uâr, ko dunke mad tok kuèr-ic.
5. Rhun eben. bi uêk lo tin, luelke tuèng: dòr etong ghuné.
6. Ko na a to tin man e dòr, dòr-dûn abi rèr ke yen; ko na dó, dòr abi dûk etong uêk.
7. Lone uêk abi rèr ghuné, ko camke ko dekke ka ci to etong kêk; ké ran e loy yen a joc a ryop-de. Dunke ghau o bey.
8. Ko pan eben, bi uêk lo tin, ko kêk a lor uêk, camke ke cî tau etong uêk.
9. Ko demke ka beyc to pané-ic, ko lekke kêk: aci wtyok pan e Dén-did etong uêk.
10. Lone pan eben, bi uêk lo tin, ko kêk aci bi uêk lòr, jalke akenbay e kuèr-de, ko luelke:
11. Ghôg a tèng etong uêk tur ye ci nuât ghòg-ic etong pan-dûn, lone nyecke, pan e Dén-did aci wtyok.
12. Ghên a lek uêk: akolé abi pal a-ngnan eton Sodoma, e pané.
13. Agó etong yin Chorazín, agó etong yin Bethsaida! Ké na etong pan e Tyrus ko Sidon aci lo ryel yo ci a e uêk-ic, tuèng kêk aci rêm e buòng o nim, ko a nyuc e nget-ic.

14. Lone Tyrus ko Sidon abi pal a-nguan akol e lŭk, e etong uėk.
15. Ko yin, Kapharnaum, yin aci jot wnyal, abi wdìr pan e mac.
16. Ko ye uėk ping, yen a ping ghėn, ko ye uėk lyal, yen a lyal ghėn. Lone ke lyal ghėn, yon a lyal, ke ci ghen tòc.
17. Lone ròr wtyer-wderóu-ko-róu aci dŭk e myed ko aci luel: ayá jåk a to ghòg lyel a rin-ku.
18. Ko yen aci lek kėk: ghėn aci jång-did ting a loyn etong wnyal acit tyeng e Dén-did.
19. Yenkin, ghėn aci uėk yek ryel, bik tåyn piñ korór ko cyėwt, ko ryel e mûn eben; ko acín kede abi uėk rėk rac.
20. Lone yekan dunke puóu myed, ké uėy rac e uėk lyel; lone myedke puóu, ké rin-kuen acî gor wnyal-ic.
21. Ghoné Yesus aci tuk c uėy e Dén-did, ko aci luel: ghėn a lec yin, uâ, beyn e wnyal ko piñ, ké yin aci kan tyân etong koyc a ngeyn ko a nyic, ko aci nyod etong koyc kòr. Yene, uâ; ké kele aci yin dûr.
22. Kan eben acî tôn ghėn etong uâ; ko acín tok a nyic, ye-nga man, e uâ, ko ye-nga un, e man, ko ye man a nong puóu, bi nyod yen.
23. Ko yen aci rot uel koyc-ke, ko aci luel: myed e nyin, yc ting ka ting uėk.
24. Ké ghėn a lek uėk, ròr e ting ko bayn-did cuec aci nang puóu, bik ting, ka ting uėk, ko kėk akey' ting; ko bik ping, ka ping uėk, ko kėk akoy' ping.
25. Ko yenkin, ran e nyic tok aci rot jot, bi yen tėm, ko aci luel: beyn e nyic, ghėn abi ngu loy, ba kåp pir atėr?
26. Ko kan aci lek yen: ye-ngu cî gor e gor e Dén-did? Kedí yin a kuen?
27. Ko kan aci bėr ko aci luel: wnyar Dén-did beyn-did-du etong puón-du ebon, ko etong uėy-ku eben, ko etong ryel-du eben, ko etong nom-du eben, ko rucy-ku acit yin etok.

28. Ko aci lek yen: yin aci bêr apuat; loy kan, ko yin abi pîr.
29. Lone kan, ké yen aci nang puóu bi rot koyn, aci lek Yesus: ko ye-nga yen ruey-cia?
30. Lone Yesus aci bêr ko aci luel: ran tok aci yid piñ etong Yerusalem, ko aci lo Yericho, ko aci rôm ke a mokol; kèk aci yen buòng-ke ngay, ko aci yen wtor, ko na kèk aci yen puol acit aci tóu, kèk aci jâl.
31. Ko acî a tyen tok aci yid piñ e kuèré, ko na aci yen ting, aci uar.
32. Kele ayá Levita; na aci wtyok tede, ko aci yen ting, aci uar.
33. Lone Samaritanns tok akeyn aci wtyok ke yen, ko na aci yen ting, puón-de aci dyau ke yen,
34. Ko aci yen wtyok, ko aci kuot-ic tetòk-ke, ko aci pùk mok e tim ko abyèc, ko aci yen tâc e mûl-kóu, ko aci yen bey luâk-ic, ko aci yen tit.
35. Ko akoldé yen aci bei bey denar róu, ko aci yek ran nong luâk, ko aci luel: tyet yen, ko kede yin abi yek bey auer, ghèn abi bêr etong yin, na ghèn abi dûk.
36. Ye ye-nga etong dyakké yin a ngat yen e ruey etong ran ci rôm ke a mokol?
37. Ko kan aci luel: ke ci pyat loy etong yen. Ko Yesus aci lek yen: lor, ko loy ayá kele.
38. Lone na kèk aci jot, yen aci lo pan tok, ko tin tok a còl Martha aci yen lòr ghun-de.
39. Ko yen aci nang nyân a còl Maria; kan aci nyuc e beyn-did cok-lôm, ko aci uèl-ke ping.
40. Lone Martha aci nom-nang luoy-did; ko aci wtyok ko luel: beyn-did, yin acie nom-rôm, ké nyankay aci ghèn puol a tok, ba loy. Ko yekan, lek yen, bi yen ghèn koyn.
41. Ko (beyn-did) aci bêr, ko aci luel: Martha, Martha, yin a nom-rôm, ko a lyap yi nom e ka cuec.
42. Lone ke tok édi. Maria aci loc long 'nguan ci bi jâl etong yen.

Nom XI.

1. Ko na yen aci to tedo, bi cȯr, ko na yen aci tâb, tok etong koyc-ke aci lek yen: beyn-did, nyece ghȯg, bûg cȯr, acit Yoannos aci koyc-ke nyèc ayá.
2. Ko yen aci lek kèk: na uèk abi cȯr, luelke: uâ! Rin-ku abi lèc! Pan-du abi ben!
3. Yeke ghȯg mid-kua akolé awtong ghȯg.
4. Pal ghȯg karác-kua; ké ghȯg ayá a pal tok eben, ci kerác loy eton ghȯg; ko dûne kuat ghȯg tem-ic.
5. Ko aci lek kèk: ye-nga etong uèk a nong mè-de, ko abi lo etong yen uàkóu, ko abi lek yen: mad, yek ghèn monó dyak.
6. Ké mad aci ben eton ghèn, yen a keyn, ko ghèn acin kede, ba tau yen.
7. Ko kene wtin alé abi bèr ko abi luel: dûne rem gha nom, yémanic ghut aci wtyòk-wtok, ko miwt-kia aci tàc ko ghèn, ko ghèn acíc leu, ba rot jot, ba yek yin.
8. Ko na kene a bèr a tân, ghèn a lek uèk, na kan acíc jo rot ko yek yen, ké yen mè-de, lone yen abi rot jot etong roc-de, ko abi yek yen, kedí yen a dak.
9. Ko ghèn a lek uèk: lyemke, ko abi yek uèk; korke, ko abak yòk; tânke, ko abi lyèb uèk.
10. Ké tok eben a lyem abi kàp, ko ke kor, abi yòk, ko ke tân, abi lyèb yen.
11. Lone ye-nga etong uèk abi lim etong un monó, ko abi kàp kùr? Ko na a lyem rèc, yen abi korór kàp ye te rèc?
12. Ko na yen a lyem tuong, yen abi gam cyèwt?
13. Ko yekan, na uèk arac a nyec, bak yek miwt-kùn kapuát, yekedí auer ur-dùn wnyal-ic abi yek uèy puat etong kak a lim yen?
14. Ko yen aci jâk cyec, kan a mim. Ko na yen aci jâk cyec, ran ci mim aci jam, ko dut e koyc aci dyèr.

15. Lone tetok eton kĕk aci luel: ke Belzebub nom e jȧk yen a cyec jȧk.
16. Lone kȯk aci yen wtem, ko aci wtyèc etong yen cit etong wnyal.
17. Lone na yen aci ting kak-ken, aci lek kĕk: pan eben ci tĕk ye rot, yen abỉ ryak, ko ghut abỉ yuik ghut-kóu.
18. Lone na jȧk ya aci tĕk ye rot, kedi pan-de abi rèr? Ké uĕk a luel: ghèn a cyec jȧk ke Belzebub.
19. Lone na ghèn ke Belzebub a cyec jȧk, mỉwt-kûn a cyec ke nga? Ko yekan kĕk abi uĕk tak.
20. Lone na ghèn ke cyn e Dén-did a cyec jȧk, itet aci ben etong uĕk pan c Dén-did.
21. Na ran rỉl ci tong-de mûk a tyet pan-de, kake eben aci ruén.
22. Lone na ran aucr rỉl a bo, ko yen uyèd, abi ngay uèu-ke eben, yen aci gam e ke-ic, ko ci mûk abi tĕk.
23. Ran ye liu ke ghèn, yen a mân ghèn; ko ran acíe kuat ke ghèn, yen abi tyay.
24. Na uĕy rac aci ben bey etong ran, yen a yuel bey cin piu, ko a kor long; ko na akey' yȯk, yen a luel: ghèn abi dûk pan-dia ci ghèn jȧl wtin.
25. Ko na yen a bo, a yok yen cỉ gher e uĕc ko cỉ cyèr.
26. Alé yen a lo ko a kȧp ke yen uĕy wderóu kȯk auer rac e yen, ko kĕk a bo akenwtin, ko abi rèr wtin. Ko ka cyèng c rané abi auer rac etong tuèng.
27. Lone na (Yesus) aci kan luel, tin tok aci jot kuoy-de, ko aci luel: myed e puóu e yic ci yin ghȧj, ko wtèn, ci yin tuat.
28. Lone yen aci luel: yene ké myed c puóu kĕk ping uel e Dén-did, ko a tyet yen.
29. Ko na dut e koyc aci kût, yen aci gol bi jam: kuȧté e kuȧt rac, a nong puóu cit, ko acỉ bỉ yek kĕk, e cit Yonas ran e ting.

30. Ké acit Yonas aci to cit etong koyc e Ninive, kele man e ran abi a etong kuâté.
31. Tyang-beyn-did etong cyèng abi rot jot akol e lûk ke ròr c kuâté, ko abi kèk lûk; ké yen aci ben e piñ-nom, be ping ngeyn e Salomon; ko yenkin, ten auer Salomon.
32. Ko ròr e Ninive abi rot jot akol e lûk ke kuâté, ko abi yen lûk; ké kèk aci long etong uet e Yonas; ko yenkin, ten auer Yonas.
33. Acín tok a deb gher ko abi tau te ci tyàn, ko acíe e toyn-lyel, lone kâp-gher-nom, bi koyc a lo ghut-ic gher ting.
34. Gher e guop-du ye yi nyin. Na yi nyin apuat, guop-du eben aci gher; lone na arac, guop-du eben a muod.
35. Ko yekan ting, dùn gher a to wtin yi-yic, bi mûd.
36. Na guop-du eben a gher, ko acin tede mûd, yen eben abi gher, ko acit gher a gher abi yin mer.
37. Ko na yen aci jam, Pharisaeus tok aci yen lim, bi cam ke yen; ko aci lo ghut-ic, ko aci nyuc.
38. Lone Pharisaeus aci gol bi tak, ko lek ye rot: ne-ngu yen akey' rot låk tuèng e mid.
39. Ko beyn-did aci lek yen: yémanic uèk, koyc Pharisaei, a cuot ke to akenbay biñ ko aléi; lone ke to akenwtin uèk-ic, kan aci tyan rûm ko lât.
40. Ròr abèl! Acíe ke ci loy ke to akenbay, yen akey' loy ke to akenwtin ayá?
41. Lone ke ci dong uèk yekke môc, ko yenkin, ka-kûn eben abi gher.
42. Lone aguó uèk, Pharisaei, ké uèk a jek long wtyer e anir, ko ruta, ko ual eben, lone a uar lûk ko wnyar e Dén-did; lone kan édi bák loy, ko kene dunke pal.
43. Agó uèk, Pharisaei! ké uèk a wnyar wtoyc tuèng ghut e nyic ko mad aburró.
44. Agó etong uèk, ké uèk acit ghut e rang acíe tic; koyc a jat c kèk ko a kûc.

45. Lone ran e nyec tệt aci bêr, ko aci lek yeu: beyn e nyic, na yin a luel kan, yin a lât ghôg ayá.
46. Ko kan aci luel: ayá etong uèk aguó, rồr e têt, ké uèk a tau keycke tyek, cie leu kèk bi jot, ko uèk uepec acie tap deric e ue mêy tok.
47. Agó uèk, ye buòt ghut e rang etong rồr e ting, ci nok etong ur-kûn.
48. Itet, uèk a gam, puón-dûn a wtong ke loy ur-kûn; ké kèk aci kak nok, lone uèk a buòt ghut e rang-ken.
49. Ko yekan ayá ngeyn e Dén-did a luel: ghèn abi tòc etong kèk rồr e ting ko rồr e tòc, ko kèk abi tetok nok, ko abi tetok cuòp.
50. Bi ryam rồr e ting eben ci kuer e tuèng e piñ abi wtyèc kuáté.
51. Etong ryam Abel ghèt ryam Zacharias ci nok akeu e dûr ko ghun e Dén-did. Yene, ghèn a lek uèk, abi wtyèc etong kuáté.
52. Agó etong uèk, rồr e têt, ké uèk aci mûk degér e nyec, uèk uepec akeyc lo akenwtin, ko acak geng kak ci lo akenwtin.
53. Lone na yen aci kan lek kèk, koyc e Pharisaei ko koyc e têt aci gol bi yen yey arêd, ko bi yen nyon e uèl cucc.
54. Ké kèk aci yen but, ko aci nong puóu, bik uet tok mûk etong yc wtok, bik yen lòm.

Nom XII.

1. Lone na dut c koyc did aci gồl, ké kèk aci rot pik, Yesus aci gol bi lek koyc-ke: tyetke rot etong ûr e Pharisaei, ke kuet rot.
2. Lone acín kede aci kum, ye ci bi tic, ko acín kede aci tyàn, ye ci bi nyic.
3. Yekan ci uèk luel a muod, abi luel e gher; ko kan ci uèk mon ghut-ic, abi uet e ghut-nom.

4. Lone ghèn a lek uèk mèd-kia: dunke ryoc etong kak a nak guop, alè acín kedo leu bik loy.
5. Lone ghèn abi uèk nyod, ye-nga uèk abi ryoc. Ryocke etong kan ye, na aci nok, a nong ryel, bi thc pan e mac. Yene, ghèn a lek uèk, kan ryocke.
6. Acie amòr wdyec e ghác e tyalgang róu? Ko tok etong kèk Dén-did aci bi nom-mar.
7. Lone ayá nim ue nom aci kuen. Ko yekan dunke ryoc; uèk auer e amôr cuec.
8. Lone ghèn a lek uèk: tok eben ye abi ghèn gam e koy'-nyin, ghèn abi yen luel (gam) e ajàk e Dén-did-nyin.
9. Lone ke moyn ghèn e koy'-nyin, yen abí moyn ajàk e Dén-did-nyin.
10. Ko tok eben ye uet luel etong man e ran, abí pal yen; lone ke ye lùt uèy e Dén-did, aci bí pal yen.
11. Lone na koyc abi uèk bei ghut e nyic, ko ka ye lùk, ko ka leu-nyin, dunke ue nim rom, kedi ko ngu bi uèk bèr, ko ngu bi uèk luel.
12. Ké uèy e Dén-did abi uèk nyíc ghonké, ye-ngu bi uèk luel.
13. Lone tok etong dut e koyc aci lek yen: beyn e nyic, lcke uanmad, bi yen tèk ke ghèn ka ci nyang.
14. Ko kan aci lek yen: ran, ye-nga aci ghèn tau, ba lùk ko ba tèk etong uèk.
15. Ko aci lek kèk: tyengke ko tyetke rot etong kòg eben; ké aci to cuec e uèu-ko-ic, pir-de aci to wtin.
16. Lone yen aci lek kèk e luop ko aci luel: dom e ran ci kuet tok aci bei tàu cuec.
17. Ko yen aci tak e ye rot, ko aci luel: ye-ngu aba loy, ké ghèn acín tede, ba kuot wtin tàu-kia.
18. Ko aci luel: ghèn abi kan loy; ghèn abi ngay guk-kia ko abi kèk bùt auer did, ko totúy ghèn abi kuet kan eben ci cil etong ghèn, ko ka-cia,
19. Ko alé aba lek uèy-cia: uèy-cia, yin a nong ka cuec ci tau etong run cuec; long, cam ko dek, ko duèng.

20. Lone Dén-did aci lek rané: ran abèl! uakóué ghèn abi uèy-ku wtyèc etong yin; ko kan ci yin juir abi a ka nga?
21. Ke kan ye aci kuet etong ye rot, ke yen akeyc kuet e Dén-did nyin.
22. Ko (Yesus) aci lek koyc-ke: ko yekan ghèn a lek uèk: dunke ue nim rom etong ue rot, ye-ngu bik cam, ko etong ue guop, ye-ngu bik ruok.
23. Uèy auer e mid, ko guop auer e ruok.
24. Tyengke gak; kèk acie pok, ko acie tem rap; ko kèk acin adum, ko acin guk, ko Dén-did myac-wtok kèk. Kedi auer uèk kèk!
25. Lone ye-nga etong uèk a leu, bi rot yek e tang-de kon tok?
26. Ko yekan, na uèk aci bi leu e ketintet, ye-ngu uèk a rom ue nim e kòk?
27. Tyengke gherke, kedi a cil; acie loy ko acie myi; lone ghèn a lek uèk: acie Salomon e did-de eben akey' ruok acit tok etong kèk.
28. Lone na nòn, ye to wtin akolé dom-ic, ko wnyak abi cuat ghun e mac-ic, Dén-did a ruok kele, yekedi uèk auer, uèk gam-dùn alik?
29. Ko dunke wtyèc, bák ngu cam ko dèk; ko dunke rot jot te ko tedeté.
30. Ké koyc e piñ a wtyèc kan eben. Lone ur-dùn a nyic, uèk a dak kan eben.
31. Lone tuèng uèk abi kòr pan e wnyal, ko lung-de, ko kan eben abi juak etong uèk.
32. Dùne ryoc, bok kòr, ké aci dûr ur-duen, bi uèk yek pané.
33. Ghâcke ka to etong uèk, ko yekke myâc. Loyke etong uèk kuet a ci bi têr, uèu ye ci bi dak wnyal-ic, cuèr aci bi wtyok ten, ko aruop aci bi yen ryok.
34. Ké tede to uèu-ku wtin puón-duen ayá a to wtin.
35. Lom-kûn bi dèr, ko ghor a deb ue cèn.
36. Ko acit koyc a tyet beyn-den, na yen abi dùk etong

ruay, bîk dayo lyèb etong yen, na yen aci ben ko aci tăng.

37. Myed e puóu aloékké, na beyn den a bo, ko a yok kèk ayién. Itet ghèn a lek uèk, yen abi rot dèr, ko abi kèk lek, bîk nyuc, ko abi lo ran e ran, ko abi kèk loák.

38. Ko na yen abi ben ghon dé ko ghon dyak uakóu, ko kele a jok kèk, myed e puóu aloékké.

39. Lone kan nyecke, na un e bay a nyic ghonò cuèr a bo, yene abi yic ting, ko aci bi puol ghun-de abi dyòm.

40. Ko uèk abi rot juir; kó ghon cí bi uèk ngat man e ran abi ben.

41. Lone Petrus aci lek yen: beyn-did, yin a lek ghôg luopé, kó koyo eben ayá?

42. Lone beyn-did aci lek: ye-nga yin a ngat yen ran e tyot lacit ko a ngeyn, ye beyn-did tau e dyen-de-nom, bi yen yek kèk ghoné e lòb tem-den?

43. Myed e puóu aloangé, na beyn-de a bo, a yok yen a loy kele.

44. Itet a lek uèk, yen abi kene tau nom e kake eben.

45. Ko na aloangé abi luel e ye puóu: beyn-did-dia a kuèk bey, ko yen a gal bi aloék ko nyir-aloék tât, ko abi cam ko dèk ko abi auèd-mâu;

46. Beyn-did aloangé 'abi ben akol cí bi yen ngât, ko ghon cí bi yen nyic, ko abi yen puoc ko abi tem-de tau keke rac.

47. Lone aloangé ye aci nyic puón e beyn-de ko akeyc juir ko akeyc luoy acit puón-de, yen abi tât arèd.

48. Lone ke aci kûc, ko aci loy ke joc tât, yen abi tât alik. Lone tok eben cì yek yen ka cuec, abí wtyèc ka cuec etong yen; keke ye cì gam ka cuec, abi wtyèc auer cuec etong yen.

49. Ghèn aci ben ba bei mac e piñ-ic; ko ghèn a nong puóu ngu e bi dèb?

50. Lone ghèn édi bi kâp lâk, ko kedí ghèn aci puón-dia ròm, ghêt abí tâb!

51. Uêk a ngat ghên aci ben ba bei dôr e piñ-ic? Ey, a lek uêk, lone puôk.
52. Ké ghoné abi to tin ghut tok koyc wdyec abi puôk; dyak etong róu, ko róu etong dyak.
53. Un etong man, ko man etong un; mán etong nyan, ko nyan etong mán; mán-moyc etong tin e man, ko tin e man etong mán-moyc.
54. Ko aci lek dut e koyc ayá: Na uêk aci ting luet a bo bey e piñ-nom, uêk a dayc luel: deng abi ben, ko kele abî a.
55. Ko na yòm cyèng, uêk a lek: tuc abi ben; ko abî a.
56. Koyc a kuet rot! uêk a nyic bûk kuen piñ ko wnyal nyin; lone ne-ngu uêk aci kuen ghoné?
57. Lone ne-ngu uêk nyic etong ue rot, ke lacit?
58. Lone yin, na yin abi lo ke mân yin ran e lûk nyin, kuèr-ic ting rot apuat ba rot koyn etong yen, dûu yin wtel ran e lûk nyin, ko ran e lûk abi yin tôn etong ran e duy, ko ran e duy abi yin tâc te-mâc-ic.
59. Ghên a lek yin, yin aci bi ben bey tin, ghèt yin aci bi dûk tyalyan cyèng.

Nom XIII.

1. Lone aci to tin ghoné tetok ye ci lek yen etong ròr e Galilaea, ye Pilatus aci ryam-den lyap ke ka ci kèk myâc.
2. Ko Yesus aci bèr ko aci lek kèk: uêk a ngat ròr e Galilaea kèk aci jol auer e ròr e Galilaea kôk eben, ké kèk aci duy kele?
3. Ey, ghên a lek uêk; lone na uêk aci bi nong rèm e karúc, uêk eben abi tóu kele.
4. Acit kak wtyer-ko-bèd ci loyn e ke kóu piñ ghun-bâr e Siloc, ko aci kèk nok, uêk a ngat kèk a jol auer e koyc eben ci rèr e Yerusalem?
5. Ey, ghên a lek uêk; lone na uêk aci bi loy long e karác, uêk eben abi tóu kele.

6. Ko aci lek kèk luopé: ran tok aci nang tim e ngap ci pyât e gòr-de-ic. Ko aci ben ko aci kòr e yen-ic tâu, ko akey' yòk.
7. Lone yen aci lek ran e pûr e gòr: yenkin, run dyak ghèn a bo ko a kôr tâu e ngapé-ic, ko akey' yòk. Ko yekan tòk yen; ké ne-ngu yen ruom tede?
8. Ko kan aci bêr ko aci luel: beyn-did, pal yen e ruòné a-ngot, ghèt ghèn abi yen uêc e yuil, ko abi uêr tau.
9. Ayen abi lùk; ko na acie luok alé tòk yen.
10. Lone yen aci nyec akol e Sabbat ghun-e nyic-den.
11. Ko yenkin tik a nong uêy e juay e run wtyer-ko-béd; yen aci gòl-ic, ko akeyc leu, bi wnyal lyèc.
12. Na Yesus aci yen ting, aci yen côl etong yen, ko aci lek yen: tik, yin acî puol etong juan-du.
13. Ko yen aci cèn-ke tau e ye nom, ko yémanic yen aci còk, ko aci Dén-did lèc.
14. Lone nom e ghun e nyic aci bêr, ké yen aci ghok, ké Yesus aci dèm akol e Sabbat, ko aci lek koyc: a to tin akòl wdetem, ye koyc abi loy tin; ko yekan akòlké bak ko demke; ko acíe akol e Sabbat.
15. Lone beyn-did aci bêr ko aci lek yen: ròr e rot kuet! tok eben etong uêk akol e Sabbat aci bi loyn muor-de kó mûl-de etong ghong-e-nòn ko a kuat yen bi dèk?
16. Lone kan, nyan e Abraham, cî mâc e jâk, yenkin e run wtyer-ko-bèd, édi ci bi dàk etong rûngé akol e Sabbat?
17. Ko na yen aci kan luel, ka mán yen eben aci nyin ryoc, ko koyc eben aci myed etong kadid eben, ye cî a etong yen.
18. Ko yekan yen aci luel: Acit ngu pan e Dén-did? ko etong ngu ghèn a ngat yen awtong?
19. Yen acit kau Sinapi, ye ran kàp ko tau yen e gòr-de-ic; ko yen aci cil ko aci a tim-did, ko dyet wnyal aci nyuc e kèr-ke.
20. Ko akoldé aci luel: etong ngu ghèn a ngat awtong pan e Dén-did?

21. Yen acit uòr, ye tik kâp ko bi yen tau e tòyn abyek dyak-ic, ghêt abî uâc eben.
22. Ko yen aci lo e bey-did ko bey-kòr ko aci nyîc ko aci kuèr-de ngay etong Yerusalem.
23. Ko tok aci lek yen: beyn-did, a to tin koyc lìk, ye rot koyn? Lone yen aci lek kêk:
24. Locke rot, bak lo ghun-dòu-wtok; ké ghên a lek uêk, acuec abî nong puóu bi lo ic, ko acî bi leu.
25. Lone na aci lo un-bay ko aci ghut-wtok gar, uêk abi gol bi rèr akenbay, ko bak ghut tôn wtok, ko abi luel: beyn-did, lyep ghog wtok! Ko yen abi bêr ko abi lek uêk: ghên a kûc uêk, etong tenò.
26. Alé uék abi gol ko luel: ghôg aci cam ko dèk e yi nyin, ko yin aci nyèc e kuer-kua-ic.
27. Ko yen abi lek uêk: ghên a kûc uêk, etong tenò; jalke etong ghên uêk eben a luy rac.
28. Ko tetúy abi adyau ko lêwt e lej, na uêk abi ting Abraham, Isaak ko Yakob ko ròr c ting eben pan e Dén-did-ic, lone uêk cî cyèc akenbay.
29. Ko koyc abi ben etong tene-akol-ben ko tene-ruel-a-muod, ko abi nyuc pan e Dén-did-ic.
30. Ko yenkin, ka cyèng kêk abi tuèng, ko ka tuèng, kèk abi cyèng.
31. Akolé aci ben etong yen tetok ctong koyc Pharisaei, ko aci lek yen: jale ko lor, ké Herodes a nong puóu bi yin nak.
32. Ko yen aci lek kêk: lak ko lekke auané: yenkin ghên a cycc jåk ko a dem koyc akolé ko wnyak, ko akol callic ghên abi tâb.
33. Lone akolé ko wnyak ko akol-dé ghên abi jot; ké yen acin mât, bi tóu ran c ting akenbay Yerusalem.
34. Yerusalem, Yerusalem, yin ye nok ròr e ting ko a bòg koyc cî tòc etong yin, ayá-di ghên aci nong puóu, ba buob miwt-ku, acit e dyet a buob ghun-de e yc uok-lyel, ko yin aci jay.

35. Yenkin abî pyal uêk ghun-dûn cî ryok bey. Lone ghên a lek uêk, uêk aci bi ghên ting, ghêt abi ben (ghon), na uêk abi lek: Acî wtyey ke bo e rin e Dén-did!

Nom XIV.

1. Ko na Yesus akol e Sabbat aci lo ghun e nom e Pharisaei tok bi cam kuyn, ko kêk aci yen but;
2. Ko yenkin ran ci bûr e ye nyin.
3. Ko Yesus aci bêr ko aci lek rôr e têt ko koyc Pharisaei, ko aci luel: ye yic e dem akol Sabbat?
4. Lone kak aci byet. Lone yen aci (ran bec) kâp, ko aci yen dèm ko aci yen loyn.
5. Ko aci bêr etong kêk ko aci luel: ye-nga etong uêk a nong mûl kó muor ci loyn pul-ic, aci bi dayc mît akol e Sabbat?
6. Ko kêk akeyc leu bi bêr kede etong yen.
7. Lone yen aci luop lek ya etong koyc ci côl ghut; ké yen aci ting kêk a kuayn tedc tuèng, ko aci lek kêk:
8. Na yin aci côl e ruay-ic, dûne nyuc te tuèng, dùn tok auer did e yin yenkin ci côl.
9. Ko na ran, ye ci yin côl ko yen, abi ben ko bi lek yin: yeke kan te-du, alé yin abi gol bi kâp tede cyèng e ryoc e nyin.
10. Lone na yin aci côl, lor ko nyuc tedc cyèng bi yen ci yin côl bi ben ko bi lek yin: mad, yid tuèng! Alé abi a etong yin lèc etong koyc nyuc etok ke yin.
11. Ko tok eben, ye abi puóu did, yen abi kòr, ko tok eben ye abi puóu kòr, yen abi did.
12. Lone aci lek ayá kan ci yen côl: na yin abi loy cam-kol kó cam-wtèn, dùne col méd-ku ko uanméd-ku, ko rucy-ku, ko ka wtyok cî kuet, dûn kêk ayá bi bêr bi yin côl, ko abi a ryop etong yin.
13. Lone na yin a loy ruay, col ka ci ngong ko ka ci nguêt, ko ka ci ngol, ko ka ci côr.

14. Ko yin abi myed puóu, ké kêk acín kede bi dûk yin; ké abî dûk yin akol e jorot e koyc lacit.
15. Lone na tok etong ka ci nyuc aci kan ping, aci lek yen: Myed e puóu ke ye bi mîd cam pan e Dén-did.
16. Lone yen aci lek yen: ran aci juir têt adid ko aci côl koyc cuec.
17. Ko aci tôc aloang-de ghon e têt etong koyc cî côl, bi kêk ben, ké kan eben acî juir.
18. Ko kêk eben aci gol etok bi rot koyn. Tuèng aci lek yen: ghên aca ghôc bay, ko ba lo, ba yen tíng, ghên a lim yin pyal ghên.
19. Ko dé aci luel: ghên aci rêk wdyec e môr ghôc, ko abi lo, ba kêk têm; ghên a lim yin pyal ghên.
20. Ko dé aci luel: ghên aci tik tyak, ko acíe leu, ba ben.
21. Ko aloák aci dûk, ko aci kan lek beyn-did-de. Alé aci ghok un-bay, ko aci lek loang-de: dayc lor kuer-ic ko dôl-ic e pan, ko bei ten koyc ci ngong, ko nguêt ko côr ko ngol.
22. Ko aloak aci luel: beyn-did acî a acit yin aci cyeng, ko a-nguot to tin tede.
23. Ko beyn-did aci lek aloak: Lor kuer-ic ko geu-ic ko ter kêk bi ben akentin, bi tyan ghun-dia.
24. Lone ghên a lek uêk: acin-tok etong koycké cî côl abi tyep têt-dia.
25. Lone dut e koyc cuec aci lo keke yen, ko yen aci rot uel, ko aci lek kêk:
26. Na tok a bo etong ghên, ko yen aci bi mân un ko mán, ko tin-de ko mîwt-ke ko uanmêd-ke ko nyera-ke, ko ye rot ayá, yen acî bi leu bî a ran-dia.
27. Ko ke acî bi jot agèr-de ko bi ghên buot, yen acî bi leu bî a ran-dia.
28. Ké ye-nga etong uêk a nong puóu bi but ghun-bâr, yen aci bi nyuc tuèng, ko kuen ka ci gam édi, na a nong yen bi tâb?

29. Dûn na yen aci tau ghut-lyel, ko akeyc leu bi tâb, koyc eben ting abi gol bi yen buy.
30. Ko abi luel: rané aci gol bi ghut but, ko akeyc leu bi tâb.
31. Kó ye beyn-did, ye nong puóu bi puòt ke beyn-did dé, aci bi nyuc tuèng ko aci bi tak, na yen ke rèm buôt-buôt abi leu bi ròm ke kene ye ben e ye nyin ke rèm buôt-buôt-rúu?
32. Ko na dó, na kene a·nguot e mec, yon abi tòc ròr e lek, ko abi yen wtyèk bi dôr.
33. Ko yekan tok eben etong uèk ye cí bi puol kede eben to etong yen, aci bi leu bi a ran-dia.
34. Auay apuat; lone na auay aci myol, ye-ngu abi loy a-nguan?
35. Acî bi leu dòm-ic ko gol-ic, lone abi puok bey. Ke nong yid bi ping, ping.

Nom XV.

1. Lone aci wtyok Yesus koyc Publikani cuec ko koyc jol bik yen ping.
2. Ko Pharisaei ko koyc e gor aci mòn ko aci luel: kan nyuoc koyc jol ko a cam ke kèk.
3. Ko yen aci lek kèk luopé ko aci luel:
4. Ye-gna etong uèk a nong wtôk buôt, ko na a mar tok etong kèk, aci bi puol wtyer-wdetem-ko-wdetem ror-ic, ko abi lo ke cî mar còk, ghèt abi yen yòk?
5. Ko na aci yen yòk, abi yen jot ye kèt e puón-myed.
6. Ko na yen a bo bay, yen a col mèd-ke ko koyc wtyok, ko a lek kèk: lekke ghèn pyat, kó ghèn aci yòk wtàng-dia cî mar.
7. Ghèn a lek uèk, kele abi to tin myed wnyal-ic etong jol tok, na yen a loy long auer etong wtyer-wdetem-ko-wdetem koyc puat édi cí etong kèk long e kerác.
8. Ko ye-nga tik a nong drachma wtyer, na drachma tok aci môr, yon aci dèb gher, ko uèc ghut-ic ko a kôr arèd ghèt abi yen yòk.

9. Ko na yen aci yòk, abi côl dyar-mêd-ke ko dyar-wtyok ko abi luel: lekke ghên pyat, ké ghên aci yòk drachma cî mar.
10. Kele a lek uêk, abi amyed ajâk e Dén-did nyin tuèng etong jol tok a loy long.
11. Yen aci luel ayá: ran tok aci nong mîwt róu.
12. Ko man akòr aci lek un: uâ, yeke ghên lông e uèu ye ke-dia. Ko yen aci uèu têk kêk.
13. Ko na akôl-lîk man akòr aci kût-ic uèu-ke eben ko aci keyn tede mec, ko tetúy yen aci tyay bey uèu-ke e pir puol-ic.
14. Ko na aci wtol kake eben, acî a cok adid tene ko yen aci gol bi dâk.
15. Ko aci lo ko aci loák ran tok e tene; ko kan aci yen tòc dòm-de-ic bi bok dir.
16. Ko aci guc bi ye yic wtyan e pat ye dir cam; ko acín-tok aci yen môc.
17. Ko yen aci dûk ye rot, ko aci luel: yékedi ròr e ryop pan e uâ a cuec etong kêk monó, ko ghên ten abi tóu c cok.
18. Ghên abi rot jot, ko abi lo etong uâ, ko abi lek yen: Uâ, ghên aci kerác loy etong wnyal ko yi nyin.
19. Ghên acíe joc, bi ghên cî cak man-du; loy ghên acit tok e koyc-ku e ryop.
20. Ko aci rot jot ko aci ben etong un. Lone ya yen a-ngot e mec, un aci yen ting, ko aci dyau e puón-de ke yen, ko aci rin, ko aci yen kuak ko aci yen cîm.
21. Ko man aci lek yen: uâ, ghên aci kerác loy etong wnyal ko yi nyin; ghên acíe joc, ba cak man-du.
22. Lone un aci lek aloék-ke: daycke bei buòng tuèng ko ruokke yen, ko yekke jod e ye cyèn, ko uâr e ye cok.
23. Ko beike dan cuay, ko temke rol, ko abûk cam ko róm.
24. Ké man-dia kan aci tóu ko aci pir ayá; ko acî mar, ko acî yòk ayá. Ko kêk aci gol bik rôm.

25. Lone man-de did aci to dòm-ic; ko na aci ben ko wtyok ke bay, aci ping tom-e-leng ko ket.
26. Ko aci côl tok etong aloćk, ko aci yen wtyèc yc-ngu?
27. Ko kan aci lek yen: uanmud aci ben, ko ur aci dan cuay tèm rol, ké yen aci yen lòr ruen.
28. Ko dé aci ghòk, ko aci jay bi lo ghut. Ko yekan un aci ben akenbay, ko aci gol bi yen wtyèc.
29. Ko kan aci bèr ko aci lek un: yenkin e run-dí ghèn a loák etong yin, ko ghèn akcyc uer atèr uèl-ku, ko alauon yin akey' ghèn yek muor e wtåk, ba ròm ke mèd-kin.
30. Lone na aci ben man-du kan ci wtol uèu-ke ke abal, yin aci dan cuay tèm rol etong yen.
31. Ko kan aci lek yen: man-dia, yin akuricc ke ghèn, ko ka-cia ebcn ka-ku.
32. Lone ódi, bûg ròm ko myed, ké uanmuddé aci tóu ko aci pir ayá; ko aci mar, ko aci yòk ayá.

Nom XVI.

1. Lone (Ycsus) aci lek koyc-ke: aci to tin ran akuet a nong ran e tit; ko kan aci rac rin-ke ye nyin tuèng, ké yen aci pyal uèu-ke.
2. Ko aci yen còl ko aci lek yen: yc-ngu ghèn a pyeng kan ctong yin? Loy kuen etong tyen-du; ké yin aci bi lcu bi tit ya.
3. Ko ran e tit aci luel yc rot: ghèn a loy ngu, ké beyn-did-dia a ngay etong ghèn luoy e tit? An acie leu, ba uèc piñ, ko ghèn a ryoc nyin ba lim.
4. An a nyic ba loy ngu, bi koyc lòr ghèn e bey-ken, na ghèn aci cyèc etong tit.
5. Ko yekan yen aci còl koyc a nong ken e beyn-did-de ko aci lek ko tuèng: ekedí yin a nong ken etong beyn-did-dia!
6. Ko yen aci luel: tòyn buôt e mok e tim. Aci lck yen: kâp gor e côl-du, ko day' nyuc, ko gôr wtyer-wdyec.

7. Alé aci lek dé: lone yin, yekedí yin a nong ken? Ko aci lek: têm buòt e lôb. Aci lek yen: kâp gor-du ko gôr wtyer-bêt.
8. Ko beyn-did aci ran e tít rac lêc, ké yen aci loy a-ngeyn ké mîwt e piñé a-ngeyn auer etong mîwt e gher e kuât-den.
9. Ko ghên a lek uêk: loyke etong uêk mêd-kuen e mammon rac, bi lòr uêk e bey atèr wnyal, na uêk a dak.
10. Ke ye lacit e kekòr-ic, yen ayá lacit kedíd-ic; ko ke ye rac kekòr-ic, yen ayá rac kedíd-ic.
11. Ko yekan na uêk akey' lacit e mammon rac, ye-nga abi yek uêk bik ting keyíc?
12. Ko na uêk akeyc lacit e ke lé-ic, ye-nga abi yek uêk ke yeke-dûn?
13. Acín aloang tok a leu bi loák bayn róu; ké yen abi tok mân, ko abi dé wnyâr; ko abi buot tok, ko abi dé lyal. Uêk aci bi leu bak loák beyn-did ko mammon.
14. Lone koyc Pharisaei, ye aci kòg, aci ping kak eben, ko aci yen buy.
15. Ko yen aci lek kêk: uêk a koyn ue rot e koyc nyin tuèng; lone Dén-did a nyec puot-kùn; ké ye wtoyn koyc, e bul e Dén-did nyin.
16. Tèt e Dén-did ko ròr e ting ghèt e Yoannes; ko alé ghonke acî uêt pan e Dén-did, ko tok eben a loc rot etong yon.
17. Lone auer pyal, bi uer wnyal ko piñ, e bi yuik toat etong tèt e Dén-did.
18. Tok eben ye puol tin-de, ko abi dé tyak, yen a kuel; ko keyc tyak tik cî loyn etong moyn-de, yen a kuel.
19. Aci to tin ran tok ci kuet, a ruok purpura ko alân yem; ko akól eben aci ròm a nyak.
20. Ko aci to tin lim tok a còl Lazarus; aci tòc ghut-wtok ko aci tyan ghontòk.
21. Ko aci nang puóu bi kuet e kòy cî loyn bey etong jang

e ran ci kuet; ko acín-tok aci yen yek; lone jok aci ben ko aci ghontòk-ke nyan.
22. Ko acî a ké aci tóu lim, ko acì jot etong ajâk Abraham yóu. Lone aci tóu ayá ran' ci kuet, ko aci wtyòk e pan e mac.
23. Ko a rèm-ic yen aci ye nyin jot ko aci Abraham ting te mec ko Lazarus ye yóu.
24. Ko aci cyú ko aci luel: uá Abraham, dyau puón-du ke ghèn, ko tòc Lazarus, bi yen lyang ye mey-e-cyèn-nom e piu, ko bi lîr gha lyeb; ké a ròm arêd e dèbé-ic.
25. Ko Abraham aci lek: man-dia, tak yin aci káp kapuát e pìr-du-ic, ko Lazarus ayá karác; lone yémanic yen aci dud, ko yin acî duy.
26. Ko acín kak eben akeu-da ko uék a to te tût, kele bi nong puóu bi lo etong ten e uôk, ko etong tetúy ghêt ten, aci bi leu.
27. Ko kene aci luel: ko yekan, uà, ghên a lim yin, ba yen tòc pan e uâ.
28. Ké ghên a nong uanmèd-kia wdyec, bi yen kêk gam, dûn kèk ayá bi ben tede e duy.
29. Ko Abraham aci lek yen: kèk a nong Moses ko ròr e ting; ye bi kak ping.
30. Ko kene aci luel: Ey, uá Abraham; lone na tok etong ka ci tóu abi ben etong kèk, kèk abi long loy.
31. Aci lek yen: na kèk aci bi ping Moses ko ròr e ting, kèk ayá aci bi gam, na tok etong ka ci tóu abi rot jot.

Nom XVII

1. Ko yen aci lek koyc-ke: acíe leu, cí bi ben nyôk; lone agó ran, a bo bey etong yen.
2. Auer leu yen abí tau kur e guar ye yet, ko abí cuat yuîr, auer yen aci bi nyôk tok etong miwttí-ké.
3. Tyetke rot! na uanmud a loy kerác etong yin, cil yen; ko na yen a rèm puóu, pyal yen.
4. Ko na yen a loy kerác etong yin ayá wderóu akol, ko

abi dûk etong yin ayá wderóu ko abi luel: ghên a dyau puóu kan, pyal yen.
5. Ko ròr e tòc aci lek yen: juak etong ghòg gam.
6. Lone beyn aci lek kèk: na uèk a nong gam acit koy e sinapi, ko uèk abi lek timé: ûl rot ko pyat rot uer-ic! Ko yen abi uèk ping.
7. Ye-nga etong uèk a nong aluák a pur kó a bok, na yen abi dûk etong dòm, abi lek yen: dayc lo ko nyuce!
8. Ko aci bi lek yen: juir kedc, ba cam wtèn, ko der rot, ko loák ghèn, na ghèn aci cam ko dèk, ko alé yin abi cam ko dèk.
9. Ayin yen a nong ken etong aloané, ké yen aci loy, ke ci yen cyeng?
10. Ghèn acie ngat. Kelc ayá uèk, na uèk aci loy kan eben ci uèk cyeng, luelke: ghòg aloék puol-ic; ghòg aci loy, ke édi bûg loy.
11. Ko aci a, na yen aci lo Yerusalem, aci uer e Samaria ko Galilaea callic.
12. Ko na yen aci ben pan tok, aci rôm ke yen koyc auaña wtyer, ko aci kâc te-mec.
13. Ko aci jot kuoy-den ko aci luel: Yesu beyn e nyic, dyau puón-du ke ghòg.
14. Ko na yen aci kèk ting, aci luel: lak ko nyodke rot e-tong tit e Dén-did. Ko na kèk aci jàl, kèk aci gher.
15. Lone tok etong kèk, na yen aci rot ting ci gher, aci dûk ko aci Dén-did lèc kuoy-did.
16. Ko aci ye nom guòt piñ e ye cok, ko aci yen lèc; ko kan yen Samaritanus.
17. Lone Yesus aci bèr ko aci luel: acie wtyer kè ci gher? ko ayò de-nguan?
18. Acî to tin, ke aci dûk ko Dén-did lèc, e ke ley kan.
19. Ko aci lek yen: jo rot ko lor, ké gam-du aci yin koyn.
20. Na Pharisaei aci yen wtyèc, pan e Dén-did abi ben na, yen aci bèr ko aci lek kèk: pan e Dén-did abi ben acín nôn.

21. Ko koyc ací bi luel: yenkin ten, ko yenkin tetúy! Pan e Dén-did a to tin akentin uê-ic.
22. Ko yen aci lek koyc-ke: abi ben akôl, na uèk abi guc, bak ting akol tok e man e Dén-did, ko uèk ací bi ting.
23. Ko koyc abi lek uèk: yenkin ten, ko yenkin tetúy! Dunke bo ko dunke buot.
24. Ko acit uil a gher e wnyal lyel, ko a mèr etong lòm dé, ko abi a man e ran akol-de.
25. Lone tuèng yen abi gum arèd, ko abi jay etong kuâtć.
26. Ko acit ací a akòl e Noë, kele abi a akòl e man e ran.
27. Koyc aci cam ko dèk ko tyek ko tyak ghèt akol ci Noë lo abel-ic; ko aci ben deng ko aci kèk nok eben.
28. Ko acit ací a akòl e Loth: koyc aci cam ko dèk, ko aci ghôc ko aci ghòc apuat, ko aci bid ko aci but.
29. Lone akol, na Loth aci jàl etong Sodoma, mac ko kur-e-mac aci yuik etong wnyal, ko aci kèk nok eben.
30. Acit kan abi a akolé, na man e ran abi tìc.
31. Akolé ke ye to e ghut-nom, ko uèu-ke ghut-ic, dùn yid piñ bi kèk kâp; ko ke to e dòm-ic, ayá dùn bi dùk e ye còk.
32. Takke e tin e Loth.
33. Tok eben ye a nong puóu bi rot koyn, yen abi môr; ko ke bi yen mòr, abi yen pìr.
34. Ghèn a lek uèk: uakóué abi to tin koyc róu e kèt tok-ic; tok abi ngay, no tok abi puol.
35. Róu abi guòr etok; tok abi ngay, ko tok abi puol.
36. Kèk aci bèr ko aci lek yen: tenô, beyn-did?
37. Ko yen aci lek kèk: tede eben to tin guop, tetúy abi kùt cuor.

Nom XVIII.

1. Lone yen aci kèk lek luop, ké édi côr akuriec ko aci bi puol,
2. Ko aci luel: aci to tin pan tok ran e lùk cie ryac e Dén-did, ko akey' ryoc e koyc.
3. Lone aci to tin pané tin-abâr, ko aci ben etong yen, ko aci luel: luk ghèn etong ke mân ghèn.

4. Ko yen aci mâl ghon bâr. Lone alé yen aci luel e ye rot: ko na ghèn acíe ryoc e Dén-did ko koyc,
5. Lone ké tin-abâr e a yong ghèn, ghèn abi yen lûk, dùn yen cyen abi ben ko abi ghèn lat.
6. Lone beyn-did aci luel: pyengke ran e lûk rac a luel ngu.
7. Lone Dén-did aci bi lûk loy etong koyc-ke ci loc, na kèk abi cyú etong yen akol ko uakóu, ko yen aci bi nong gum etong kèk?
8. Ghèn a lek uèk: yen abi dayc lûk kèk; lone man e ran, na yen abi ben, yin a ngat yen bi yòk gam e piū-ic?
9. Lone yen aci luopé lek etong ketok ye rot tâyn ke kèk apuat arèd, ko aci lyal koyc kôk:
10. Koyc róu aci yid ghun-e-Dén-did bi côr; tok Pharisaeus ko tok Publikanus.
11. Pharisaeus aci kòc ko aci côr kele ye rot: Dén-did, ghèn a lec yin, ké ghèn aci cit koyc kòk, acit ròr a rum ko kuel, ko ayá acit Publikanusé.
12. Ghèn a tek ayá róu etong Sabbat, ko a yek long e wtyer etong ka-cia eben.
13. Ko Publikanus aci kòc te-mec, ko akey' nong puóu, bi ye nyin jat wnyal, lone aci ye yóu gut, ko aci luel: Dén-did, puol ghèn e jol.
14. Ghèn a lek uèk: kan aci dûk pan-de ci puol kerác-de etong kene; ké tok eben ye did-puóu-de yen abi nyuc, ko ke kòr puón-de, abi did.
15. Ko koyc aci bei etong yen miwtti, bi yen kèk tâp. Ko na koyc-ke aci kan ting, aci kèk cil.
16. Lone Yesus aci kèk côl ko aci luel: palke miwtti bik ben etong ghèn, ko dunkc kèk pen: ké acit kèk a nong pan e Dén-did.
17. Etet, ghèn a lek uèk: tok eben ye ci bi kâp pan e Dén-did acit manti, yen aci bi lo akentin.
18. Ko beyn tok aci yen wtyèc ko aci luel: beyn e nyic a-puat! ye-ngu bi ghèn loy, ba kâp pir atèr?

19. Yesus aci bêr ko aci lek yen: ne-ngu yin a cak ghên apuat? Acín tok apuat e Dén-did yetok.
20. Yin a nyic uèl e Dén-did: dûne nek; dûne kuel; dûne cuèr; dûne gam e luêwd; lec ur ko mor.
21. Kan aci luel: kak eben ghèn aci tit e kur-dia-ic.
22. Na Yesus aci kan ping, aci luel: tok a-ngot e dak: ghace kaka eben ko yeke ka cíe nong, ko yin abi nang uèu ci nyap wnyal·ic; ko bar ko buot ghèn.
23. Na kene aci kan ping, yen aci puón-da rêm; ké yen aci kuet arêd.
24. Lone na Yesus aci yen ting a rêm puóu, aci luel: kedí atyek, ka nong uèu abi lo pan e Dén-did!
25. Ké auer puol, bi torol bo e uèwd-wtok e a kuet e pan e Dén-did.
26. Ko koyc ci ping aci luel: ko ye-nga a leu, bi rot koyn?
27. Ko yen aci lek kêk: ke aci bi a etong koyc, abi a etong Dén-did.
28. Lone Petrus aci luel: yenkin, ghòg aci puol ka-kua eben, ko aci yin buot.
29. Ko yen aci lek kêk: Etet, ghên a lek uêk: acín-tok ye ci puol ghun-de, ko un ko mán, ko uanmêd-ke, ko tin-de, ko miwt-ke ctong pan e Dén-did;
30. Ko yen aci bi kâp auer acuec ghoné, ko pir atêr ghon bi ben.
31. Lone Yesus aci kâp wtyer-ko-róu, ko aci lek kêk: yenkin, ghôg a yid Yerusalem, ko abi a yic kiriec eben ci gor etong koyc-e-ting etong man e ran.
32. Ké yen abi tòn etong koyc akuyc Dén-did, ko abi lat, ko abi yup, ko kêk abi yen ngok yuid.
33. Ko na kêk abi yen yup, kêk abi yen nok, ko akol callic yen abi rot jot.
34. Ko kêk akey' nyic kede, ko ueté aci tyân etong kêk, ko kêk aci kûc ke ci luel.
35. Lone na yen aci wtyok Yericho, côr tok aci nyuc kuèr long, yen a lim.

36. Ko na yen aci ping koyc a uar, yen aci wtyèc, yengu kan?
37. Lone kèk aci lek yen: Yesus etong Nazareth a uar.
38. Ko yen aci còl ko aci luel: Yesus, man e David, koyn ghèn!
39. Ko koyc ci uar aci yen cil bi byet. Lone yen aci còl auer ya arèd: man e David, koyn ghèn.
40. Lone Yesus aci kôc ko aci cyeng, bĭk yen bei etong yen; ko na aci wtyok, aci yen wtyèc,
41. Ko aci luel: ye-ngu yin a nong puóu, ghèn loy yin? ko kene aci luel: beyn-did, ba ting.
42. Ko Yesus aci lek yen: yene, gam-du aci yin koyn.
43. Ko yémane yen aci ting ko aci Yesus buot, ko aci Dén-did lèc, ko koyc eben ci kan ting aci Dén-did lèc.

Nom XIX.

1. Ko Yesus aci lo wtin, ko aci rèt Yericho.
2. Ko yenkin ran ci còl Zachaeus, ko yen nom e koyc Publikani; ko yen aci kuet.
3. Ko aci nang puóu bi Yesus ting, ye yo-nga; ko, key' leu e dut e koyc, ké yen akòr e guop-de.
4. Ko yen aci ngor ko aci yid tim e kuèl nom, bi yen ting; ké yen abi uer tetúy.
5. Ko na Yesus aci ben tede, aci ting wnyal, ko aci yen ting, ko aci lek yen: Zachaeus dayc yid piñ; ké ghèn akolé abi nyuc pan-du.
6. Ko yen aci dayc yid piñ, ko aci yen lòr e myed e puóu.
7. Ko na koyc eben aci kan ting, aci mòn ko aci luel: ké yen aci nyuc ghun e ran joL
8. Lone Zachaeus aci lo etong yen ko aci lek beyn-did: yenkin, beyn-did, long e uèu-cia aba yek koyc ci ngong, ko na ghèn aci tok tut, ka abi dùk yen ayá 'nguan.
9. Ko Yesus aci lek yen: akolé aci a koyn etong ghuné; ké yen ayá man e Abraham.
10. Ké man e ran aci ben, bi koyn ke ci môr.

11. Na kêk aci kan píng, yen aci juak ko aci luop luel, ké yen aci wtyok Yerusalem, ko kêk aci ngât pan e Dén-did abi day' tic.
12. Ko yekan yen aci luel: beyn tok adid aci jâl te-moc, bi kâp bayn ko bi dùk.
13. Ko aci côl aloékke wtyer, ko aci kêk yek mnâ wtyer, ko aci lek kêk: kuetke uèu, ghêt ghên abi ben.
14. Lone koyc-ke aci yen mân ko aci tòc ròr e lek o yen cok, ko aci luel: ghôg acín puóu, bi kan bayn etong ghôg.
15. Ko na yen aci bayn mùk ko aci dùk, yen aci cyeng bi côl aloék ci yen kêk yek uèu, bi nyíc, yékedi tok eben aci kuet.
16. Lone ke tuèng aci ben ko luel: beyn-did, mnâ-ku aci kuet mnâ wtyer.
17. Ko aci lek yen: Oò, áloang puat, ké yin aci lacit e lîk-ic, yin abi nang ryel etong bey wtyer.
18. Ko dé aci ben ko luel: beyn-did, mnâ-ku aci loy mnâ wdyec.
19. Ko aci lek kan: yin ayá nom e bey wdyec.
20. Ko dé aci ben ko aci luel: beyn-did, yenkin a mnâ-du, ci ghên tít alâd-ic.
21. Ké ghên aci yin ryoc, ké yin ran ríl, yin a ngay ka keyc yin tau, ko a tem akeyc yin còm.
22. Aci lek yen: etong wtong-du ghên a lûk yin, aloang rac! Yin aci nyíc, ghên e ran ríl ye ngay ka key' ci ghên tau, ko a tem ka key' ci còm.
23. Ko ne-ngu yin akeyc uèu-cia bei jang-nom, bi ghên, na ghên aci ben, wtyèc uèu keke juak?
24. Ko aci lek koyc ci to tin: ngayke etong yen mnâ tok, ko yekke kene a nong mnâ wtyer.
25. Ko kêk aci lek yen: beyn-did, yen a nong a mnâ wtyer.
26. Lone ghên a lek uêk: tok eben ye nong abi yek etong yen, ko yen abi juak; ko etong kan ye ci bi nang, abi ngay ayá, ko ye nong.

27. Lone kak k' a mân ghên ko ci jay, ghên a bayn etong kêk, beike kêk ten, ko nakke kêk a gha nyin tuèng.
28. Ko na yen aci kan luel, yen aci bêr ko aci yid Yerusalem.
29. Ko na yen aci wtyok Bethphage ko Bethania etong alel ci côl alel e tim e mok, yen aci tòc koyc-ke róu.
30. Ko aci luel: lak pan to e uêk nom; ko na uêk akentin, uêk abi yòk dan e mûl ci mâe, acín ran tok atêr akey' nyuc e yen kóu; loynke ko beike yen.
31. Ko na tok abi uêk wtyèc: ne-ngu uêk a loyn? kele uêk abi lek yen: ké beyn-did a nong puóu luoy-de.
32. Lone aci jâl koyc ci tòc, ko aci yòk, acit yen aci lek kêk, dan e mûl a kàc.
33. Ko na kêk aci dau loyn, koyc nong mûl aci lek kêk: ne-ngu uêk a loyn dan e mûl?
34. Ko kêk aci lek: ké beyn-did a dak yen.
35. Ko kêk aci yen kuat etong Yesus, ko aci buông-ken tau e mûl kóu, ko aci Yesus nyuoc.
36. Ko na yen aci bêr, kêk aci tyèwd buông-ken kuèr-ic.
37. Ko na yen aci wtyok ten koyc lo piñ alel e tim e mok, aci gol dut e koyc-ke eben bi myed e puóu ko bi Dén-did lèc e kuoy did etong ryel eben ci kêk ting;
38. Ko aci luel: aci wtyey ke bo beyn-did ke rin e Dén-did. Dôr e wnyal-ic, ko did te awtoyn.
39. Ko tetok Pharisaei etong dut e koyc aci lek yen: beyn e nyic, pen koyc-ku.
40. Ko yen aci lek kêk: ghên a lek uêk: na kêk abi byet, kur abi côl.
41. Ko na yen aci wtyok Yerusalem, ko aci pan ting, aci dyau etong yen ko aci luel:
42. Na yin aci nyic yin ya akol-du kede e dôr etong yin; lone yémanic aci tyân e yi nyin.
43. Ké abi ben akôl etong yin, na koyc mân yin abi yin kèr e dyèr, ko abi yin kèr ko abi yin rôm tede eben.

44. Ko abi yin djòm piñ ko miwt-ku to yin-ic, ko aci bi pyal yin-ic kûr c kûr kóu, ké yin akey' nyîc ghon c nềm-du.
45. Ko yen aci lo ghun e Dén-did-ic, ko aci gol cyèo koyc a ghâc ke koyc ghôc e yen-ic.
46. Ko aci lek kèk: aci gor, ghun dia e ghun e côr, ko uèk aci yen loy adum e ròr a rum.
47. Ko yen aci nyîc akól cben ghun c Dén-did-ic; lone nim c tit ko koyc c gor, ko nim e koyc aci but bi yen ryok.
48. Ko kèk akeyc kede yòk, bi rek etong yen; ké koyc eben aci yen nuât ko aci yen ping.

Nom XX.

1. Ko akol tok, na yen aci koyc nyîc ghun c Dén-did-ic, ko aci uêt, aci kût nim e tit ko koyc e gor keke koyc did,
2. Ko aci lek yen: leke ghòg, yin a ryelô a loy kan? Kó ye-nga aci yin yek ryelé?
3. Lone Yesus aci bêr ko aci lek kèk: ghèn ayá abi uèk wtyèc uct tok; bèrkc ghèn.
4. Lâk e Yoannes ctong wnyal kó etong koyc?
5. Ko kèk aci tak ke rot ko aci luel: na ghòg a luel, etong wnyal, yen abi luel: ko yekan, ye-ngu uèk akey' yen gam?
6. Ko na ghòg abi luel, ctong koyc, koyc eben abi ghóg bòg; ké kèk a gam Yoannes ye ran e ting.
7. Ko kèk aci bêr, kèk a kuyc, yen etong tenò.
8. Ko Yesus aci lek kèk: ghèn ayá aci bi lek uèk, c ryelô ghên a loy kan.
9. Lone yen aci gol bi lek koyc luopé: ran aci bid gòr abyèc ko aci yen ryop etong koyc a pur, ko yen aci jâl ghon cuec.
10. Ko ghoné yen aci aloang-de tòc etong koyc e pur, bîk yek yen ryop e gòr. Kak aci yen tât ko aci yen loyn ghabac.
11. Ko yen aci aloang dé tòc. Lone kak aci kan tât ayá ko aci yen lat ko aci yen loyn ghabac.

12. Ko ayá aci tòc callic; ko kak aci yen wtor ko aci yen cuat bey.
13. Lone beyn e gờr aci luel: ghên abi ngu loy? ghên abi tòc man-dia cî wnyâr; ayin, na kêk abi kan ting, kêk abi ryoc.
14. Na koyc e pur aci kan ting, kêk aci tak e kê rot ko aci luel: kan abi nyang; nekku yen, bûg nyang.
15. Ko kêk aci yen cuat etong gờr, ko aci yen nok. Ko yekan ye-ngu beyn e gờr abi kêk rek?
16. Yen abi ben ko abi ryok koyc e purké ko abi gờr yek koyc kôk. Ko ka kêk aci kan ping, kêk aci lek yen: aci bi loy!
17. Lone kene aci kêk lyèc, ko aci luel: ko yekan ye-ngu ke cî gor? Kûr ye koyc e yik aci jay, yen aci a nom e gèm.
18. Tok eben ye yuik e kûr e nom, abî wnyac-ic; ko ye kûr abi yuik etong yen, abi yen wnyac-ic.
19. Ko nim e tit ko koyc e gor aci nong puóu, bi yen kuêk piñ ghoné; lone kêk aci koyc ryoc; ké kêk aci nyîc, ké yen aci luel luopó etong kêk.
20. Ko kêk aci yen but, ko aci koyc a ting tòc, bi kêk rot kuet apuat, bik yen mûk e uèl-ke ko bik yen tôn etong nim ko ryel e nom e bay.
21. Ko kêk aci yen wtyèc ko aci luel: beyn e nyic! ghóg a nyic yin a luel ko anyec yic, ko acie lor ran, lone a nyec kuèr c Dén-did etet.
22. Ye yic, bûg yck kede etong Caesar, kó ey?
23. Ko yen aci ting tût-den, ko aci lek kêk: ye-ngu uêk a tem ghên?
24. Nyodke ghên denar tok. Ye kene nga kare ko gore? Ko kêk aci bêr ko luel: etong Caesar.
25. Ko yen aci lek kêk: ko yekan, yekke etong Caesar, ken é Caesar, ko etong Dén-did, ken é Dén-did.

26. Ko kêk akoy' lou bik uot-do oil e koyc nyin tuèng, ko aci dyêr e bêr-de-io ko aci byet.
27. Ko aci ben etong yen tetok koyc Pharisaei, ke aci rêc jon e rot, ko aci yen wtyèc,
28. Ko aci luel: beyn e nyic, Moses aci gor etong ghóg: na uanméde etok aci tóu a nong tik, ko kan acín miwt, uanméde abi kàp tin-de ko abi rot jot myel etong uanméde.
29. Ko aci to tin uanmêdke doróu; ko ke tuèng aci kâp tik, ko aci tóu acin miwt.
30. Ko dé aci yen tyek, ko aci tóu acín miwt.
31. Ko ke callio aci yen tyek; ko kele ayá kedia ka doróu, ko akeyc pyal mîwt, ko aci tóu.
32. Lone aló cyèng kak eben tik aci tóu.
33. Ko yekan, ghon e jon rot ye kene nga tik? Kó ka doróu aci yen tyek.
34. Ko Yesus aci lek kèk: miwt e piñé a tyak ko a tyek.
35. Lone kak ye abi joc piñ-túy ko jon rot etong tóu, kèk aci bi tyak, ko aci bi tyek.
36. Ké kèk aci bi lou bi tóu ayá; lone kèk acit ajàk, ko kèk miwt e Dén-did, ké kèk miwt e jon rot.
37. Lone bi rot jot ka ci tóu, Moses aci nyic e tim e kòu lòm, na yen a cak beyn-did Dén-did e Abraham, ko Dén-did Isaak ko Dén-did Yakob.
38. Lone Dén-did yen acie Dén-did e koyc ci tóu, lone koyc ci pir; ké koyc eben a pir etong yen.
39. Aló totok e koyc e gor aci bèr ko aci luel etong yen beyn e nyic, yin aci luel apuat.
40. Ko kèk aci ryoc, bik yen wtyèc kede ayá.
41. Lone yen aci lek kèk kedí kèk a luel, Christus yen man e David?
42. Ko David ye rot a luel e gor e ket-ic: boyn-did aci lek beyn-did-dia: nyuco etong cuèng-dia,
43. Ghét ghén abi tau ka màn yin wtoyc o yi cok.
44. Ko yekan David a cak yen beyn-did-de; ko kedí yen man-de?

45. Ko na koyc ebon aci kan ping, yen aci lek koyc-ke:
46. Tyetke rot etong koyc e gor, ye nong puóu bi jot e buòng did, ko a wnyar mâd aburó-ic ko wtnyc tuèng ghut c nyic ko te tuèng tene ruay.
47. Kak a lyek ghut e bâr ko a nyod côr bâr; kêk abi kâp auer duy.

Nom XXI.

1. Lone na yen aci lyèc, aci ting koyc ci kuet a tau mòc-den ghun e môc.
2. Ko aci ting ayá tin a bâr ci gnong a tau tyalyan róu akòr.
3. Ko yen aci luel: etet a lek uêk, tin a bâré ci ngong yen aci môc auer e kêk eben.
4. Ké kêk eben aci bei etong juak-den mòc etong Dén-did; lone kan etong ke dak aci tau uèu-ke eben ye ci nang yen.
5. Ko na tetok aci luel e ghun e Dén-did cì cyèo ke môc ko kûr puat, yen aci luel:
6. Ka ting uêk, abi ben akol, na aci bi pyal kûr e kûr kóu, ye cí bî dyòm.
7. Lone kêk aci yen wtyèc. ko aci luel: beyn e nyic, na kan abî a, ko yen ayò acit, na kan abi gol bî a?
8. Ko yen aci luel: tyetke, dûn uêk abí rìc; ké abi ben cueo e rin-cia, ko abi luel: ghên é yen: ghon aci wtyok! Ko yekan, dunke kêk buot.
9. Lone na pyengke tong ko mât, dunke ryoc; tuèng édi bi a kan; lone a-ngot é dayc cie cyèng.
10. Alé aci lek kêk: abi tuom kuât etong kuât, ko bayn etong bayn.
11. Ko abî a aluek-luek e piñe e ghon ko juay ko cok, ko ryoc etong wnyal, ko abî a cìt adid.
12. Lone tuèng e kak eben kêk abi uêk kuak piñ, ko abi uêk cuòp, ko abi uêk tòn ghut e nyic ko ghut e rúk, ko abi uêk wtel bayn-did ko nim nyin etong rin-cia.
13. Lone kan abi ben etong uêk etong gam.

14. Ko yekan tauko e ue puot, dùn bĭk tak tuèng kadí uèk abi bèr.
15. Ké ghèn abi yek uèk wtok ko ngeyn, ka mân uèk aci bi leu, bĭk tèr ko bèr.
16. Lone uèk abĭ tòn etong ur ko mor, ko uanmèd ko ruey ko mèd-ke; ko abi ṅok tetok etong uèk.
17. Ko uèk abĭ mân etong kèk eben e rin-cia.
18. Lone nyèm tok etong ue nom aci bĭ ryak.
19. E ue uèy cuec uèk abi nong uèy-kùn.
20. Lone na a tyengke Yerusalem abĭ kèr e duol e rèm, alú uèk abi nyĭc ryak-de aci wtyok.
21. Alé ka ye to e Yudaen abi jâl alel nom, ko ka ye to (Yerusalem) ic, abi jâl; ko ka ye to o bey-ic, dunke lo e ye-ic.
22. Ké kak akòl e guòr, bĭ a yic kan cĭ gor eben.
23. Lone agó dyar lyac ko dyar a bâb-wtok akòlkó; ko abi adyau arèd o piñ nom, ko ghok etong kuâté.
24. Ko kèk abi yuik abatâu-wtok ko abĭ kuat a mâc etong kuât o koyc eben, ko Yerusalem abĭ wnyac-ic eton koyc acin Dén-did, ghèt abĭ tâb ghon e kuàt.
25. Ko abi acĭt ryel-ic, ko pèy-ic ko o kuel-ic; ko piñ-ic abi a ryoc ko puòu jyet etong kuât e koyc, ké un adid arèd e uer adid-ic ko a tyagtyag.
26. Ko koyc abi tòk e ryoc ko tĭt, ye-ngu bi ben etong piñ eben; ké ryel e wnyal abĭ luèk.
27. Ko alé kèk abi man e ran ting a bo e luat-ic e ryel ko adid arèd.
28. Lone na kake a gal abĭ a, uèk lyecko ko jotke ue nim; ké aci wtyok koyn-dùn.
29. Ko yen aci lek kèk luop: tyengke tim e ngap ko tĭm eben.
30. Na kèk a toc, uèk a nyec aci wtyok alé-ruel.
31. Kele uèk ya, na uèk aci tíng kake abĭ a, nyecke, aci wtyok pan e Dén-did.
32. Amen, ghèn a lek uèk, kuâté aci bi uar, ghèt aci a kak eben.

33. Wnyal ko piñ abi wtòk, lone uèl-cia aci bi wtòk.
34. Lone tyetke rot, dûne puón-dûn abi tyek etong muol ko cam arèd ko tang e piré, ko abi yuil etong uêk akolé.
35. Ké yen abi ben acit dèb etong koyc eben, ye nyuc e piñ nom eben.
36. Ko yekan yenke ko côrke ghon eben, bi uêk joc, bak kawt etong kak eben ye bi ben, ko bak kòc e man e Dén-did nyin.
37. Lone akôl yen aci nyic ghun e Dén-did; lone uakóu aci lo akenbay, ko aci rèr alel nom a còl e tìm e mok.
38. Ko kuât eben aci ben etong yen wnyak-dûr ghun e Dén-did, bi yen ping.

Nom XXII.

1. Lone aci wtyok akol acín uòr, a còl Pascha.
2. Ko nim e tìt ko ròr e gor aci kòr, kedí kêk abi Yesus nok; lone kêk aci ryoc e koyc.
3. Lone jâk a lo e Yudas-ic a còl Iskariotes; yen tok etong wtyer-ko-róu.
4. Ko yen aci jâl ko aci jam keke nim e tìt ko nim e koyc, kedí yen abi yen tòn etong kêk.
5. Ko kêk aci myed puóu, ko aci mât-ic ke yen, bìk yek ryop.
6. Ko yen aci gam, ko aci ghon kòr, bi yen tòn akenbay e koyc.
7. Lone aci ben akol acín uòr, ye dí bìk tèm rol amál e Pascha.
8. Ko (Yesus) aci tòc Petrus ko Yoannes, ko aci luol: lak ko juirke etong ghôg Pascha, bûg cam.
9. Ko kêk aci luel: yin a nong puóu, bûg juir tenò?
10. Ko aci lek kêk: yenkin, na uêk a lo pan-ic, abi ròm keke uêk ran ye ghadd toyn e piu; buotke yen ghut, bi yen lo tin.
11. Ko uêk abi lek un ghut: beyn e nyic a luel yin: ye ayò ghun e aborra-dia, ba ròm tin Pascha ke koyc-cia?

12. Ko yen abi nyod uĕk ghun-did cĭ tyèwt; ko tctúy juirke.
13. Ko kĕk aci lo ko aci yòk acit yen aci lek kĕk; ko aci juir Pascha.
14. Ko na acĭ a ghon, yen aci nyuc, ko koyc-ke wtyer-ko-róu.
15. Ko aci lek kĕk: ghèn aci guc e guc-did, ba cam Paschaé ke uĕk, tuèng ghèn abi rĕm.
16. Kĕ ghèn a lek uĕk, etong yémanic ghèn aci bi kan cam, tuèng akeyc yic pan e wnyal.
17. Ko yen aci kâp biñ, ko aci Dén-did lòc, ko aci luel: ngokc ko tckke e ue rot.
18. Kĕ ghèn a lek uĕk: ghèn acĭ bi dèk etong kuât abyèc, ghèt abi ben pan e Dén-did.
19. Ko yen aci monó kâp, ko aci Dén-did lòc, ko aci bañ, ko aci yek kĕk ko aci luel: kan guop-dia, ye bĭ yek etong uĕk; loyke kan, bĭk ghèn tak.
20. Acit ya aci biñ kâp, na yen aci cam, ko aci luel: kan e biñ e mât pyoc e ryam-dia ic; ye bi kuer bey etong uĕk.
21. Lone yenkin, cyn e ran bi ghèn tôn e jang nom ke ghèn.
22. Ko etet man e ran, acit ko cĭ gor, yen abi jâl; lone agó rané, ye bĭ tòn etong yen.
23. Ko kĕk aci gol, bi wtyèc c ke rot, ye-nga etong kĕk abi kan rek?
24. Ko acĭ a yey e ke rot, ye-nga eton kĕk auer did.
25. Lone yen aci lek kĕk: bayn-did e kuât e koyc a bayn kĕk, ko kĕk ye nong ryel etong kĕk, acĭ còl tel-cyeng.
26. Lone uĕk acie kele; lone ke 'uer did etong uĕk, édi bi 'uer kòr, ko ke beyn-did acit ke loák.
27. Kĕ ye-nga yen auer did, ke ye nyuc, ko ke ye loák? Acie ke ye nyuc? Lono ghèn e ue callic acit ke ye loák.
28. Lone uĕk aci rèr ke ghèn e têm-cia ic.
29. Ko ghèn a juir etong uĕk bayn, acit uâ aci bayn juir ctong ghèn.
30. Bak cam ko dèk e jang-dia nom e bayn-dia ic, ko bak nyuc wtoyc-nom, ko abi lûk kuât Israel wtyer-ko-róu.

31. Lone beyn-did aci luel: Simon, Simon, yenkin jàk aci uèk guc bi uèk tyet acit lòb.
32. Lone ghèn aci côr ctong yin, dûn bi dâk gam-du; lone ghon, na yin aci uar, ril uanmèd-ku.
33. Ko kan aci lek yen: beyn-did, ghèn acit rot juir ba lo ke yin ghun e rûk ko tóu ayá.
34. Ko yene aci luel: Petrus, ghèn a lek yin, akolé muor-ajid aci bi cyú tuèng yin abi rêc ayá dyak, yin akûc ghèn.
35. Ko aci lek kèk: na ghèn aci uèk tòc acin kuet, ko acin luong e uèu, ko acin uår, ayen ci dâk kede etong uèk?
36. Ko kèk aci luel: acin kede. Ko yekan yen aci lek kèk: lone yémanic ke a nong kuet, bi yen kâp, acit ayá luong; ko ke cin, bi ghâc buòng-de, ko bi rôc abatâu.
37. Ké ghèn a lek uèk, ke ci gor édi ba ic etong ghèn: yen aci ngat keke koyc jol; ké kan ci gor etong ghèn, a nong cyèng.
38. Ko kak aci luel: beyn-did, yenkin abatâu róu. Ko yen aci lek: ci fek.
39. Ko yen aci lo akenbay ko aci jàl alel e tim e mok acit tit-de, ko aci yen buot koyc-ke ayá.
40. Ko na yen aci ben tede, yen aci lek kèk: côrke, dûn uèk bi lo têm-ic.
41. Ko yen aci rot cuot bey acit bòg e kûr, ko aci muol tùk ko aci côr.
42. Ko aci luel: uâ, na yin a nong puóu, ngay etong ghèn biñé; lone aci bi a puón-dia, lone puón-du.
43. Lone ajyeng e wnyal aci tic ko aci yen ril; ko yen aci mut ko aci côr auer.
44. Ko tuic-de aci a cit toat e ryam ci kuèr piñ.
45. Ko na yen aci rot jot etong côr, ko aci ben etong koyc-ke, aci kèk jòk a nin etong rèm e puóu.
46. Ko aci lek kèk: ye-ngu uèk a nin? jotke rot ko côrke, dûn uèk bi lo e têm-ic.
47. Ko na yen a-nguot a jam, yenkin dut, ko ke côl Yudas

tok etong wtyer-ko-róu, aci kĕk ngor, ko aci wtyok etong Yesus, bi yen cïm.
48. Lone Yesus aci lek yen: Yudas, e cïm yin a tóu man e ran?
49. Lone na koyc ci to ke yen aci ting ka bi ben, aci lek yen: beyn-did, búg tŏk abatåu?
50. Ko tok etong kĕk aci tŏk aloang e nom e tït ko aci tĕm yin-de cuėj.
51. Ko Yesus aci bėr ko aci luel: palke yémanic; ko na aci yin-de tåp, aci dèm.
52. Lone Yesus aci lek koyc ci ben etong yen, nim e tït ko nim e ghun e Dén-did ko koyc did: acit etong mokol uĕk aci ben ke abatåu ko wtyec.
53. Na ghĕn akŏl eben aci to keke uĕk ghun e Dén-did, uĕk akeyc mït cèn-kuen etong ghĕn; lone kan ghon-dùn, ko ryel e muod.
54. Ko kĕk aci yen mûk ko aci yen kuat ghun e nom e tït; lone Petrus aci yen buot te-mec.
55. Ko kĕk aci mac tŏk e bay callic, ko aci kĕr ko Petrus ke kĕk callic.
56. Ko na aloák tik aci yen ting ci nyuc mac lôm, ko aci yen lyèc, aci luel: kan ayá ke kene.
57. Ko yen aci yen rèc ko aci luel: tik, ghĕn a kûc yen.
58. Ko na ayáti dé aci yen ting ko aci luel: yin ayá etong kak. Lone Petrus aci luel: ran, acie ghĕn.
59. Ko alé acit ghon tok dé aci gam ko aci luel: itet yen ayá ke kene; ké yen ayá etong Galilaea.
60. Ko Petrus aci luel: ran, ghĕn a kûc, yin a luel ngu. Ko dayc, na yen a-ngot a jam, muor-ajid aci cyú.
61. Ko beyn-did aci ye rot uel, ko aci Petrus lyèc. Ko Petrus aci ye nom dûk uet e beyn-did, na yen aci luel: tuèng na muor-ajid abi cyú, yin abi ghĕn rèc ayá dyak.
62. Ko Petrus aci lo akenbay ko aci dyau arĕd.
63. Ko rŏr ci Yesus mûk, aci yen buy ko aci yen tât.

64. Ko aci yen dut nyin ko aci yen tàt e ye wtok, ko aci yen wtyèc, ko aci luel: mèke, ye-nga aci yin tàt?
65. Ko kôk cuec kèk aci yen lat.
66. Ko na aci a akol, koyc-did e kuât, ko nim e tit ko koyc e gor aci kût, ko aci kuat e gâk-den ic, ko aci luel: na yin Christus, leke ghôg.
67. Ko yen aci lek kèk: na ghèn abi lek uèk, uèk aci bi gam.
68. Ko na ghèn a wtyèc uèk, uèk aci bi bèr etong ghèn ko uèk aci bi ghèn loyn.
69. Lone etong yémunic man e ran abi nyuc a cuèj ryel e Dén-did.
70. Lone kèk eben aci luel: kele yin man e Dén-did? Yen aci luel: uèk a luel, ghèn é yen.
71. Ko kak aci luel: ye-ngu ghôg a nong puóu a-nguot gam? Ké ghôg rot aci ping etong wtong-de.

Nom XXIII.

1. Ko dut-den eben aci rot jot ko aci yen kuat Pilatus nyin.
2. Ko kèk aci gol bi yen lòm, ko aci luel: ghôg aci kan yòk yen a mum koyc-kua, ko a pen dûn koyc bi môc etong Caesar, ko a luel yen Christus e beyn-did.
3. Lone Pilatus aci yen wtyèc, ko aci luel: yin beyn-did e koyc Yuda? Ko aci bèr ko luel: yin a luel.
4. Lone Pilatus aci lek nim e tit ko dut e koyc: ghèn akeyc yòk kede rac etong rané.
5. Ko kèk aci tèr ko aci luel: yen a jot koyc e nyec pan e Yudaea eben etong Galilaea nom ghêt ten.
6. Lone na Pilatus aci ping Galilaea, yen aci wtyèc, na yen ran e Galilaea.
7. Ko na yen aci nyic, yen etong ryel Herodes, aci yen tuoyc etong Herodes; yen yetok aci to tin Yerusalem akôlké.
8. Lone na Herodes aci Yetus ting, aci myed arèd; ké yen e ghon cuec aci guc bi yen ting, ké yen aci ping ka cuec etong yen, ko aci tit bi ting cin tok etong yen.

9. Lone yen aci yen wtyòc e uèl cuoc. Ko kan akeyc bẻr kede etong yen.
10. Lone nim e tit ko rỏr e gor aci kỏc ko aci yen lỏm alauen.
11. Lone Herodes aci yen lyal kcke rỏr o rẻm de, ko aci yen buy, ko aci yen ruok buỏng gher, ko aci yen dûk etong Pilatus.
12. Ko Pilatus ko Herodes aci a mẻd akolké; ké tuèng kẻk aci mản rot.
13. Lone Pilatus aci côl nim e tit ko nim e koyc ko dut.
14. Ko aci lek kẻk: uẻk aci bei e gha nyin tuèng rané, acit ye ric koyc, ko ghẻnkin aci yen wtyck e ue nyin, ko ghèn akey' yỏk kerác etong ran e kan-ic oben, ye uẻk yen lỏm.
15. Lone ayá acie Herodes; ké ghẻn aci uẻk tỏc etong yen; ko yenkin acín kede a joc tóu akeyc e etong yen.
16. Ko yekan ghèn abi yen duy ko abi yen loyn.
17. Lone édi yen di ci loyn tok akol e Dén-did.
18. Lone dut e koyc oben aci kyú ko aci luel: ngay kan ko pal ghỏg Barrabas.
19. Kan aci tỏc ghun e rûk etong jon e koyc e pan-ic, ko etong nong e koyc.
20. Lone ayá Pilatus aci lek kẻk, ké yen aci nong puóu, bi Yesus loyn.
21. Ko kak aci cyú auer, ko aci luel: pyate, pyate yen.
22. Lone yen ayá callic aci lek kẻk: ye-ngu kerác ci yen rek? Ghèn akey' yỏk e ye-ic lung e tóu. Ko yekan ghèn abi yen duy ko ba yen loyn.
23. Lone kẻk aci tẻr e kuoy did ko aci wtyèc, bỉ yen pyût, ko kuoy-den aci juak.
24. Ko Pilatus aci lûk bỉ a cit lim-den.
25. Lone yen aci loyn eton kẻk ke ye aci tỏc ghun e rûk etong nong ko jon e koyc, ye kẻk aci wtyèc. Lone Yesus yen aci yen tỏn acit pnón-den.
26. Ko na kẻk aci yen kuat, aci mûk Simon ye ran e Cyrone

yen ci ben etong dòm ko kêk aci agèr tau e yen kóu, bi yen ghadd e Yesua cok.

27. Lone aci yen buot dut e koyc cuec ko dyar, ye ci dyau ko cyú etong yen.
28. Lone Yesus aci rot uel etong kêk ko aci luel: nyr Yerusalem, dunke dyau etong ghèn, lone dyauke etong ue rot ko miwt-kun.
29. Ké yenkin abi ben akól, na uêk bi luel: myed e puóu dyar ról, ko yic keyc dyèt, ko wtèn keyc móc.
30. Aló koyc abi gol bi lek alèl: yuekke e ghòg kot, ko akut: kumke ghôg.
31. Ké na kêk abi kan loy etong tim toc, ye-ngu bi a etong tim ril?
32. Lone kêk aci kuat ke yen ayá ròr rac róu, bi kêk nok.
33. Ko na kêk aci ben tede a cól Kalvaria (tede nim ci gak), tetúy kêk aci yen pyât agèr kóu ko mogolke, tok e cuèng-de ko tok e câm-de.
34. Lone Yesus aci luel: uâ, pal kêk, ké kêk a kúc ke bi kêk loy. Lone kêk aci tôk buông-ke ko aci mek.
35. Lone kuât aci kôc ko aci ting, ko nim c koyc aci yen buy ke kêk, ko aci luel: yen aci kôk luyn, bi rot koyn, na yen e Christus ci loc etong Dén-did.
36. Ko aci yen buy koyc e rèm ayá, ko aci ben, bi yen mòc abyèc uâc.
37. Ko aci luel: na yin beyn-did e koyc Yuda, koyn ye rot.
38. Lone aci to tin ayá yc nom gor ci gor graece ko latine ko hebraice: kan beyn-did koyc e Yuda.
39. Lone tok e mogol ci pyât ke yen, aci yen lat, ko aci luel: na yin Christus, koyn ye rot ko ghòg.
40. Lone dé aci bèr ko aci yen cil ko aci luel: yin ayá acie ryoc e Dén-did, na yin a to e duy tok-ic?
41. Ko ghôg a joc; ké ghôg a kâp duy, ye ku joc etong luoy-da; lone kan akeyc kcrác rek.
42. Ko yen aci lek Yesus: beyn-did, tak ghèn, na yin aci lo pan-du.

43. Ko Yesus aci lek yon: amen, ghên a lek yin: akolô yin (abi) ke ghên e gòr-ic.
44. Lonc acit ghon wdetem aci a muod e piñ-ic eben ghêt ghon de' nguan.
45. Ko ruel aci cuòl, ko buông akum e ghun e Dén-did aci rêt.
46. Ko Yesus aci kuy c kuoy did, ko aci luel: ghên a kuay uêy cia e yin cèn. Ko na yen aci kan luel, yen aci wtòk.
47. Ko na nom e rêm aci kan ting, yen aci Dén-did lòc, ko aci luel: etet, rané lacit.
48. Ko dut c koyc eben ci to tin bi kan ting, na kêk aci kak ting, aci puóu gut, ko aci dûk.
49. Lone ruey-ke eben aci kôc te-mec, ko dyar ci yen buot etong Galilaea, ko aci kan ting.
50. Ko yenkin, ran a côl Yoseph, yen beyn c gâk, ran apuat ko lacit.
51. Kan akoyc puóu tôn ke gâk-den ko luoy-den; yen etong Arimathaea, pan e Yudaea, ye ci tít ayá pan e Dón-did.
52. Kan aci lo etong Pilatus, ko aci lím guop c Yesus.
53. Ko aci yen tau piñ, ko aci yen kuot alân yem ic ko aci yen tau ghun e rang cí kuang, cín ran-tok cí wtyòk tin.
54. Ko kan akol c juir ko akol e Sabbat aci bo.
55. Ko dyar ci ben ke yen etong pan e Galilaea aci buot, ko aci rang ting, ko kedi guop-de aci tau.
56. Ko kêk aci dûk, ko aci juir nír ko mok-nír. Ko akol e Sabbat kêk aci long acit têt.

Nom XXIV.

1. Akol tuèng e Sabbat wnyak-dûr kêk aci ben c rang lòm, ko aci bei ka nír ye ci kêk juir
2. Ko aci yòk kûr cí pûk-ic etong ghun e rang.
3. Ko na kêk aci lo akentin, akeyc yòk guop e beyn-did Yesus.

4. Ko na kĕk aci nim mum etong kan, yenkin rȯr róu a kâc e kĕk lôm e buông mor.
5. Ko na kĕk aci ryoc ko aci nyin gun piñ, kak aci lek kĕk: ye-ngu uĕk a kȯr ke pir keke ka tóu?
6. Yen aliu ten, lone aci rot jot. Takke, kedí yen aci lek uĕk, na yen aci nguot e Galilaea ic.
7. Ko aci luel: ĕdi bĭ tȯn man e ran e cĕṇ e koy' rac, ko abĭ pyat, ko abi rot jot akol callic.
8. Ko kĕk aci uèl-ke dûk e ke nim.
9. Ko aci dûk etong rang, ko aci lek eben wtyer-ko-tok ko kȯk eben.
10. Ko kak ci kan lek rȯr e tȯc kĕk Maria Magdalena, ko Yoanna, ko Maria Yakobi, ko ka ci to ke kĕk.
11. Ko uèl-ke aci tĭc etong kĕk acit uèl-bey; ko akeyc kĕk gam.
12. Lone Petrus aci rot jot, ko aci rĭn tedc rang, ko aci rot gun ic ko aci ting aled ghabac ci tau, ko aci jâl, ko ci dyèr e ye rot ke ci a.
13. Ko yenkin, róu etong kĕk aci lo akolé pan a cȯl Emmaus, ci mec etong Yerusalem akòr-ya stadia wtyer-wdetem.
14. Ko kĕk aci jam etok etong kan eben ci a.
15. Ko na kĕk aci jam etok, ko aci wtyèc ye rot, Yesus yetok aci wtyok ko aci lo ke kĕk.
16. Lone nyin kĕk aci mûk, dûn kĕk bi yen nyĭc.
17. Ko yen aci lek kĕk: ye uèlkéỏ uĕk a lnel etok, ko ne-ngu uĕk a rĕm puóu?
18. Ko tok a cȯl Kleophas aci bèr ko aci lek yen: ye yin itok a ley etong Yerusalem akey' nyĭc ka ci a e ye-ic akôlké?
19. Ko yen aci lek kĕk: ye kenȯ? Ko kĕk aci luel: etong Yesus e Nazarenus ye ran e ting aril e luoy ko uèl, e Dén-did ko koyc eben nyin tuèng.
20. Ko kedí nim e tĭt ko nim e koyc-kua aci yen tȯn etong lung e tóu, ko aci yen pyât.

21. Lono ghòg aci tit, yen abi Israel koyn, ko yémanic alé kan oben a to tin akol callic, na kan aci a.
22. Lone ayá dyar-kua totok aci ghôg mút, kêk ye ci lo o rang lóm tuèng akol.
23. Ko akoyc yòk guop-do, ko aci ben, ko aci luel, kêk aci ting ayá tic ajâk e Dén-did, kêk yo luel yen a pir.
24. Ko totok otong koyc-kua aci lo e rang lôm, ko aci yòk acit dyar aci luel, lone kêk akey' yen yòk.
25. Ko yen aci lek kêk: koyc ci bèl, ko puón-duon ci mâd, bi gam kan oben ci ròr o ting luel!
26. Édi cie Christus abi kan oben gum, ko bi lo kelo e did-de-ic?
27. Ko yen aci gol otong Moses ko ròr e ting oben, ko aci luel-ic kêk kan ci gor oben otong yen.
28. Ko kêk aci wtyok pan, ye kòk lo tin, ko yen aci rot loy acit e ngor.
29. Ko kêk aci yen wtol, ko aci luel: nyuce ke gkôg, ké yémanic ghon abi a wtèn, ko akol aci duèr cuòl. Ko yen aci lo ghut ke kêk.
30. Ko na yen aci nyuc ke kêk, aci monó kâp, ko aci wtyey, ko aci baň ko aci gam kêk.
31. Ko nyin-ken aci lyòb, ko kêk aci yen nyic. Lono yen aci môr o ko nyin.
32. Ko kêk aci lek rot: puón-da akeyo dèb e ghòg ic, na yen a jam e kuèr-ic, ko aci luel-ic gor o Dén-did?
33. Ko kêk aci rot jot ghoné, ko aci dûk Yerusalem, ko aci yòk wtyor-ko-tok aci kút, ko kak ci to ke kêk.
34. Ko kêk aci luel: boyn-did otet aci rot jot, ko aci tic otong Simon.
35. Ko kak aci luel ka ci a o kuèr-ic, ko kedí kêk aci yen nyic e baň o monú.
36. Ko na kêk aci 'nguot a jam, Yesus aci kòc e ke callic, ko aci lek kêk: dòr ke uèk! é ghèn, dunko ryoc.
37. Lono kêk aci nim mum, ko aci pau, ko aci ngât kêk a ting uèy.

38. Ko yen aci lek kêk: ne-ngu uêk a mum nim, ko takkí a bo bey e ue puót?
39. Tyengke gha cèn ko gha cok, ké ghèn é yen. Tâpke ko tyengke; ké uêy acin ring ko yòm, acit uêk a ting ghèn a nong.
40. Ko na yen aci kan luel, yen aci kêk ngòt cèn-ke ko cok-ke.
41. Ko na kêk a ngot keyc gam, ko aci dyêr e myed, yen aci luel: uêk a nong kede bî cam?
42. Ko kêk aci bei etong yen lông e rêc cî wtal ko atin e cièc.
43. Ko na yen aci cam e ke nyin tuèng, aci kâp ke ci dong. ko aci yek kêk.
44. Ko aci lek kêk: kak é uèl, ye ci ghèn lek uêk, na ghèn a nguot ke uêk, yen édi bî a ic kan eben cî gor e tèt Moses, ko ròr e ting ko ket e David etong ghèn.
45. Alé yen aci lyèb ngeyn-den, bîk nyîc gor e Dén-did.
46. Ko aci lek kêk: kele acî gor, ko kele Christus édi ci gum, ko bi rot jot etong tóu akol callic.
47. Ko bî uêt e rin-ke long ko pal c karác etong kuât e koyc eben, aci gol ctong Yerusalem.
48. Lone uêk abi gam kake.
49. Ko ghèn abi tòc e ue nim uêy e uâ cî gam; lone uêk rerke e pan-ic, ghêt uêk abî ruok e ryel etong wnyal.
50. Lone yen aci kêk kuat akenbay e Bethania, ko aci cèn-ke jot ko aci kêk wtyey.
51. Ko na yen aci kêk wtyey, aci mec etong kêk, ko aci yid wnyal.
52. Ko kêk aci yen còr, ko aci dûk Yerusalem e myed did.
53. Ko aci to ghun e Dén-did akuriec ko aci Dén-did lèc. Amen.

Leidensgeschichte unseres Herrn Jesu Chr.

nach Matthaeus.

Nom XXVI.

1. Ko na Yesus aci uèl-ke tâb eben, aci lek koyc-ke:
2. Uêk a nyic na akòl róu abi a Pascha, ko ran o man abi tòn bi pyât.
3. Alé nim e tit ko nim did o koyc acì kût e bay e nom o tit a còl Kaiphas,
4. Ko aci gâk loy, bik Yesus mûk e tût, ko bik yen nok.
5. Lone kêk aci luel: acíe akol e Dén-did, dûn bi a mât etong koyc.
6. Lone na Yesus aci to Bethania ic ghun e Simon auwanya,
7. Aci bon ctong yen tin tok a nong akûn e mok apuat aréd, ko aci puòk e ye nom yen a nyuc.
8. Ko na koyc-ke aci kan ting, kèk aci ghòk ko aci luel: ne-ngu kan a puok bey?
9. Ké kan aci leu, bi ghâc ril, ko bi môc koyc ci ngong.
10. Ko na Yesus aci kan nyic, aci lek kêk: ne-ngu uêk a lât tinó?
11. Kó uêk akuriec abi nong ka ci ngong; lone ghên acín ke uêk akuriec.
12. Ko na yen aci puòk moké e guop-dia, yen aci kan loy etong wtyon-dia
13. Amen ghên a lek uêk, tede ye bi uôt uet-e-pyaté piñ ebon, abi luel ayá ke ye ci loy, bi tak etong yen.
14. Alé aci jâl tok etong wtyer-ko-róu a côl Yudas Iskariotes ctong nim e tît,
15. Ko aci lek kêk: uêk a nong puóu bi yek ghên, ko ghên abi yen tòn e ue cèn? ko kêk aci mât ko yen tyalyang did wtyer-dyak.

16. Ko etong yémanic yen aci ghon kòr, bi yen tôn.
17. Lone akol tuèng acín uòr koyc-ke aci ben etong Yesus ko aci luel: tenô yin a nong puóu, bûg juir cam Pascha?
18. Lone Yesus aci luel: lak pan etong ran tok ko lekke yen: beyn e nyic a luel: ghon-dia aci wtyok; ghun-du ghên abi rôm Pascha ke koyc-cia.
19. Ko koyc-ke aci loy, acit Yesus aci cyeng, ko aci juir Pascha.
20. Lone na aci a wtèn, yen aci nyuc ke koyc-ke wtyer-ko-róu.
21. Ko na kêk aci cam, yen aci luel: amen ghên a lek uêk: tok etong uêk abi ghên tôn.
22. Ko kêk aci rèm puón-den arêd ko aci gol bi luel: ayen a ghên, beyn-did?
23. Ko yen aci bêr ko aci luel: ke ye cyn juol ke ghên aley ic, kan abi ghên tòn.
24. Etet man e ran abi jâl acit acî gor etong yen; lone aguó rané, ye etong yen acî tòn man e ran! apuat etong yen, na rané akeyc dyèt.
25. Lone Yudas a tâng yen aci bêr ko aci luel: ayen a ghên, rabbi? aci lek yen: yin aci luel.
26. Lone na kêk aci cam, Yesus aci monó kâp ko aci wtyey, ko aci bañ, ko aci yek koyc-ke, ko aci luel: ngoke ko camke: kan guop-dia.
27. Ko aci biñ kâp ko aci Dén-did lèc ko aci yek kêk ko aci luel: dekke etong kan uêk eben.
28. Ké kan ryam-dia e mât puoc, ye bî kuer bey etong ka cuec etong pâl e karác.
29. Lone ghên a lek uêk: etong yémanic ghên aci bi dèk etong kuât abyengé ghêt akoló, na ghên abi dèk puoc ke uêk pan e uâ.
30. Ko na kêk aci luel côr e ket, kêk aci lo akenbay alel e tim e mok.
31. Alé Yesus aci lek kêk: uêk eben abi nom mar etong ghên uakóué; ké acî gor: ghén abi tât ran c bòk, ko wtôk e bòk abî tyay.

32. Lone na ghên abi rot jot, ghên abi uêk ngor Galilaea.
33. Lone Petrus aci bêr ko aci lek yen: na kêk eben abi nom mar etong yin, ghên aci bi nom mar atêr.
34. Yẹsus aci lek yen: amen a lek yin, uakóué tuèng muorajid abi cyú, yin abi ghên rêc ayá dyak.
35. Petrus aci lek yen: na ghên abi tóu ke yin, ghên aci bi rêc yin. Ko kele koyc-ke eben aci luel.
36. Alé Yesus aci ben ke kêk e dòm-ic, a côl Gethsemane, ko aci lek koyc-ke: nyucke ten, ghêt ghên abi lo ba côr.
37. Ko aci kâp Petrus ko miwt róu c Zebedaei, ko aci gol bi rèm ko dyau puón-de.
38. Alé yen aci lek kêk: puón-dia a rèm ghct tóu; rerke ten ko yenke ke ghên.
39. Ko aci mèc ayáti ko aci yuik c ye nyin ko aci còr ko aci luel: uà, na abî a, abi uar etong ghên biñé; lone acîe cit ghên a nong puóu, lone acit yin.
40. Ko aci ben etong koyc-ke, ko aci kêk yòk a nin, ko aci lek Petrus: kele uêk akeyc leu, bi yin ke ghên ghon tok!
41. Yenke ko côrke, dùn uék bi lo tém ic; ké uèy yen aril, lone ring adak.
42. Ayá dé aci jàl, ko aci côr ko luel: uà, na aci bî a, bi uar biñé acín ghên abi dèk, abî a puón-du.
43. Ko aci ben ayá, ko aci kêk yòk a nin; ké nyin-ken aci tyék e dod.
44. Ko aci kêk puol ko aci jâl ayá, ko aci còr ayá callic, ko aci lek uèl acit tuèng.
45. Alé aci ben etong koyc-ke ko aci lek kêk: yémanic ninke ko longke! yenkin, ghon aci wtyok, ko ran e man abî tòn e cèn e jol.
46. Jotke rot ko logó; yenkin aci wtyok, ke bi ghên tôn.
47. Ko na yen a-nguot a jam, jenkin, Yudas tok etong wtyer-ko-róu aci ben, ko dut e koyc cuec ke yen a nong abatâu ko wtyec, cî tòc etong nim e tît ko koyc did e kuât.

48. Lone ke ci yen tôn, aci yek kèk cit, ko aci luel: ke bi ghên cĭm, é yen, muokke.
49. Ko aci dayc ben etong Yesus, ko aci luel: maddo͝ rabbi, ko aci yen cĭm.
50. Ko Yesus aci lek yen: mad, ye-ngu yin aci ben? alé kèk aci wtyok ko aci Yesus kuak-piñ ko aci yen mûk.
51. Ko yenkin, tok etong kak ci to ke Yesus, aci ye cyn mĭt, ko aci abatâu uat, ko aci tòk aloang e nom e tĭt, ko aci tèm yin-de.
52. Ko alé Yesus aci lek yen: tau abatan-du te-de; ké kak eben ci abatâu mûk, kèk abi tóu abatâu.
53. Kó yin a ngat, ghên acĭ bi leu, ba lim uâ, ko aci bi dayc tòc dul ajâk wtyer-ko-róu.
54. Lone kedí abĭ a ic gor e Dén-did, ké kele édi bĭ a?
55. Ghoné Yesus aci lek dut e koyc: acit eton mokol uèk aci ben a nong abatâu ko wtyec, bi ghên mûk. Akòl eben ghên aci nyuc ke uèk ghun e Dén-did ko aci nyĭc; ko uèk akey' ghên mûk.
56. Lone kan eben acĭ a, bĭ a ic gor e ròr e ting. Alé koyc-ke eben aci yen puol ko aci kât.
57. Ko kak aci Yesus mûk ko aci yen kuâd ghun e Kaiphas nom e tĭt, ye cĭ kût tin ròr e gor ko did.
58. Lone Petrus aci yen buot te-mec ghèt pan e nom e tĭt, ko aci lo akentin ko aci nyuc ke aloék, bi ting cyèng.
59. Lone nom e tĭt ko gâk eben aci kòr gam e luêwd etong Yesus, bĭk yen tôn etong tóu.
60. Ko akeyc yòk, na ka cucc ci gam e luêwd aci rot wtyok. Lone cyèng aci ben gam e luêwd róu.
61. Ko aci luel: kan aci luel: ghên a leu, ba ryok ghun e Dén-did, ko na akòl dyak abi yen but ayá.
62. Ko nom e tĭt aci rot jot ko aci lek yen: yin acíc bèr kak eben, ye kèk yin gam?
63. Lone Yesus aci byet. Ko nom e tĭt aci lek yen: ghên

a kuèng yin ke rin e Dén-did pir, bi yin lek ghôg, na yin Christus man e Dén-did?

64. Yesus aci lek yen: yin aci luel; lone ghèn a lek uêk: etong yémanic uêk abi ting man e Dén-did a nyuc e cuèj e ryel e Dén-did ko a bo e luat wnyal.

65. Ko alé nom e tit aci buông-de rêt ko aci luel: yen aci Dén-did lat. Ye-ngu ghôg a dak gam ayá? yenkin, yémanic uêk aci lât ping.

66. Uêk a ngat ngu? ko kak aci bêr ko aci luel: yen a joo tóu.

67. Alé kèk aci yen ngûd nyin ko aci yen gut e cyèn-duk. Ko kôk aci yen mang.

68. Ko aci luel: mêke, Christus, ye-nga aci yin gut?

69. Lone Petrus aci nyuc akenbay e bay-ic, ko aci wtyok ke yen aloang-tik ko aci luel: yin ayá aci to ke Yesus etong Galilaea.

70. Ko yen aci moyn e kèk nyin eben ko aci luel: ghèn a kûc, yin a luel ngu?

71. Ko na yen aci lo akenbay e géu-wtok, aloang-tik dé aci yen ting ko aci luel kak ci to tin: kan ayá aci to ke Yesus e Nazareth.

72. Ko ayá dé yen aci moyn e mèllkuèng: ghèn a kuyo rané.

73. Ko alé ayáti aci ben ka ci kòc, ko aci lek Petrus: itet, yin ayá etong kèk; ké luel-du ayá nguot yin.

74. Alé yen aci gol bi lat ko bi kuèng, yen a kuyc ran; ko yémanic muor-ajid aci cyú.

75. Ko Petrus aci dûk e ye nom net e Yesus ci luel: tuèng muor-ajid abi cyú, yin abi ghèn moyn ayá dyak. Ko yen aci lo akenbay ko aci dyau akec.

Nom XXVII.

1. Lone na acî a wnyak, nim e tit ko koyc did e kuât aci gâk kût eben etong Yesus, kedí kèk abi yen tòn etong tóu.

2. Ko kêk aci yen dût ko aci ghadd ko aci yen tôn etong Pontius Pilatus nom did.
3. Lone na Yudas ye ci yen tôn aci yen ting cî lûk etong tóu, yen aci puón-de dyau ko aci dûk tyalyang etong nim e tît ko koyc did.
4. Ko aci luel: ghên aci kerác loy, ghên aci tôn ryam lacit. Lone kak aci luel: ghôg acín ke-da? yin abi ting.
5. Ko na yen aci tyalyang cuat ghun e Dén-did, aci jàl ko aci lo ko rot dèc e yuén.
6. Lone nim e tît aci tyalyang kâp ko aci luel: acíe yic, bûg tau ghong e mòc, ké kan ryop e ryam.
7. Ko kêk aci loy gâk ko aci ghôc e uèu-ke dòm e ran ɩ cuec etong tede rang e koyc ley.
8. Ko yekan dòmé acî cak hakeldama, ân dòm e ryam ghêt akolé.
9. Alé acî a yic uet etong Yeremias ran e ting cî luel; kêk aci kâp tyalyan wtyer-dyak ryop ke ye kêk ci ghôg etong miwt Israel.
10. Ko kêk aci yek kêk ryop e dòm e ran e cuec, acit beyn-did aci ghên cyeng.
11. Lone Yesus aci kôc e nom did nyin, ko nom did aci yen wtyèc, ko aci luel: ye yin beyn-did e koyc Yuda? Yesus aci lek yen: yin a luel.
12. Ko na yen acî lòm etong nim e tît ko nim did, yen akeyc kede bèr.
13. Alé Pilatus aci lek yen: yin akeyc ping gam dí kêk a luel etong yin?
14. Ko yen akeyc bèr etong kêk uet tok, kele bi nom did dyèr arêd.
15. Lone akol e Dén-did nom did aci nang têt, bi loyn tok cî mâe etong koyc ye ci kêk nong puóu.
16. Lone ghoné yen aci nang ke cî mâc ye kuéyen a côl Barrabas.
17. Etong cî kût aci lek Pilatus: ye-nga uèk a nong puóu,

bi ghèn loyn etong uèk, Barrabas kó Yesus cî côl Christus?

18. Ké yen aci nyíc, kèk aci yen tôn e tyel.
19. Ko na yen aci nyuc e wtoc e lûk nom, tin-de aci tòc etong yen ko aci luel: dûne nong kedo ke ran lacité; kó ghèn aci gum arèd etong yen e ngyot ic.
20. Lone nim e tît ko koy did aci koyc tol, bi kèk lim Barrabas, lone bîk Yesus ryok.
21. Ko nom did aci bèr ko aci luol: ye-nga etong ka róu uèk a nong puóu, ba loyn? ko kèk aci luol: Barrabas.
22. Pilatus aci lek kèk: ko ye-ngu ghèn abi loy etong Yesus ci còl Christus?
23. Kèk eben aci kyú: abî pyât! Nom did aci lek kèk: lone ye-ngu yen aci keráo rek? lone kèk aci cyú auer ko aci luel: abî pyât!
24. Lone na Pilatus aci ting acî bi leu, lone abî a auer yiey, yen aci piu kâp, ko aci yc cèn lâk e koyc nyin ko aci luel: ghèn acín keráo etong ryam e rané lacit; uèk abi ting.
25. Ko kuât eben aci bèr ko aci luel: ryam-de etong ghôg ko etong miwt-kua.
26. Alé yen aci loyn etong kèk Barrabas, lone aci Yesus yup, ko aci yen tòn etong kèk, bî pyât.
27. Alé ròr e rèm aci Yesus dûk e ghun e lûk ko aci kût duol eben e yuòl yen.
28. Ko aci buông-de dâk ko aci yen ruok buông-did atit.
29. Ko aci ric arek e kòwt ko aci kan tau e ye nom, ko aruor e ye cyn cuèj, ko aci muol tuk e ye nyin; ko aci yen buy ko aci luol: maddo, beyn did e koyc Yuda!
30. Ko aci yen nyûd ko aci aruor kâp ko aci yen yup nom.
31. Ko na kèk aci yen buy, aci dâk buông-did atit, ko aci yen ruok buông-de, ko aci yen kuat, bîk yen pyât.
32. Ko na aci lo akonbay, kèk aci yòk ran etong Cyrene a còl Simon, ko aci yen ròm-ic bi jot agèr-de

33. Ko kêk aci ben tede a còl Golgotha, ye tede nim ci gak.
34. Ko aci yek yen bi dèk abyèc ci lyap e kewt, ko na yen aci tip, aci jáe bi dèk
35. Lone na kêk aci yen pyât, aci têk buông-ke ko aci mek, bi a ic kan ci luel etong ran e ting a luel: kêk aci têk e ke rot buông-cia ko etong buông-kóu-dia kêk aci mek.
36. Lone kêk aci nyuc ko aci yen tit.
37. Ko aci tau e yc nom lûng-de ci gor: kan Yesus beyn-did koyc Yuda.
38. Ko alé aci pyât ke yen mokol róu, tok e cyn cuèj, ko tok câm.
39. Ko ka ci uer, aci yen lat, ko aci nim wtel.
40. Ko aci luel: ye yin, ye dyom ghun e Dén-did, ko na akói dyak aba but ya, koyn rot! na yin man e Dén-did, yid piñ etong agèr.
41. Acit aci yen buy nim e tit ke koyc e gor ko koy did, ko aci luel:
42. Yen aci kôk koyn, ko akey' leu, bi rot koyn! na yen beyn-did Israel, abi yid piñ etong agèr, ko ghòg abi yen gam.
43. Yen aci rot tâyn c Dén-did; kan abi yen koyn yémanic, na yen a nong puóu; ké yen aci luel: ghèn man e Dén-did.
44. Awton mokol ayá ci pyât ke yen aci yen lat.
45. Lone ghon wdetem aci a mûd etong piñ eben ghêt ghon dc-nguan.
46. Ko acit ghon dc-nguan Yesus aci kuy e kuoy did ko aci luel: Eli, Eli, lama sabachthani? ân, Dén-did-dia, Dén-did-dia, ye-ngu yin aci ghèn puol?
47. Lone tetok ci kôc tetúy ko aci yen ping, aci luel: kan a col Elias.
48. Ko tok etong kêk aci dayc rin ko aci bulbul kâp ko aci wtyan abyèc uòr, ko aci tau aruor nom, ko aci yek yen, bi dèk.
49. Lone kôk aci luel: pal, ghòg abi ting, na Elias abi ben ko yen koyn.

50. Lone Yesus ayá dé aci kuy e kuoy did ko aci wtòk.
51. Ko yenkin buòng e kûm e Dén-did aci rèt-ic otong wnyal ghèt piñ, ko piñ aci luek ko kur aci ghâr-ic.
52. Ko ghut e reng aci yo wtok lyèb, ko gup koyc e Déndid cuec, ci nin aci rot jot.
53. Ko aci ben bey etong ghut c reng na jon e rot-den, ko aci ben pan o Dén-did, ko aci tic etong koyc cuec.
54. Lone nom e rèm ko ka ci to ke yen, bik Yesus tit, na kèk aci ting aluekluek ko kan ci a, aci ryoc arèd, bo aci luel: itct, kan man e Dén-did.
55. Lone aci to tin tetúy dyar cuec te-mec ci Yesus buot etong Galilaca ko ci yen loák.
56. Ke kak a to Maria Magdalene, ko Maria mán Yakob ko Yoseph, ko mán miwt o Zebedaei.
57. Ko na aci a wtèn, ran tok ci kuet etong Arimathea a còl Yoseph aci ben; yen ayá etong koyc Yesus.
58. Kan aci lo etong Pilatus ko aci lim guop Yesus. Alé Pilatus aci cyeng, bi dùk guop.
59. Ko Yoseph aci guop kâp ko aci yen kuot-ic alân agher.
60. Ko aci yen tau e rang-de puoc ci kuang e kûr ic; ko aci tau kûr did e rang wtok, ko aci jàl.
61. Lone aci to tin Maria Magdalene ko Maria dé a nyuc e rang nom.
62. Lone akol dé na akol Parasceve (e juir) nim o tit ko koyc Pharisaei aci rot kùt ghun o Pilatus,
63. Ko aci luel: beyn-did, ghòg aci dùk gho nim, kan ran e ric aci luel, na yen a-nguot e pir: alé akòl dyak ghèn abi rot jot.
64. Ko yekan cyenge bi tit rang ghèt akol callic, dùn bi ben yenkin koyc-ke ko bi yen kual, ko abi lek koyc: yen aci rot jot etong ka ci tóu; ko tut cyèng abi auer rac o tut tuèng.
65. Ko Pilatus aci lek kèk: uèk a nong rèm e tit; lak, tyetke acit uèk a nyic.
66. Lone kèk aci lo ko aci rang kèr o rèm e tit ko aci kûr cit.

Die Sonn- und Festtäglichen Evangelien.

Am I. Sonntag im Advent.
S. Lucas 21, 25—33.

Am II. Sonntag im Advent.
Matth. 11, 2—10.

2. Ghonke na Joannes cí mâc aci luoy e Yesus ping, aci tòc e róu etong koyc-ke,
3. Ko aci lek yen: ye yin kan, édi bo? Kó tyetku dé?
4. Ko Yesus aci bèr ko aci kèk luel: lak ko lekke Yoannes ka ci uèk ping ko ci ting.
5. Còr a tyeng; ko ngol a jat; koyc auwanya abi gher, ko ming a pyeng; ci tóu a jot rot, ko ka ci ngong a nyec uet e puat.
6. Ko amyed puóu ran cíe mar etong ghèn.
7. Lone na kèk aci jàl, Yesus aci gol ko aci lek dut e koyc etong Yoannes: ye-ngu aci uèk lo ror bak ting? aruor cí med yòm?
8. Ko ye-ngu aci uèk lo beyc bak ting? ran tok cí ruok buong lanip? kik cí ruok buông lanip, kèk e bey e bayn-did ic.
9. Ko ye-ngu aci uèk lo beyc bak ting? ran e ting? yene, ghèn a lek uèk, yen auer ran o ting.
10. Ké yen cí gor etong yen: yenkin, ghèn a tòc ajyeng-dia yi nyin tuèng, ke abi juir kuèr du tuèng e yin-du.

Am III. Sonntag im Advent.

'Joh. 1, 19—28.

19. Ghonke koyc Yuda aci tĭt e Dón-did tŏc ko Levitae etong Yoannes, bĭk yen wtyèc: ye yi-nga?
20. Ko yen aci luel ko akeyc rèc ko aci luel: ghèn acie Christus.
21. Ko kèk aci yen wtyèc: kenô? ye yin Elias? ko aci luel: acie ghèn. Ye yin ranó o ting? ko aci luel: ey.
22. Ko kèk aci lek yen: ye yi-nga? bûg bèr uèl etong kak ci ghòg tŏc. Yin a luel rot ngu?
23. Aci luel: ghèu e kuoy o col e yuic: juirke kuèr e boyn, acit ci luol Isaya ran e ting.
24. Ko koyc cī tŏc kèk etong Pharisaei.
25. Ko kèk aci yen wtyèc ko aci luel: lone ye-ngu yin uak, na yin acie Christus, ko acie Elias, ko acie rané e ting?
26. Yoannes aci bèr uèl ko aci luel: an a uak o piu, lone uèk callic aci kôc yen ke kuyc-ke.
27. Yen ke bi ben ghèn cok, yen aci to tin tuèng ghèn; ghèn acie joc, ba dåk uåt uar-ke.
28. Kak aci a Bethania ic e gor-túy Yordan ci Yoannes koyc uâk tin.

Am IV. Sonntag im Advent.

S. Lucas 3, 1—6.

Am heil. Weihnachtsfeste.

S. Lucas 2, 1—14.

Am Neujahrstage.

S. Lucas 2, 21.

Am I. Sonntag im neuen Jahr.
Matth. 2, 19—23.

19. Ghonke na Herodes aci tóu, yenkin, ajyeng e Dén-did aci tíc etong Yoseph e ngyot pan Aegypti,
20. Ko aci luel: jo rot ko kâp mewte ke mán ko lor pan Israel; ké aci tóu kak ci uêy e mewte kòr.
21. Yen aci rot jot, ko ci mewte kâp ke mán, ko aci ben pan e Israel.
22. Lone na aci ping Archelaus e beyn-did Yudaea a lòk Herodes un, yen aci ryoc bi lo tutúy; ko na aci uet ping e ngyot, aci lo pan e Galilaea.
23. Ko aci ben ko aci rèr pan a côl Nazareth, bî a yic uèl ròr e ting: yen abi còl Nazaraeus.

Am Feste der Erscheinung.
Matth. 2, 1—13.

1. Na Yesus aci dyèt Bethlehem pan e Yudaea ghon Herodes e beyn-did, yenkin, bayn-did a côl Magi etong akol bi ben aci ben Yerusalem,
2. Ko aci luel: Tenô yen ci dyèt beyn-did e koyc Yuda? ké ghòg aci cyèr-de ting etong akol bi ben, ko aci ben, bûg yen lèc.
3. Na beyn-did Herodes aci kan ping, aci nom lyap, ko Yerusalem eben ke yen.
4. Ko yen aci kût nim e tît e Dén-did eben ko koyc e gor e kuât, ko aci wtyèc etong kèk, tenô abi dyèt Christus.
5. Lone kèk aci yen luel: e Bethlehem pan e Yuda; ké kelo aci gor etong ran c ting:
6. Ko yin Bethlehem pan e Yuda akey' kòr auer etong nim e pan e Yuda, ké etong yin abi ben bey beyn, yen abi kuâd koy-cia Israel.

7. Aló Herodes e tyân aci côl bayn e Magi, ko aći kèk wtyèc apuat ghon e cyèr, ci ben bey etong kèk.
8. Ko aci kèk tòc Bethlehem ko aci luel: lak ko wtyècke apuat etong mewt, ko na acak yòk, bèrke lok ghèn, ba ya ben ko ba yen lèc.
9. Kèk na aci beyn-did ping, acî lo. Ko yenkin, cyèr kèk aci ting ten akol bi ben, yen aci kèk ngor, ghèt yen aci ben ko aci kôc tode nom to mewt tin.
10. Lone na kèk aci cyèr ting, kèk aci puot myed arèd.
11. Ko aci lo ghut ic, ko aci mewt yòk ke Maria mán, ko aci kè muol dûk, ko aci yen lèc, ko aci ucu-ken lyòb wtok, ko aci gam yen a ryop a côl aurum (leleleng), ko thus (tôl-nyir), ko myrrha (koy-kec).
12. Ko na kèk aci uèl ping e ngyot ic, dûn kèk bi dùk etong Herodes, aci dùk pan e kuèr dé ic.

Am II. Sonntag nach der Erscheinung.
Joh. 2, 1—11.

1. Ghonke aci a ruay e Kana pan e Galilaea; ko tutúy aci to tin mán Yesus.
2. Ko kèk aci Yesus ayá côl ko koyc-ke etong ruay.
3. Ko na abyèc aci wtòk, mán Yesus aci lek yen: kèk acín abyèc.
4. Ko aci lek yen Yesus: ye-ngu ghèn ke yin, tik? a-nguot akeyc ben ghon-dia.
5. Ko mán aci lek aluék: kede eben yen abi lek uck, loyke.
6. Aci to tutúy tòyn e kûr wdetem etong låk e koyc e Yuda; tok a nong tèm róu kó dyak.
7. Yesus aci lek kèk: wtyanke tòyn e piu! ko aci kèk wtyân nom.
8. Ko Yesus aci lek kèk: gemke yémanic ko yekke nom e ruay. Ko kèk aci kan bei.

9. Lonc na nom e ruay aci tîp piu cî a abyèc, ko yen aci kûc etong tenô (lone aloék aci piu gèm kèk a nyec), nom e ruay aci còl adueng,
10. Ko aci lek yen: ran eben a tau tuèng abyèng puat, ko na koyc aci kuet, alé a bei abyèng puol; lone yin aci tît abyèng puol ghèt yémanic.
11. Kan tuèng kadíd ci Yesus loy e Kana pan e Galilaea; ko aci nyod did-de, ko koyc-ke aci yen gam.

Am III. Sonntag nach der Erscheinung.
Matth. 8, 1—13.

1. Ghonke na Yesus aci yid piñ etong alel, aci yen buot dut e koyc cuec.
2. Ko yenkin, ran auwanya aci ben ko yen lèc ko aci luel: beyn-did, na yin a nong puóu, yin a leu, bî ghèn dèm.
3. Ko Yesus aci ye cyn ric ko aci yen tâp ko aci luel: ghèn a nong puóu, ba gher. Ko dayc auwanya-de aci a gher.
4. Ko Yesus aci lek yen: ting, dûne lek ran tok; lone lor ko nyod rot etong tyet e Dén-did, ko gam ryop ci Moses juir, bîk gam.
5. Lone na yen aci ben Kapharnaum, aci wtyok ke yen nom e rèm, ko aci yen wtyèc, kò aci luel:
6. Beyn-did, mewn-dia a toyc ghut alèwti ko a rem rèm did.
7. Ko Yesus aci lek yen: an a lo, ba loy yen dèm.
8. Ko nom e rèm aci luel bèr ko ci luel: beyn-did, ghèn acie joc, yin abi ben ghun-dia, lone luel uet tok, ko mewn-dia abi dèm.
9. Ké ghèn ayá é ran cî tau koyc kèk lyel, ko ghèn a nong ròr e rèm ghèn lyel; ko na ghèn a lek kan: lor, ko yen a lo; ko etong dé, bar, ko yen a bo; ko aloang-dia: loy kan, ko yen a loy.

10. Lone na Yesus aci kan ping, yen acī dyêr, ko aci lek koyc ci yen buot: etet ghên a lek uêk, akey' yòk etong Israel gam acit kan.
11. Lone ghên a lek uêk: koyc cuec abi ben etong ruel bi ben ko ruel a dīr, ko abi nyuc ke Abraham, ke Isaak, ke Yakob e pan wnyal;
12. Ko mīwt e pan abī cyêc akenbay muod callio; ko tutúy abī a dyau ko lêwti e lej.
13. Ko Yesus aci lek nom e rêm: lor, acit yin aci gam, abī a etong yin. Ko ghoné aci dèm mewn-de.

Am IV. Sonntag nach der Erscheinung.
Matth. 8, 23—27.

23. Ghonke na Yesus aci yid ryey, aci yen buot koyc-ke.
24. Ko yenkin, atuòl adid acī a uer-ic, kele bī ryey kum e tyagtyag. Lone yen a nin.
25. Ko koyc-ke aci yen wtyok, ko aci yen puoyc, ko aci lual: beyn-did, koyn ghòg, ghôg a móu.
26. Ko aci lek kêk Yesus: ye-ngu uêk a ryoc, uêk gam-dûn ayáti? alé aci rot jot, ko aci yòm ko tyagtyag cyeng, ko acī a byet adid.
27. Lone koyc acī dyêr ko aci luel: ye-nga kan, kê yòm ko tyagtyag a ping uòl-ke?

Am V. Sonntag nach der Erscheinung.
Matth. 13, 24—30.

24. Ghonke Yesus aci lek kêk luop dé ko aci luel: pan wnyal acit ran ci pòk kòwt puat e dòm-de ic.
25. Lone na koyc aci nīn, aci ben ran mân yen, ko aci kòwt rac pòk e lòb ic ko aci jàl.

26. Lono na ual aci cil ko aci tâu loy, aci tic kôwt rac ya.
27. Lone aci ben aloék etong un bay, ko aci yen luel: beyndid, yin akey' còm kôwt puat e dòm-du ic? etong lenò a nong kòwt rac?
28. Ko yen aci lek kèk: ran mân aci kan loy. Lone aloék aci lek yen: nong yin puóu, bûg lo ko kèk kût?
29. Ko yen aci luel: ey! dunke, na uèk a kuat kòwt rac, uèk dod bey ayen lôb ayá etok.
30. Palke abi did ko róu ghèt bûg tèm; ko ghon e tèm ghèn abi lek etong koyc e tèm: kuatke tuèng nòn rac ko duotke yen e dut bi nyop, lone lòb kuatke e guk-dia.

Am VI. Sonntag nach der Erscheinung.
Matth. 13, 31—35.

31. Ghonke Yesus aci luop kèk luop dé ko aci luel: pan wnyal acit kâu Sinapi, ye aci ran kâp ko aci còm e dòm-de ic.
32. Kan akòr auer kôwt eben; lono na aci cil, yen auer did ual eben, ko abi a tim, kele bi dyet wnyal ben, ko bi rèr e ker-ke ic.
33. Luop dé aci yen luop ya etong kèk: pan wnyal acit uòr ci tik kâp ko tyân yen e tòyn dyak ic abik, ghèt bi uòr kan eben.
34. Kak eben aci Yesus luel e luop etong koyc, ko acin luop akeyc lek kèk,
35. Bi a yic uèl e ran e ting ci luel: ghèn abi wtong-dia lyèb e luop ko abi nyic kan ci tyân tuèng e piñ.

Am Sonntag Septuagesima.
Matth. 20, 1—16.

1. Ghonke Yesus aci luop etong koyc-ke luopé: pan wnyal acit un bay a bo bey ghut wnyak dûr, bi yen côl koyc e pûr etong gòr abyèng-de.

2. Na yen aci mât ke koyc o pûr o ryop denar tok akol, aci kêk tòc a gòr-do ic.
3. Ko na yen aci lo beyc ghon dyak, aci ting koyc kôk a kâc ghabac aborrá ic.
4. Ko aci lek kék ɔ lak uék ya o gòr-dia, ko ghên abi yck uêk yic.
5. Lonc kêk ayá aci lo. Ayá aci lo beyc ghon wdetem ko d' nguan, ko aci loy acit.
6. Lone aci lo beyc ghon wtyer-ko-tok, ko aci yòk kôk a kâc, ko aci lek kèk: yo-ngu uèk a kâc ten akol eben ghabac?
7. Kèk aci lek yen: acín tok ci ghôg côl. Ko aci lek kêk: lak uêk ya e gòr-dia.
8. Lone na wtèn aci luel beyn o gòr etong ran e tît-do: Col koyc e pûr, ko yeke kèk ryop; yin abi gol etong cyèng ghêt tuèng.
9. Ko na aci ben kak ci lo c gòr ic 'ghon wtyer-ko-tok, aci kâp denar tok.
10. Lone na aci ben ka tuéng, kèk aci gam, bik kâp auer; lone kèk ya aci kâp denar tok.
11. Ko aci yen mûk ko aci mòn etong un bay,
12. Ko aci luel: kak a cyèng aci loy ghon tok, ko yin aci kêk loy etok keke ghôg, ke ghôg aci jot arac akol ko tuyc.
13. Ko yen aci uet bér tok otong kêk ko aci luel: mad, ghên aci bed yin; yin akey' mât ke ghên denar tok?
14. Ngay ka-ku ko lor; lone ghên a nong puóu, ba yek etong cyèng acit yin.
15. Kó aca leu, ba loy ke nong ghên puóu? kó nyen-du rac, ké ghên apuat?
16. Kele ka cyèng abî a tuèng, ko ka tuèng abî a ka cyèng. Ké koyc cuec aci côl, lone ka lik acì loyc.

Am Sonntag Sexagesima.

S. Lucas 8, 4—15.

Am Sonntag Quinquagesima.

S. Lucas 18, 31—43.

Am I. Fast-Sonntag.

Matth. 4, 1—11.

1. Ghonke Yesus acî kuat etong uĉy e Dén-did yuic, bi tềm etong jàk.
2. Ko na yen aci tek akòl wtyer-nguan ko uakóu wtyer-nguan, alé aci cok arèd.
3. Ko aci wtyok ke yen jàk a tèm, ko aci lek yen: na yin é man e Dén-did, luel, bi kurké a kuyn.
4. Ko yen aci bèr ko aci luel: acî gor: ran a pir acíe tong kuyn kepec, lone etong uet eben bo bey etong wtong e Dén-did.
5. Alé jàk aci yen kàp etong pan-Dén-did ko aci yen tau ghun e Dén-did nom,
6. Ko aci lek yen: na yin man e Dén-did, yad piñ; ké aci gor: ké yen aci cyeng ajàk-ke, ko kék abi yin ghadd e kè cèn, dûn yin kòd còk-du etong kûr.
7. Yesus aci lek yen: ayá cî gor: dûne tèm beyn-did Dén-did-du.
8. Akol dé jàk aci yen jat alel nom wtoyn aréd, ko aci ngòt yen bey e piñ eben ko did-den,
9. Ko aci lek yen: kan eben ghén abi yek yin, na yin abi tuk e muol, ko bi ghén lèc.
10. Ko Yesus aci lek yen: jale jàk, ké aci gor: yin abi lèc beyn-did Dén-did-du, ko abi yen loák yen etok.
11. Alé jàk aci yen puol; ko yenkin, ajàk aci ben, ko aci loák etong yen.

Am II. Fast-Sonntag.
Matth. 17, 1—9.

1. Ghonke Yesus aci kåp ko yen Petrus ko Yakobus ko Yoannes uanmé-de, ko aci kêk kuat kepec alol nom atoyn.
2. Ko aci uar a kê nyin: ko aci mer ye nyin acit ruel, lone buông-de aci gher acit kôy.
3. Ko yenkin, aci tic etong kêk Moses ko Elias ko aci jam ke yen.
4. Ko Petrus aci bèr ko aci Yesus lek: beyn-did, apuat ké ghóg a to tin ten! na yin a nong puóu, bûg loy ten ghut dyak, tok etong yin, ko tok etong Moses, ko tok etong Elias.
5. Na yen a-nguot a jam, yenkin, pol a mèr aci kêk geng. Ko yenkin, kuoy etong pol a luel: kan ó man-dia, cí wnyúr yen a dûr ghén; kan pyengke.
6. Ko na koyc-ke aci kan ping, aci yuik e kè nyin ko aci ryâc aréd.
7. Ko Yesus aci wtyok ko aci kèk tâp, ko aci lek kèk: jotke rot, ko dunke ryoc.
8. Lone na kèk aci kè nyin jot, akey' tok ting e Yesus etok.
9. Ko na kèk aci yid piñ etong alel, Yesus aci lek kèk, ko aci luel: dunke lek ran tok ke ci tic, ghèt man e ran abi rot jot etong tóu.

Am III. Fast-Sonntag.
S. Lucas 11, 14—28.

Am IV. Fast-Sonntag.
Joh. 6, 1—15.

1. Ghonke Yesus aci tèm longtúy uar e Galilaca Tiberias lôm.
2. Ko aci yen buot dut e koyc did, kè kôk aci ting cit ci yen loy etong koyc beye.

3. Ko yekan, Yesus aci yid alel nom, ko aci nyuc ke koyc-ke.
4. Lone aci wtyok e Pascha akol e Dén-did etong koyc Yudɛ
5. Ko yekan, na Yesus aci ye nyin jot, ko aci ting dut adid aréd, yen aci lek Philippus: etong tenò gbòg abi ghòc monó, bi koycké cam.
6. Lone yen aci kan luel, bi yen têm; ké yen etok aci nyic kan yen abi loy.
7. Philippus aci yen bêr: monó e denar buôt-róu acíe wtong etong kêk, bi tok eben kâp kelik.
8. Aci lek etong yen tok etong koyc-ke a côl Andreas nanmad e Simon Petrus:
9. A to tin ton uèn tok a nong monó wdyec e rap ko rèc róu; lone kan ye-ngu etong koyc cuec kelc?
10. Ko yekan, Yesus aci luel: rekke koyc bi nyuc. Lone tene uâl acucc. Ko kele ròr aci nyuc acit tim wdyec
11. Ko Yesus aci monó kâp, ko na yen aci Dén-did lêc, aci tèk etong e rer; ko kele ya etong rèc, acit a nong puóu.
12. Lonc na kêk acì kuet, yen aci lek koyc-ke: kuaynke lòng e monó ci bòt, dûn bi tóu.
13. Ko kêk aci kuayn ko aci wtyang tòyn wtyer-ko-róu e lòng etong monó wdyec e rap ci bòt etong koyc ci cam.
14. Ko yekan, na koycké aci ting cit ci Yesus loy, kêk aci luel: ke yon etet ranó ting, bi ben e piñ-ic.
15. Ko yckan, na Yesus aci nyic, kêk bi ben, bi yen kâp, ko bi yen loy beyn-did, aci dûk alel nom yen etok.

Am Passions-Sonntag.
Joh. 8, 46—59.

46. Ghonke Yesus aci lck koyc Yuda: ye-nga etong uêk abi ghên lum e kerác? na ghôn a lek uêk yic, ne-ngu uêk acie gam?

47. Ran etong Dén-did yen abi uèl e Dén-did ping; ko yekan, uêk acíe ping, ké uêk acie etong Dén-did.
48. Ko koyc e Yuda aci bér ko aci lek yen: koyc-ku luel apuat, yin Samaritanus ko a nong jåk?
49. Yesus aci uet bêr: ghên aoín jåk tin, lono ghén a lec uâ, ko uêk acíe ghên lec.
50. Lone ghên akey' kôr did-dia; a to tin yen a kôr ko abi tak.
51. Amen, amen ghên a lek uók: na tok abi tit uèl-cia, aci bi ting alauon tóu.
52. Ko yekan, koyc Yuda aci lek: yémano ghòg a ting yin a nong jåk. Abraham aci tóu ko koyc e ting, ko yin a lek: na tok abi tit uèl-cia, aci bi tip tóu atêr.
53. Ayin auer did uâ-da Abraham, yen ci tóu, ko koyc e ting aci tóu? ye-ngu yin loy rot?
54. Yesus aci bér: na ghén a loy rot adid, did-dia ghabac; a to tin uâ, bi ghên a loy adid, ye uék luel beyn-did-duen.
55. Lone uêk yen akuyc; lone ghên aci yen nyîc; ko na ghên a luel ghên akuyc yen, ghèn a luewd cit uêk; lone ghên a nyec yen, ko a tyet uèl-ke.
56. Abraham ur-dûn amyed puóu arêd, bi yen ting akol-dia; aci yen ting ko aci tuk.
57. Ko yekan, koyc Yuda aci lek yen: yin a-nguot acín run wtyer-wdyec, ko ca ting Abraham?
58. Aci lok kèk Yesus: amen, amen a lek uêk: tuèng Abraham a-ngot, ghên a to tin.
59. Ko yekan, kèk aci bei kur, bik yen bòg. Lone Yesus aci tyân ko aci ben bey etong ghun e Dén-did.

Am Palm-Sonntag.
Matth. 21, 1—9.

1. Ghonke na Yesus aci wtyok Yerusalem, ko aci ben Bethphage alel e tim e mok lôm, yen aci tòc róu etong koyc-ke,

2. Ko aci lek kèk: lak e pạn to tuèng uèk, ko bi dayc yòk mûl-nguot ci mâc ko dan-de. Loynke ko beike etong ghèn.
3. Ko na tok abi lek uèk kede. uèk abi luel: beyn-did édi etong yen; ko yen abi kèk dayc puol.
4. Lone kan eben aci a, bi a yic uèl etong ran e ting, yen a luel:
5. Lekke nyân e Sion: yenkin, beyn-did-du a bo etong yin alir a nyuc e mûl-nguot kóu ko dau, yen é man e mûl.
6. Lone koyc-ke aci lo ko aci loy, acit Yesus aci luel.
7. Ko aci mûl kuat ko dan-de; ko aci buông-kon tau e kè kóu, ko aci yen nyuc e mûl-kóu.
8. Lonc dut e koyc did aci buông-ken tyid kuèr ic, ko kòk aci tèm ker etong tim ko aci tyay kuèr ic.
9. Lone dut e koyc ci ngor ko ci buot aci cyú ko aci luel: Osanna etong man e David! wtycy-wtycy yen a bo ke rin e Dén-did. Osanna e wnyal.

Am Oster - Sonntag.
Marc. 16, 1—7.

1. Ghonke Maria Magdalena ko Maria mán e Yakobus ko Salome aci ghôc kanir, bik ben ko bik Yesus toyc.
2. Ko wnyak dûr akol tuèng e akôl deróu kèk aci ben ghun e rang, na ruel aci ben bey.
3. Ko kèk aci lek rot: ye-nga bi ghòg kûr ngay etong ghun e rang wtok?
4. Ko na kèk aci lyèc, aci kûr ting ci ngay. Lone yen adid arèd.
5. Ko na kèk aci lo akentin ghun e rang, aci ting aduen a nyuc cuèj ci ruok buông gher; ko kèk aci ryoc.
6. Ko yen aci lek kèk: dunke ryoc! uèk a kòr Yesus ctong Nazareth ci pyât agèr kóu; yen aci rot jot, yen aliu ten; yenkin tede kèk aci yen tau.

7. Lone lak, lekke koyc-ke ko Petrus, ké yen abi uêk ngor e Galilaea; tetúy uêk abi yen ting, acit yen aci uêk lek.

Am Weiss-Sonntag.
Joh. 20, 19—31.

19. Ghonke akol tok etong Sabbat, na ghut acî wtyòk tedc ci koyc Yesus rot kût tin e ryoc etong koyc Yuda, Yesus aci ben, ko aci kòc callic, ko aci lek kèk: dôr etong uêk!
20. Ko na yen aci kan luel, yen aci kèk ngòt cèn-ke ko yc lôm. Ko yenkan, koyc-kc aci puót myed, ké kèk aci Dén-did ting.
21. Ko aci lek kèk akol dé: dòr etong uêk! acit uâ aci ghên tòc, ghên ayá a tòc uêk.
22. Na yen aci kan luel, aci kèk uêy ko aci luel: kâpke uêy e Dén-did.
23. Koyc pal uêk karác-ken, aci pol kèk, ko koyc mûk uêk karác-ken, aci mûk kèk.
24. Lone Thomas tok etong wtycr-ko-róu a côl Didymus aliu kc kèk, na Yesus aci ben.
25. Ko yekan, kèk aci lek yen: acûg beyn-did ting. Lone yen aci lek kèk: na ghên akey' ting c yc cèn cit e ued-amòd-wtok, ko na ghên akey' tau mêy e cyn-dia e cit e ued-amòd-wtok ic ko na ghên abi tau gha cyn yc lòm ic, ghên ací bi gam.
26. Ko na akôl bèt koyc-kc a to tin ayá ghut, ko Thomas ke kèk. Aci ben Yesus, na ghut wtok cî wtyòk, ko aci kòc ko aci luel: dòr etong uêk!
27. Alé yen aci lek Thomas: tau mêy cyn-du ten, ko ting gha cèn, myet cyn-du etong ghên, ko tau kan gha lôm ic, ko dûn acín gam, lone gam.
28. Thomas aci bèr ko aci luel yen: bcyn-did-dia ko Dén-did-dia!

29. Yesus aci lek yen: ké yin aci ghèn ting, Thomas, yin aci gam; amyed e puót kèk kak key' ting, ko aci gam.
30. Ko ka cuec ko cit kòk Yesus aci loy e koyc-ke nyin, ka key' ci gor e goré ic.
31. Lone kan ci gor, bak gam Yesus yen e Christus man e Dén-did, ko na uèk a gam, abak nong pir ke rin-ke.

Am II. Sonntag nach Ostern.
Joh. 10, 11—16.

11. Ghonke Yesus aci lek Pharisaei! gkèn ran e bôk apuat. Ran e bôk apuat a yek rot etong wtòk-ke.
12. Lone ran e ryop, ke acíe ran e bôk ko wtôk acie kake, yen a ting agueguek a bo, ko a pal wtôk ko tuoyn; ko agueguek a kâp ko tyay wtòk.
13. Lone ran e ryop a tuoyn, ké yen a ryop ko wtòk acie kake.
14. Ghèn ran e bôk apuat, ko ghèn a nyic wtôk-cia, ko kèk a nyic ghèn.
15. Acit uâ a nyic ghèn, kele ghèn ayá a nyic uâ; ko ghèn a yek rot etong wtôk-cia.
16. Ko ghèn a nong ya wtôk dé, kèk acíe etong gkuné e wtôk; ko ghèn édi ba kèk bei, ko kèk abi kuoy-dia ping. Ko abi a ghun e wtôk tok, ko ran e bòk tok.

Am III. Sonntag nach Ostern.
Joh. 16, 16—22.

16. Ghonke Yesus aci lek koyc-ke: ayáti ya uèk aci bi ghèn ting; ko ayáti ya uèk abi ghèn ting; ké ghèn abi lo etong uâ.
17. Ko yekan, koyc-ke aci lek rot: ye-ngu kan lek yen ghôg: ayáti uèk aci bi ghèn ting, ko ayáti abi ghèn ting, ko ké ghèn abi lo etong uâ.

18. Ko kêk aci luel: ye-ngu kan luel yen: ayáti? ghòg a kúc, yen a luel ngu?
19. Lone Yesus aci nyíc, kêk a nong puóu bi yen wtyèc, ko aci lek kêk: etong kan uêk a wtyèc rot, ké ghên aci luel: ayáti, ko uêk acî bi ghên ting, ko ayáti ya uêk abi ghên ting.
20. Amen, amen ghên a lek uêk: uêk abi cyú ko abi dyau; lone piñ eben abi myed. Lone uêk abi dyau e puónduen, lone puón-duen a dyau abî uar ko bi myed.
21. Tik, na yen dyet, a nong puón-de a rêm, ké ghon-de aci ben; lone na yen aci mewt dyèt, yen acíe tak ya rêm-de etong myed, ké aci dyèt ran e piñ ic.
22. Kele uêk ayá a nong puón-duen a rêm; lone ghên abi uêk ting akòl dé, ko puón-duen abi myed, ko acín tok abi ngay myed-duon etong uêk.

Am IV. Sonntag nach Ostern.
Joh. 16, 5—15.

5. Ghonke Yesus aci lek koyc-ke: ghên a lo yémanic etong yen, ko ci ghên tòc, ko acín tok etong uêk a wtyèc ghên: yin a lo dí?
6. Lone ké ghên aci kan lek uêk, rêm aci wtyang puón-dûn.
7. Lone ghên a lek uêk yic: ó koyn etong uêk, kó ghên a jàl; ké na ghên acî bi jâl, acî bi ben etong uêk, ke e dud; lone na ghên aci jâl, ghên abi yen tòc etong uêk.
8. Ko na yen a bo, yen abi piñ tol etong kerác, ko yic, ko lûk;
9. Etong kerác, ké kêk akeyc gam tong ghên;
10. Ko etong yic, ké ghên a lo etong uâ, ko uêk aci bi ghên ting;
11. Ko etong lûk, ké beyn-did e piñé yémanic acî lûk yen.
12. A-nguot a to ka cuec, ba lek uêk, lone uêk acíe leu, bak ka ghadd yémanic.

13. Lone na uêy e yic kan abi ben, yen abi uêk nyîc yic eben; ké yenací bi luel etong rot yetok; lone yen abi luel kede eben ping yen, ko abi lek uêk, ka bi ben.
14. Kan abi ghên loy did; ké yen abi ngay etong ke-dia, ko abi kan uêt uêk.

Am V. Sonntag nach Ostern.
Joh. 16, 23—30.

23. Ghonke Yesus aci lek koyc-ke: etet, etet ghên a lek uêk: na uêk a lim kede etong uâ ke rin-cia, yen abi yek uêk.
24. Ghêt yémanic uêk akey' lim kede ke rin-cia; limke, ko uêk abi kâp, bi myed-dûn atyan.
25. Kan ghên aca lek uêk e luop; lone ghon abi ben, na aci bi lek uêk e luop, lone atîc ghên abi uêk nyîc etong uâ.
26. Akolé uêk abi lim ke rin-cia; ko ghên acíe lek uêk, ké ghên abi lim uâ etong uêk.
27. Ké un yetok a wnyar uêk; kó uêk aci ghên wnyàr, ko aci gam, ghên aci ben bey etong Dén-did.
28. Ghên aci ben bey etong uâ, ko aci ben e piñ ic; akol dé ghên abi piñ pol, ko abi lo etong uâ.
29. Koyc-ke aci lek yen: yenkin, yémanic yin a jam atîc ko acín luop e luel.
30. Yémanic ghòg a nyic, yin a nyic eben, ko ací bi ya tok a wtyèc yin; e kan ghòg a gam, yin aci ben bey etong Dén-did.

Am Himmelfahrts - Feste.
Marc. 16, 14—20.

14. Ghonke Yesus aci tîc etong wtyer-ko-tok, na kêk aci nyuc, ko aci kêk cîl etong gam-den dak ko puón-den aril, ké kêk akoyc gam, kak ci yen ting, na yen aci rot jot.

15. Ko aci kẻk: lak e piñ eben, ko nyecko Evangelium etong ka cí câk eben.
16. Ke gam ko kảp piu e Dén-did, yen abi koyn; lone ko cío gam abi ryảc.
17. Lone cít kẻk abi buot kak aci gam: ke rin-cia kẻk abi jảk cyèc ko abi jam e wtok puoyc,
18. Ko abi korỏr jot, ko na kẻk abi dẻk ke bi nok, ací bi kẻk rac; etong koyc beyc kẻk abi tau cẻn, ko kẻk abi rot jot.
19. Ko na beyn-did aci jam ke kẻk, yen aci yid wnyal, ko a nyuc cuẻj o Dén-did.
20. Lone kẻk aci jảl ko ci nyíc tede eben, ko Dén-did aci loy ke kẻk, ko aci ríl uèl-kon ke cít ci buot kẻk.

Am VI. Sonntag nach Ostern.
Joh. 15, 26 — 16, 1—4.

26. Ghonke Yesus aci lek koyc-ke: na yen abi ben ye koyc dud, ko na ghẻn abi yen tỏc uẻk etong uâ, yen uẻy e yic, ye ben bcy etong uâ, yen abi gam etong ghẻn.
27. Ko uẻk ya abi gam, kỏ uẻk a to tin ke ghẻn tuèng.
1. Kan ghẻn aci lek uẻk, dùn uẻk bí mảr.
2. Kẻk abi uẻk cyèc akenbay ghut e nyic; lone abi ben ghon, na tok eben a nak uẻk abi ngảt yen abi Dén-did lẻc.
3. Ko kẻk abi kan loy etong uẻk, kẻ kẻk a kûc uâ ko ghẻn.
4. Lone ghẻn aci kan lek uẻk, bi dûk ue nom, kẻ ghẻn aci lek uẻk, na aci ben ghon.

Am Pfingstfeste.
Joh. 14, 23—31.

23. Ghonke Yesus aci lèk koyc-ke: na tok a wnyar ghẻn, yen abi tyet uèl-cia, ko uâ abi yen wnyâr; ghờg abi ben etong yen, ko abi cyan ke yen.

24. Ran aci bi ghèn wnyàr, yen aci bi tyet nèl-cia; nèl-cia ci uèk ping acie ka-cia, lone kake ci ghèn tòc, yen e uá.
25. Kan aci ghèn lek uèk, na ghèn a rer ke uèk.
26. Lone yen e dud nèy e Dén-did, yen abi uâ tòc ke rin-cia, yen abi uèk nyic kede eben, ko abi tak uèk kede eben, ci ghèn lek uèk.
27. Dòr ghèn a pal uèk, dòr-dia ghèn a yek uèk, acie cit piñ a yek yen, ghèn a yek uèk. Dûne lyap puón-dùn ko dûne ryoc.
28. Acak ping, ghèn aci lek uèk: ghèn abi jàl ko abi dùk etong uèk. Na uèk a wnyar ghèn, uèk abi puóu myed itet, ké ghèn abi jàl etong uâ; ké uâ yen auer did e ghèn.
29. Ko yémanic ghèn aci lek uèk tuèng a bo, bak gam, na aci ben.
30. Yémanic ghèn aci bi jam cuec ke uèk; ké abi ben beyn-did e piñé; lone yen acie leu etong· ghèn;
31. Lone bi piñ nyic, ghèn a wnyar uâ, ko acit uá ghèn cyeng, kele ghèn a loy. Jotke rot, ghòg abi jàl!

Am Trinitätsfeste.
Matth. 28, 18—20.

18. Ghonke Yesus aci lek koyc-ke: ryel eben aci yek etong ghèn wnyal ic ko piñ ic.
19. Ko yekan, lak ko nyecke kuát eben ko låk kèk ke rin (un, ko man ko nèy e Dén-did.
20. Ko nyecke kèk bi tyet kede eben ghèn aci uèk cyeng. Ko yenkin, ghèn ke uèk akol eben, ghèt a wtòk ghon.

Am I. Sonntag nach Pfingsten.
S. Lucas 6, 36—42.

Am Frohnleichnahmsfeste.
Joh. 6, 56—59.

56. Ghonke Yesus aci lek koyc Yuda: ring-dia itet ó míd, ko ryam-dia itet ó dèk.
57. Ke cam ring-dia, ko dok ryam-dia, yen a rer e ghèn ic, ko ghèn e yen ic.
58. Acit aci ghèn tòc un a pir, ko ghèn a pir etong un, ko yen yo cam ghèn, yen ya abi pir etong ghèn.
59. Kan yen monó ci yid piñ etong wnyal; acio cit ur-kún aci manna cam ko aci tóu. Ke cam monoé, yen abi pir atèr.

Am II. Sonntag nach Pfingsten.
S. Lucas 14, 16—24.

Am III. Sonntag nach Pfingsten.
S. Lucas 15, 1—10.

Am IV. Sonntag nach Pfingsten.
S. Lucas 5, 1—11.

Am V. Sonntag nach Pfingsten.
Matth. 5, 20—24.

20. Ghonke Yesus aci lek koyc-ke: na lúng-duen aci bi cuak lúng e koyc e gor ko Pharisaei, uèk aci bi lo pan wnyal.
21. Uèk aci ping kè aci luel etong koyc tuèng: dúne nak; lone ke ci nok, yen a joc lûk.
22. Lone ghèn a lek uèk, tok eben a ghok etong uanmè-de, yen a joc lûk; ko ke lek uanmè-de: raka, yen a joc gâk; ko ke lek: muol, yen a joc mac gehenna.

23. Ko yckan, na yin a gam ke-du etong dûr, kon tetúy abi dûk e yin nom, uanmud yen kede etong yin,

24. Pal tetúy ke-du etong dûr, ko lor tuèng ko ba dór ke uanmud, ko alé bar ko game ke-du.

Am VI. Sonntag nach Pfingsten.
Marc. 8, 1—9.

1. Ghonke na dut cuec a to tin akôlké, ko acín, bi kèk cam. Yesus aci còl koyc-ke ko aci lek kèk:
2. Ghèn a dyau puóu etong dut; ké yenkin, akòl dyak kèk a rer ke ghèn, ko acín, bi kèk cam.
3. Ko na ghèn a pal kèk acín mid bey-ken, kèk abi nâl kuèr ic; ké tetok etong kèk aci ben te-mec.
4. Ko koyc-ke aci lek yen: etong tenò tok a leu, bi kèk mòc monó ror ic?
5. Ko yen aci kèk wtyèc: ye kuyn dí to tin etong uèk: kèk aci luel: wderóu.
6. Ko aci cyeng koyc, bi nyuc pifi. Ko aci kâp monó wderóu ko aci Dên did lèc, ko aci monó bañ ko aci yek koyc-ke, bi kèk tau; ko kèk aci tau etong dut e koyc.
7. Ko kèk aci nang rèctitet alik; ko yen aci rèc wtyey ko aci cyeng, bi kèk tau.
8. Ko koyc aci cam ko aci kuet, ko etong lông ci buot kèk aci kâp tòyn wderóu.
9. Lone koyc ci cam aci to tin acit tim 'nguan; ko yen aci kèk loyn.

Am VII. Sonntag nach Pfingsten.
Matth. 7, 15—21.

15. Ghonke Yesus aci lek koyc-ke: tyetke rot etong ròr e ting e lucwd, ka bi ben etong uèk e buòng e wtôk, lone akentin kèk aguekguek a cuet.

16. Etong tåu-ken uĉk abi kêk nyĭc. Ayen koyc a kuayn abyèc etong kôwt ko ngep etong atetåg?
17. Kele tim puat eben a bci tåu puat; lone tim rac a bei tåu rac.
18. Ko tim puat acĭ leu, bi bei tåu rac; ko tim rac acĭ leu, bi bci tåu puat.
19. Tim eben cĭ bei tåu puat, abĭ tèm, ko bĭ cuat mac ic.
20. Kele uĉk abi kêk nyĭc etong tåu-ken.
21. Acĭe tok eben a lek ghèn: beyn-did, beyn-did, yen abi lo pan wnyal; lone ye loy puón e uâ to wnyal ic, yen abi lo pan wnyal.

Am VIII. Sonntag nach Pfingsten.
S. Lucas 16, 1—9.

Am IX. Sonntag nach Pfingsten.
S. Lucas 19, 41—46.

Am X. Sonntag nach Pfingsten.
S. Lucas 18, 9—14.

Am XI. Sonntag nach Pfingsten.
Marc. 7, 31—37.

31. Ghonke Yesus aci ben bey etong akèt e Tyrus ko aci rèt Sidon ko aci ben uer e Galilaea akeu pan-wtyer callic.
32. Ko koyc aci bei etong yen ran ci mĭm ko ming, ko aci yen wtyèc, bi tau ye cyn etong yen.
33. Ko aci yen mùk akenbay etong dut, ko aci tau mey e ye cyn e yid-ke ic, ko aci ngûd ko aci tåp ye lyeb.

34. Ko aci wnyal lyèc, ko aci kèng ko lek yen: Ephphata, ân: bi lyèb.
35. Ko dayc aci lyèb ye yid, ko aci dåk rûk e ye lyeb, ko aci jam apuat.
36. Ko yen aci kèk cyeng, dû bi luel ran tok; lone auer yen aci cyeng, auer kèk aci lek koyc èben.
37. Ko auer kèk aci dyèr, ko aci luel: kede eben ci yen loy apuat: koyc ci ming yen aci loy, bik ping, ko koyc ci mim aci wtok lyèb, bik jam.

Am XII. Sonntag nach Pfingsten.
S. Lucas 10, 23—37.

Am XIII. Sonntag nach Pfingsten.
S. Lucas 17, 11—19.

Am XIV. Sonntag nach Pfingsten.
Matth. 6, 24—33.

24. Ghonke Yesus aci lek koyc-kc: acín tok a leu a loák bayn-did róu; ké yen abi màn tok, ko abi wnyâr dé, ko abi tit tok, ko abi lyal dé. Uèk aci bi leu, bi loák etong Dén-did ko uèu.
25. Ko yekan, ghèn a lek uèk: dunke ryoc etong uèy-kuen ye-ngu bi uèk cam, ko etong guop-duen, ye-ngu bi uèk ruok. Acíe uèy auer mid, ko guop auer buông?
26. Tyengke dyet wnyal, ké kèk acie puok, ko acie tem, ko acie kuat e guk ic, ko ur-duen wnyal ic a muok kèk. Acíe uèk auer arèd e kèk?
27. Ye-nga etong uèk o tang-de a leu bi juak bâr e guop-de kòk tok?

28. Ko ye-ngu uèk a ryoc etong buông? tyengke gher c dòm, kedí kèk a cil; acíe luoy ko acíe myi.
29. Lone ghèn a lek uèk, ayá Salomon e did-de eben akey' ruok acit tok etong kèk.
30. Lone na Dén-did uâl e dòm, yc a to tin akolé ko wnyak abí cuat ghun c mac, ruok kele, yekodi uèk auer ye gam-dûn ayáti?
31. Ko yekan, dunke ryoc ko dunke luel: ye-ngu ghòg abi cam, ko ngu abi dèk, ko ngu abi ruok?
32. Ké kan eben koyc kûc Dén-did a wtyèc; ké a nyic ur-dûn uèk a dak kan eben.
33. Ko yekan, kôrke tuèng pan e Dén-did, ko lûng-de, ko kôk eben abi juak etong uèk.

Am XV. Sonntag nach Pfingsten.
S. Lucas 7, 11—16.

Am XVI. Sonntag nach Pfingsten.
S. Lucas 14, 1—11.

Am XVII. Sonntag nach Pfingsten.
Matth. 22, 35—46.

35. Ghonke koyc Pharisaei aci ben etong Yesus ko tok etong kèk, yen beyn e nyic, aci yen wtyèc bi yen tèm:
36. Beyn e nyic, ye-ngu ye cyeng adid e gor e Dén-did ic?
37. Yesus aci lek yen: wnyar beyn-did Dén-did-du etong puón-du eben ko ctong uèy-ku eben, ko etong nom-du eben.
38. Kan cyeng adid ko tuèng.
39. Lone cyeng dé acit kan: wnyar ruey-ku acit yin etok.
40. Etong cyengké róu a to tin gor e Dén-did ko gor ròr e ting.

41. Lone na Pharisaei acī kût, aci Yesus kèk wtyèc,
42. Ko aci luel: ye-ngu a tak uèk etong Christus? ye man é nga? kèk aci lek yen: e David.
43. Yen aci lek kèk: ko yekan, kedí David e uêy-ke a yen cak beyn-did-de, na yen luel:
44. Aci luel beyn-did etong beyn-did-dia: nyuce a cuèng-dia, ghèt an abi tau ka mân yin wtoc e yin cok.
45. Kele na David a cak yen beyn-did-de, kedí yen man-de:
46. Ko acín tok aci leu, bi bèr etong yen, ko acín tok aci nong puóu etong akolé, bi yen wtyèc auer.

Am XVIII. Sonntag nach Pfingsten.
Matth. 9, 1—8.

1. Ghonke Yesus aci yid piñ ryey, ko aci tòm ko ben pan-de.
2. Ko yenkin, acī bei etong yen ran alèti a toyc e kèt ic. Ko Yesus aci gam-den ting ko aci lek ran alèti: taṅ rot, man-dia, acī puol yin karác-ku.
3. Ko yenkin, ròr e gor tetok aci lek rot: kan a kueng Dén-did.
4. Ko na Yesus aci ting tang-den, aci luel: ye-ngu uèk ı tak arac e ue puot?
5. Ye-ngu puol auer lek: acī puol yin karác-ku, kó lek: jo rot ko câwt?
6. Lone bi uèk nyīc man e ran a nong ryel e piñ ic, bi puol karác, aci lek ran alèti: jo rot, jot kèt-du, ko lor pan-du.
7. Ko yen aci rot jot, ko acī lo pan-de.
8. Lone dut e koyc ci kan ting aci ryoc, ko aci Dén-did lèc, ci yek ryel kele etong koyc.

Am XIX. Sonntag nach Pfingsten.
Matth. 22, 1—14.

1. Ghonke Yesus aci luop etong nim e tit ko Pharisaci luopé:
2. Pan wnyal acit ran beyn-did, ci loy etong man-de ruay.
3. Ko aci tòc aloék-ke, bi kèk bei koyc ci côl etong ruay; ko kak aci kuèo bi ben.
4. Akol dé aci tòc aloćk kôk ko aci luel: lekke koyc ci côl: yenkin, ghèn aci juir tèt-dia, ko mûr-cia ko lay-cia ci cuay acî nok, ko kan eben aci juir; bak etong ruay.
5. Lone kak aci jay, ko aci jâl, tok pan-de, ko dé e luoy-do ic.
6. Lone kôk aci aloćk mûk, ko aci kèk lat ko aci kèk nok.
7. Lone beyn-did na yen aci kan ting, aci ghòk, ko aci tòc dut e rèm-ko, ko aci ryâc koyc e nak ko aci nyop pan-den.
8. Alé yen aci lek aloék-ke: ruay-dia aci juir, lone koyc ci côl akey' joc.
9. Ko yekan, lak akenbay kuer-wtok, ko colke e ruay koyc eben cak yòk.
10. Ko aloék-ke aci lo akenbay etong kuer ko aci dut koyc eben, ci kèk yòk, koyc rac ko koyc puat, ko aci tyan ruay ke koyc nyuc.
11. Lone aci lo beyn-did, bi ting koyc ci nyuc, ko aci ting tetúy ran akey' ruok buông e ruay.
12. Ko aci lek yen: mad, kedí yin aci ben tin akey' ruok buông e ruay? ko kan aci byet.
13. Alé beyn-did aci lek aloék: macke cèn-ke ko cok-ke, ko cuatke yen e muod ic akenbay; tetúy abi to tin dyau ko lèwti e loj.
14. Ké acucc kèk ci côl, ko alik kèk ci loc.

Am XX. Sonntag nach Pfingsten.
Joh. 4, 46—53.

46. Ghonke aci to tin ran beyn-did kòr, ye man-do aci beyc Kapharnaum.

47. Kan na aci ping Yesus a bo etong Yudaea e Galilaea, aci lo etong yen, ko aci yen wtyèc, bi yen yid piñ ko dèm man-de; ké kan aci gol tóu.
48. Ko Yesus aci lek yen: na uèk acíe ting cít ko kadíd, uèk acie gam.
49. Beyn-did kòr aci lek yen: beyn-did, yide piñ tuèng akeyc tóu man-dia.
50. Yesus a lek yen: lor, man-du a pir. Ko ran aci gam ci Yesus luel, ko aci jâl.
51. Lone na yen a-nguot aci yid, aci yen ròm aloék-ke, ko aci lek yen ko aci luel: man-du a pir.
52. Ko yen aci kèk wtyèc ghon ci man-de puat; ko kèk aci lek yen: uèr ghon wderóu juay aci yen pol.
53. Ko aci nyíc un ghon tok ci Yesus lek yen: man-du a pir; ko aci gam yen ko pan-de eben.

Am XXI. Sonntag nach Pfingsten.
Matth. 18, 23—35.

23. Ghonke Yesus aci lek koyc-ke luopé: pan wnyal acit beyn-did, ci nang puóu bi kuèn ke aloék-ke.
24. Ko na yen a gol kuen, acì bei ye nyin tuèng tok a nong ken tim-wtyer talenta.
25. Lone na yen aliu kede, bi ghòc, beyn-did aci cyeng, bi yen ghâc ko tin-de ko míwt-ke ko uèu-ke eben, bi ghòc.
26. Lone aluange aci muol tuk, ko aci yen wtyèc ko aci luel: kaje ke ghèn, ko ghèn abi ghôc eben.
27. Ko beyn-did aci puón-de dyau ke yen, ko aci yen loyn ko aci puol kèng-de.
28. Lone aloangé aci lo akenbay ko aci yòk tok etong aloék mèd-ke; kan aci nong kèng ke yen denar buòt. Ko aci yen mùk, ko dèc ko aci luel: ghâc kèng-du.
29. Ko aloák mède aci muol tuk, ko aci yen wtyèc, ko aci luel: kaje ke ghèn, ko ghèn abi ghôc eben.

30. Lone kan cíc mâl, ko aci jâl, ko aci yen mâc, ghêt yen abi ghôc kèng-de.
31. Lone na aloék mèd-ke aci kan ting, kèk aci rèm ̌c puón-den arèd, ko aci ben, ko aci luel beyn-den kede eben aci a.
32. Alé beyn-de aci yen côl ko aci lek yen: aloang rac, kèng eben ghèn aci pol yin, ké yin aci ghèn wtyèc.
33. Ko yekan, édi cí bi yin ya dyau e puón-du etong muod, acit ghèn ayá aci puón-dia dyau etong yin?
34. Ko beyn aci ghôk ko aci yen tôn etong ròr e duy, ghêt yen abi ghôc kèng-de eben.
35. Kele ayá uâ wnyal ic abi loy etong uèk, na aci bi puol tok eben etong uanmè-do etong puón-de.

Am XXII. Sonntag nach Pfingsten.
Matth. 22, 15—21.

15. Ghonke koyc Pharisaei aci jâl ko aci gok, bi yon mûk e uèl-ke.
16. Ko aci tòc etong yen koyc-ken ko koyc Herodiani ko aci luel: beyn e nyic, ghòg a nyic yin e yic ko a nyic kuèr e Dén-did itet, ko yin acíe ryoc etok; ké yin acíe ting did e koyc.
17. Ko yekan, lek ghòg, yin a ngat ngu, ye yic bi yek kede etong Caesar, kó ey?
18. Lone Yesus aci nyic rac-ducn ko aci luel: ye-ngu uèk a tèm ghèn, koyc pèl?
19. Nyodke ghèn wtyalyang e ghòc. Ko kèk aci bei etong yen denar tok.
20. Ko Yesus aci kèk wtyèc: ye kone nga kare ko gore?
21. Kèk aci lek yen: etong Caesar. Alé aci lek kèk: ko yekan, yekke etong Caesar ken e Caesar, ko etong Dén-did, ken e Dén-did.

Am XXIII. Sonntag nach Pfingsten.
Matth. 9, 18—26.

18. Ghonke na Yesus aci jam ke koyc Yuda, yenkin, nom tok aci ben ko aci yen lèc ko aci luel: beyn-did, yémanic aci tóu nyan-dia; lone bar ko tau cyn-du etong yen, ko abi pîr.
19. Ko Yesus aci rot jot, ko aci yen buot ke koyc-ke.
20. Ko yenkin, tin tok, ye aci rèm juay ryam e run wtyer-ko-róu, aci yen wtyok cyèng, ko aci mûk buông-de gèm.
21. Kó yen aci luel ye rot: na ghèn a muok buông-de etok, ghèn abi pîr.
22. Lone Yesus aci rot uel, ko aci yen ting ko aci luel: tayn rot, nyan, gam-du aci yin koyn. Ko tik aci puat etong ghoné.
23. Ko na Yesus aci ben ghun e nom ko aci ting koyc a kuod aruor e dut e koyc a cyú, yen aci luel:
24. Pâtke, ké nya akeyc tóu, lone a nin. Ko kèk aci yen dol.
25. Ko na dut aci cyèc beyc, yen aci lo akentin, ko aci mûk cyn-de. Ko nya aci rot jot.
26. Ko ueté aci tyay e bey ic eben.

Am XXIV. Sonntag nach Pfingsten.
Matth. 24, 15—35.

15. Ghonke Yesus aci lek koyc-ke: na uêk abi ting rac e ryac ci luel tuèng Daniel ran e ting, a to tin te e Dén-did ic — ko ran bi kan kuèn, abi ping apuat —
16. Alé abi kawt alel nom tok eben to e Yudaea.
17. Ko ran to tin e ghut nom, aci bi yid piñ, bi kâp kede etong ghun-de.
18. Ko ran to tin e dòm-ic, aci bi dûk, bi ngay [buông-de.
19. Lone agó dyar a lyac ko a yek câ miwttiakan akòlké!

20. Lone côrko, dùn bi kawt-duen ghon e alé-moy kó Sabbat;
21. Ké alé abí a rêm adid arêd, acit akeyc to tuèng, a piñ ghêt yémanic, ko aci bí a.
22. Ko na aci bí cyèk akôlké, acín tok abi rot koyn etong ring eben; lone ke koyc cí loc abi cyèk akôlké.
23. Ghonke na tok a lek uêk: yenkin ten Christus kó tctúy: dunke gam.
24. Ké yekan, abi ben bey Christus e luewd ko ròr e ting e luewd, ko abi loy cít ko kadíd, kele bi koyc cí loc ya abí kuat e mar (na abí leu).
25. Yenkin, ghên aci kan lek uêk tuèng.
26. Ko yekan, na kêk abi lek uêk: yenkin, e ror-ic (Christus), dunke lo akenbay; yenkin, yen é ghuot-ic, dunke gam.
27. Ké acit tyen e Dén-did a bo bey etong lâg ko a mêr ghêt bêr, kele ya abi ben man e ran.
28. Tede eben a to tin guop cí wnyayn, tetúy abí kut e cuor.
29. Lone dayc, na aci ròm akôlké, ruel abi mûd, ko pêy aci bi bei gher-de, ko kuel abi loyn etong wnyal, ko ryel wnyal abí luek.
30. Ko alé cit man e ran abi tíc wnyal, ko kuât e piñ eben abi dyau ko abi ting man e ran a bo e luat wnyal ke ryel ko did arêd.
31. Ko yen abi tòc ajâk-ke a nong tung ko kuoy adid; ko kék abi kût koyc-ke cí loc etong yuom 'nguan, etong wnyal nom ghêt e gèm e cyèng.
32. Lone etong tim e ngap nyecke luope: na ker-de abi tyop ko a cil yid, uêk a nyec aci wtyok alé-ruel.
33. Kele uék ya, na uék a ting kake eben, nyecke, ghon aci wtyok ghut wtok.
34. Itet, ghôn a lek uék: aci bi uar kuâté, ghêt kan eben aci a.
35. Wnyal ko piñ abi uar, lone uèl-cia aci bi uar.

Am Feste der unbefleckten Empfängniss.
Matth. 1, 1—16.

1. Gor kuât Yesu Christi man e David, man e Abraham.
2. Abraham aci dyèt Isaak; lone Isaak aci dyèt Yakob; lone Yakob aci dyèt Yudas ko uanmêd-ke;
3. Lone Yudas aci dyèt Phares ko Zara etong Thamar; lone Phares aci dyèt Esron; lone Esron aci dyèt Aram;
4. Lone Aram aci dyèt Aminadab; lone Aminadab aci dyèt Naasson; lone Naasson aci dyèt Salmon;
5. Lone Salmon aci dyèt Booz etong Rahab; lone Booz aci dyèt Obed etong Ruth; lone Obed aci dyèt Yesse; lone Yesse aci dyèt David beyn-did;
6. Lone David beyn-did aci dyèt Salomon etong tik ye ken Urias.
7. Lone Salomon aci dyèt Roboam; lone Roboam aci dyèt Abias; lone Abias aci dyèt Asa;
8. Lone Asa aci dyèt Yosaphat; lone Yosophat aci dyèt Yoram; lone Yoram aci dyèt Ozias;
9. Lone Ozias aci dyèt Yoatham; lone Yoatham aci dyèt Achaz; lone Achaz aci dyèt Ezechias;
10. Lone Ezechias aci dyèt Manasses; lone Manasses aci dyèt Amon; lone Amon aci dyèt Yosias;
11. Lone Yosias aci dyèt Yechonias ko uanmêd-ke ghon e ghadd e Babylon;
12. Ko na ghadd e Babylon Yechonias aci dyèt Salathiel; lone Salathiel aci dyèt Zorobabel;
13. Lone Zorobabel aci dyèt Abiud; lone Abiud aci dyèt Eliakim; lone Eliakim aci dyèt Azor;
14. Lone Azor aci dyèt Sadok; lone Sadok aci dyèt Achim; lone Achim aci dyèt Eliud;
15. Lone Eliud aci dyèt Eleazar; lone Eleazar aci dyèt Mathan; lone Mathan aci dyèt Yakob;
16. Lone Yakob aci dyèt Yoseph, moyn e Maria, ke etong yen aci dyèt Yesus a côl Christus.

Am Feste M. Reinigung.
S. Lucas 2, 22—32.

Am Feste M. Verkündigung.
S. Lucas 1, 26—38.

Am Feste M. Himmelfahrt.
S. Lucas 10, 38—42.

Am Feste M. Geburt.
S. das vorausgeh. Evang. Matth. 1, 1—16.

Am Feste des hl. Joseph.
Matth. 1, 18—21.

18. Na Maria mán Yesus aci tyak Yoseph tuèng kèk akeyc mặt, Maria aci yòk ci lyac etong uêy e Dén-did.
19. Lono Yoseph moyn-de, ké yen lucit ko akey' nang puóu, bi yen tôn, aci nang puóu, bi yen loyn.
20. Lono na yen aci kan tak, yenkin, ajyong e Dén-did aci tic etong yen e ngyot, ko aci luel: Yoseph man e David, dûne ryoc, bi yin kûp Maria tin-du; ké ci dyèt e yen ic, yen etong uêy e Dén-did.
21. Lone yen abi man dyèt, ko yin abi rin-ke cằk Yesus; ké yen abi koyn kuât-de etong karác-ken.

Am Feste des heil. Joh. Bapt.
S. Lucas 1, 57—68.

Am Feste der Apostelfürsten Petrus und Paulus.
Matth. 16, 13—19.

13. Ghonke Yesus aci ben e bay Caesarea Philippi ko aci wtyèc koyc-kc ko aci luel: ye-nga koyc a luel ye man e ran?
14. Lonc kèk aci luel: tetok Yoannes ran a lâk, kôk Elias, ko kôk Yeremias kó yetok etong ròr e ting.
15. Yesus aci lek kèk: lone uċk a luel ghên e nga?
16. Aci bėr Simon Petrus ko aci luel: yin Christus man e Dėn-did pir.
17. Aci bêr Yesus ko aci lek yen: myed yin, Simon, man e Yonas, kė ring ko ryam akcy' yin nyic, lone uâ wnyal ic.
18. Ko ghèn a lek yin: yin Petrus, ko etong kûrė ghên abi but luang-dia (ecclesiá-dia), ko wtok e pan e mac aci bi yen uid.
19. Ko etong yin ghên abi degér e pan wnyal yek: kede eben abi mâc yin piñ ic, aci mâc wnyal ic, ko kede eben abi dâk yin piñ ic, aci dâk wnyal ic.

Am Feste Allerheiligen.
Matth. 5, 1—12.

1. Ghonke na Yesus aci ting dut e koyc, aci yid alel nom, ko na yen aci nyuc, aci wtyok etong yen koyc-ke.
2. Ko yen aci ye wtok lyèb ko aci luel:
3. Myed e puóu koyc ci ngong e uėy; ké ke-den pan wnyal.
4. Myed e puóu koyc lir; ké kèk abi nong piñ.
5. Myed e puóu koyc a rèm puón-den; ké kèk abî dud.
6. Myed e puóu koyc nek cok ko rou etong yic; ké kék abi kût.
7. Myed e puóu ka dyau puón-den ke koyc; ké kèk abi kan kâp.

8. Myed e puóu koyc gher e puón-den; ké kêk abi Dén-did ting.
9. Myed e puóu koyc dôr; ké kêk abi côl miwt e Dén-did.
10. Myed e puóu koyc guom duy etong yic; kó ke-den pan wnyal.
11. Myed e puóu uêk, na koyc abi uêk lat ko abi uêk côp, ko abi luel karác eben e luewd etong ghèn.
12. Myedke puóu ko tukke; ké ryop-duen abi did wnyal ic. Kele kêk aci cuòp ròr e ting ci to tin tuèng e uêk.

Am Allerseelentag (2. Nov.)
Joh. 5, 25—29.

25. Ghonke Yesus aci lek koyc Yuda: itet, itet ghên a lek uêk, abi ben ghon ko yémanic a to tin, na koyc ci tóu abi ping kuoy man e Dén-did; ko ka ci ping, abi pîr.
26. Ké acit un a nong pir e ye rot, kelo aci yek ya etong man, bi yen a nong pir e ye rot.
27. Ko aci yen yek ryel, bi loy lûk, ke yen é man e ran.
28. Dunko dyêr e kan, ké abi ben ghon, na koyc to e reng ic eben, abi ping kuoy e man e Dén-did.
29. Ko abi ben bey ka ci loy apuat etong jong e rot e pìr; ko ka ci loy arac, etong jong e rot e lûk.

Am Kirchweihfeste.
S. Lucas 19, 1—10.

III.

Dinkaisch-deutsch-italienisches

WÖRTERBUCH.

"Principium eruditionis est intelligentia vocabulorum."

Epict. ap. Arian. l. II, c. 17.

Abkürzungen:

s. = Singular; Pl. = Plural; Pr. = Präsens; P. = Perfekt; F. = Futur; V. (v.) = vide; gl. = gleich; B. = barisch; f. br. = forma più breve.

A.

A, 1) Formativ-Präfixe beim Verb im Pr. — formativa preflssa al presente [1]); 2) Zeichen des Particip im Pr. — segno del participio pr.; 3) statt (invece di) ye (e); 4) gekürzte Form für gha (ghén) — f. br. di gha. V. Gramm. §. 30.
Aba, gl. abi an, abi yin. V. Gramm. §. 48.
Abac, nur, ohne weiters — soltanto, senz' altro; z. B. an aci yen duy abac, ich habe ihn ohne weiters geprügelt — io l'ho battuto senz' altro.
Abák (abak), gl. abi uèk. V. Gramm. §. 48.
Abál, Pl. abal, Tänzerin, Buhlerin — saltante, puttana.
Abár (abahr), lang, länglich — lungo, bislungo; z. B. tòyn e tab abár, die Tabakpfeife ist lang.
Abatåu, Pl. abatóu, 1) Säbel — sciabla; 2) Säge — sega.
Abé (abe), gl. abi yen. V. Gramm. §. 48.
Abec (abeye), krank — ammalato; z. B. ran abec ghon, ein lange kranker Mann — a. da molto tempo. V. bec.
Abèl, dumm, thöricht — demente, pazzo. V. bèl.
Abel, Pl. abèl, Schiff — nave, barca.

---

[1]) Da in neuester Zeit die central-afrik. Mission fast nur von italienischen Mitgliedern besorgt wird, so füge ich hier zu ihrem bequemern Gebrauche auch die italienische Uebersetzung bei.

Abeltínakan, Pl. abèltiakan, Schifflein — barchetta, navicella.
Abeltíntet, Pl. abèltitet. V. abeltínakan.
Abet, gefrässig — ingordo; ran abet, Vielfrass — ghiottone.
Abi (bi), Formativ-Präfixe des F. V. Gramm. §. 43.
Abi (bi), Formative des Passivum. V. Gramm. §. 47.
Abik (abik), gl. abi kêk. V. Gramm. §. 48.
Abyèc, Pl. abyèc, Traube, Most, Wein — uva, mosto, vino. Vgl. Kaufmann a. a. O. p. 18.
Abyèc-ci-uòr, Essig — aceto. V. uòr.
Abyey, Pl. gl., 1) Stachel — pungolo; z. B. abyey e cièc, Bienenstachel — aguglione delle pecchie; 2) Fruchtkern — nocciuolo.
Abyek (abik), Pl. abik, Mehl — farina; z. B. abik agér, weisses Mehl — farina bianca.
Abyoc, unfruchtbar — sterile, infecondo.
Abyok (abuok), Pl. gl., Antiloppe mit langen Hörnern — gazzella dalle lunghe corna.
Abonjó, Pl. gl., Kürbis — zucca.
Abûg, gl. abi ghôg. V. Gramm. §. 48.
Abuy, spöttisch, lustig — satirico, gajo.
Abuk, Schimmel, Moder — muffa, putridume. B. abugí.
Abuoc, gl. abyoc. Cf. buoc.
Abuok, gl. abyok.
Aburó (aborá, aborrá), 1) Marktplatz — piazza del mercato; 2) Markt — mercato.
Abut, Pl. abút, grosser Kürbis — zucca grande.
Aca, gl. aci an, aci yin. V. Gramm. §. 48.
Acadir, Pl. gl., 1) Kugel — globo, palla; 2) rund — tondo.
Aca-fuol, genug — abbastanza. Cf. ajyon-fuol.
Acak, gl. aci uêk. V. Gramm. §. 48.
Acak, Schöpfer — creatore. V. cak.
Aci (ci), Formativ-Präfixe des P. aktiv. V. Gramm. §. 47.
Aci (acie), nicht — non, neppure. V. Gramm. §. 49.
Aci (ci), Formativ-Präfixe im Passivum. V. Gramm. §. 47.

Aci-dak (aci-dăk), müde, ermüdet — stanco, stracco. V. dak.
Aci-dikedik, schön — bello. V. dik (dig).
Aci-dyop, alt, dekrepid — vecchio, decrepito. V. dyop.
Acie, gl. aci.
Acie-ye, falsch — falso; wörtlich: nicht es — proprio: non egli.
Aci-ye, gl. acie-ye.
Aci-yen, gl. acie-ye.
Aci-yic, unwahr, falsch — non vero, falso.
Acik, gl. aci kèk. V. Gramm. §. 48.
Aci-kit, ungleich, unähnlich — ineguale, dissimile. V. kit.
Aci-laglag, schön — bello.
Aci-leu, P. akey'-leu, nicht im Stande sein — non esser capace. V. leu.
Aci-mât-ic, getrennt, in Unordnung — diviso, in disordine.
Aci-mât-ic, vereinigt, paarweise — riunito, a due a due.
Acin, nicht, nichts, ohne — non, niente, senza.
Acin-ey-kedo (kede), leer — vacuo. V. acin u. kedo.
Acin-ic-kede, gl. acin-ey-kedo.
Acin-kedé (acin-kedén), Frage oder Gruss der Dinka beim Begegnen und bedeutet: nichts neues? wörtlich: ohne Sache andere? — domanda o saluto frai Dinka, quando s'incontrano e significa: niente di nuovo? proprio: senz' altra cosa?
Aci-nom-bâr, barhaupt, kahl — senza berretta, calvo. V. nom u. bâr.
Acin-puóu, herzlos — spietato. V. puóu.
Acin-ran, niemand — nessuno. V. ran.
Acin-ran-tok, keiner — niuno. V. ran u. tok.
Acin-tok, nicht Einer — veruno.
Aci-ray, eben, geebnet — piano, appianato. V. ray.
Aci-rel, zerbrechlich — fragile. V. rèl.
Aci-roj, kastrirt (von Thieren) — castrato (delle bestie).
Acit, gleichwie — siccome. V. cit u. kit.
Acit-e-kan, ebensoviel — altrettanto.
Acit-ke, wie — come.

Aci-tóu, gestorben, ein Todter — morto. V. tóu.
Ací-tóu, unsterblich, stirbt nicht — immortale, non muore.
Ací-wton, ungleich, unähnlich — ineguale, dissimile.
Acyek, kurz — corto. V. cyek.
Acyek-ic, rund — tondo. V. cyek u. ic (yic).
Acyel, Pl. gl., Gazelle, ähnlich den abuok — gazzella simile all' abuok.
Acyú, Geheul, Gebrüll — mugghio, ruggito. V. cyú.
Acok, hungerig — affamato. V. cok.
Acòl, v. còl.
Acôm, Pl. acom, 1) Schnecke — mollusco, lumaca; 2) Schneckenhaus — guscio di chiocciola.
Acór, Pl. gl., Gebet — preghiera. V. côr.
Acuay, fett, korpulent — grasso, corpulento.
Acuec (acuèc), viel — molto.
Acuek, Pl. gl., Zwilling — gemello. V. cuek.
Acuèl, Pl. acuil, Falke, Geier — falcone, avvoltojo.
Acuèr, Pl. acuèr, Dieb, Räuber — ladro, assassino. V. cuèr.
Acûg, gl. aci ghôg. V. Gramm. §. 48.
Acûk, Pl. acuk, kleine schwarze Ameise — formica piccola e nera.
Acuol (acuòl) schmutzig, schwarz, Mohr — sporco, nero, negro. V. cuol.
Acuot, geglättet, geschliffen, fein, zierlich — lisciato, polito, fino, elegante.
Adag (adak), müde, schwach, faul — stanco, debole, fiacco. V. dak.
Adagrot (adakrot), langsam, faul, müssig — tardo, pigro, ozioso.
Adân, stumpf — ottuso. V. dan.
Adelgag, Pl. gl., Linse — lenticchia.
Ade-guop-luewd, Pl. gl., Lügner — bugiardo. V. guop u. luewd.
Adeng, Drüsengeschwür, z. B. bei Krokodilen — gavigno p. e. de' coccodrilli.
Adér, Pl. gl., Graben — fossa.

Adid (adid-ic), gross, weit, goräumig, erhaben, mächtig — grande, ampio, largo, magnifico, potente. V. did.
Adid-kóu, dick — corpulento. V. kóu.
Adid-nom, stolz, ehrgeizig — superbo, ambizioso. V. nom.
Adid-ûm, grossnasig — nasaccio. V. ûm.
Adik (adikekik), hübsch, schön, sehr schön — avvenente, bello, molto bello. V. dik.
Adil, gross, dick — grande, corpulento.
Adir, Pl. adîr, Gürtel — cintura, fascia.
Adyak, dreimal — tre volte. V. dyak.
Adyáo (adyau), Jammer, Geschrei — ragghio, ronzio, pianto. V. dyau. B. odió, odió.
Adyel, Pl. adyèl, die gefleckte Gazelle — gazzella macchiata.
Adoyc, Pl. gl., Fledermaus — pipistrollo.
Adòk, Pl. adok, Gummi, Pech, Wachs — gomma, bitume, pece, cera.
Adong-e-cièc, Bienenwachs — cera delle pecchie. V. adòk u. cièc.
Aduan (aduen), Pl. aduen, Bräutigam, der Getreue — sposo, il fedele.
Aduang, Pl. adueng, v. aduan.
Aduec, Pl. aduèc, Geliebte, Braut — amante femmina, sposa.
Adum, Pl. adòm, 1) Grotte, Grab — antro, tana, sepolcro; 2) Vorrathskammer — magazzino.
Aduok, Pl. gl., Kürbisschaale — corteccia di zucca.
Adûr, 1) nahe — vicino; 2) gern haben — amare; z. B. ghèn adûr kan, das gefällt mir — questo mi piace. V. duòr.
Agayn, Pl. ageyn, Nil-Eidechse — Varanus niloticus.
Agál, Pl. agol, Storch — cicogna.
Agarok, Pl. agarók, Flasche, Geschirr — bottiglia, vaso.
Agèr (agòr), Pl. gl., Kreuz — croce.
Ager (agér, aghér, agher), Pl. gl., 1) Blume — fiore; 2) Schönheit, Reinheit — bellezza, purità; 3) rein, weiss — puro, bianco.

Agér (aghér, agher) -nyen (ñen), rein, nett, weiss, klar — puro, netto, bianco, chiaro; z. B. piu agér-nyen, klares Wasser, wörtlich: mit „hellem Auge" — acqua limpida, prop. dall' occhio chiaro.
Agér (aghér, agher) -puóu (a. pyóu), keusch, rein — casto, puro. V. puóu.
Aghal, Husten — tosse.
Aghâr, Pl. aghôr, Loch, Riss, Oeffnung — buco, spaccatura, fessura.
Agher (aghér), v. ager.
Aghêt (ghêt), bis, nahe — fino, vicino.
Aghôc, feil, wohlfeil — vendibile, a buon prezzo. V. ghâc.
Aghòk, zornig — adirato. V. ghok.
Aghom, Pl. aghòm, Loch, Oeffnung — buco, fessura.
Aghuol, Pl. aghûl, Loch, Vertiefung, Riss — buco, affondatura, spaccatura.
Agòg, Pl. agog, Affe — scimia.
Agòr, Pl. gl., Ichneumon — herpestes Ichneumon.
Agor, Pl. gl., Fischangel, Hacken — amo, rampino.
Agor-e-nyin, Pl. agorke-nyin, Augenwimper — sopraciglio. V. nyen.
Agor-kóu, Pl. gl., Loch (im Kleide), — buco (nelle vesti).
Agòr-nom, Pl. agòr-nom (nim), Ufer, „Kopf des Landes" — ripa, „testa del terreno". V. nom.
Agòt, zornig, ergrimmt — adirato, rabbioso. Cf. akut u. gowt.
Agôt (agout), Pl. agot, kleine Hacke, Meissel, Angel — zappa, scarpello, amo.
Aguacac, Pl. aguacàc, Fruchtkern — nocciuolo con midolla.
Aguak, Pl. aguek, Frosch, Kröte — rana, rospo.
Agueguek (aguekuek), Pl. gl., 1) Wolf — lupo; 2) Raubthier — animal di rapina.
Aguèl, Dialekt, eig. in einer fremden Sprache reden — dialetto, prop. parlar in una lingua strana.
Aguel, Pl. gl., Farbe — colore; daher: cl-guel-róu, doppel-farbig — biscolore.

Aguel-wtit, roth, rothfarbig — rosso, di color rosso.
Aguem, posteriora.
Agum, geduldig — paziente. V. guom.
Agumut, Pl. agumût, Nachteule — gufo.
Aguop, ich selbst — io stesso. V. Gramm. §. 31.
Aguop-luewd, Lügner, Versteller — bugiardo, simulatore.
Aguot, Pl. agut, papyrus.
Agurbyok (agurbuèk), Pl. agurbyòk, Lauch, Zwiebel — aglio, cipolla.
Agut, Pl. gl., Ton — suono.
Agût, rund — rotondo.
Ai, 1) sie — essi, esse; diejenigen welche — coloro che; 2) damit sie (Pl.) — affinchè essi (esse). V. Gramm. §. 58.
Aiyey, Geschrei — grido.
Aiyêl, Pl. gl., Spreu — lopa, lolla.
Ayá, auch, ...mal — anche, ...volta (volte).
Ayá-dyak, dreimal — tre volte.
Ayal, Pl. gl., Schornstein — cammino.
Ayâm, Pl. gl., Rohr, Stengel — canna, gambo.
Ayá-róu, zweimal — due volte.
Ayá-ti, ein wenig — un poco. V. ayá u. ti.
Ayá-tok, einmal — una volta.
Ayen, vielleicht — forse.
Ayien, wach, ausgeruht — desto, riposato.
Ayier, Pl. gl., Kleie — crusca.
Ayin-ayen, Erzählung, eig.: du — er (Dialog) — racconto, prop.: tu — egli (dialogo).
Ay-yen (ay-yin, ayen), vielleicht — forse.
Ayò (ayó), wo? — dove?
Ayok, Schaum — schiuma, bolla.
Ayòk, Pl. ayok, Schwein (Wildschwein) — porco (cignale).
Ayoryot-a-gor, Schreibpapier — carta da scrivere. V. gôr.
Ayuol, Mais — granturco.
Ayur, Pl. gl., Bösewicht, Treuloser — malvagio, perfido.

Ajak, Pl. gl., Zecke — zecca.
Ajid, Pl. ajìd, Huhn, Henne — pollo, gallina.
Ajid-ci-dyèt, Pl. ajìd-ci-dyèt, Bruthenne — gallina covaticcia. V. dyet.
Ajyek, Pl. ajâk, Geist, Gespenst, Teufel — spirito, spettro, diavolo. B. ajok.
Ajyeng-e-Dén-did, Pl. ajâk-e-Dén-did, Engel, „Geister Gottes" — angelo, „spiriti di Dio."
Ajilim, Pl. gl., kleine Ente — anitra piccola.
Ajin-e-nom, Kopfbedeckung, Hut, Kappe — calotta, cappello, berretta.
Ajin (ajingin, agingin), Pl. gl., grosse schwarze Ameise, die andere Ameisen frist — formica nera e grande, che mangia altre formiche). B. cimcim.
Ajyon-fuol, genug — abbastanza.
Ajok, fremd, Fremder — strano; forestiere.
Ajonkor, Pl. gl., Pferd, Maulthier — cavallo, mulo.
Ajuek, Pl. gl., Muskel, Armknochen — muscolo, osso del braccio.
Ajuong, Plural ajong, Schmied — maniscalco.
Akâc, ruhig — chieto. V. kâc.
Akâkar, Pl. akâkâr, Spinne — aragna.
Akanguan, Pl. gl., Zimmermann, Schreiner — marangone, falegname.
Akarab, Pl. gl., Doleb-Palme — la palma Doleb.
Akec, scharf, bitter, sauer — acre, piccante, amaro.
Akey' (akeyc), Verneinungs-Präformative im P. — preformativa di negazione nel passato. V. Gramm. §. 49.
Akeyc-báe (akeyc-bay), draussen, nicht im Hause — fuori, non in casa.
Aken (statt akeyc, akey'), q. v.
Akenbay (akeynbay), hinaus, reisend — fuora, pellegrino.
Akeu, Pl. akèt, Gränze, Marke — confine, termine.
Akit, gleich, wie — eguale, come. V. kit u. cit.
Akit-e-kan, gleichviel — altrettanto. V. acit.

Akyet, Pl. gl., Vergleichung — paragone. V. kit.
Akyú, Gebrüll — rugghio. V. acyú.
Akó (akô), wo? (im Pl.) — dove? (nel plurale).
Akoan (akoang), das Schwimmen — il nuoto. V. koang.
Akob, Pl. gl., Brodteig — pane preparato per cuocere. Cf. arab. chops.
Akòi, Pl. gl., Blatter — vajuolo.
Akoy, Pl. akay, eine Gänseart mittlerer Grösse, brauner Farbe, mit zähem Fleisch — oca di grandezza mezzana, color bruno, con carne tigliosa.
Akoy'-rot (akoye-rot), melancholisch, schwermüthig — malincolico, mesto.
Akoj, zart, lind, flüssig — tenero, molle, liquido.
Akok, Pl. akuòk, Korb — cesta.
Akòl, 1) stolz — superbo; z. B. ran akòl, ein stolzer Mann — uomo altero; 2) Stolz — superbia.
Akol, Pl. akòl, 1) Tag — giorno; 2) Mittag — mezzodì; 3) Sonne — sole; 4) Zeit — tempo; 5) ... mal — ... volte.
Akol-aci-did, Vormittag, die „Sonne (noch) nicht gross" — l'avanti pranzo, propr.: il sole non è grande.
Akol-bi-ben, Zukunft, eig.: „Zeit wird kommen" — l'avvenire, propr.: il tempo verrà.
Akoldé (akol-dé), ein anderes Mal; wieder — un' altra volta; da capo. V. dé.
Akolké, 1) jetzt, „dieser Tage" — adesso, in questi giorni; 2) damals — allora.
Akolik (akolikakan), Augenblick, kurze Zeit — momento, breve tempo. V. alik
Akol-men, manchmal — qualche volta.
Akolô (akolón), 1) wann? — quando? 2) damals — allora.
Akol-puat, günstige Zeit — tempo favorevole. V. puat.
Akol-tuèng, gestern, „Tags vorher" — jeri, „il giorno prima". V. tuèng.
Akol-tuèng-uêr, vorgestern — altrijeri. V. tuèng u. uêr.

Akòm, Pl. akuòm, Stöpsel, Pfropf — turacciolo.
Akôn, Pl. akòn, Elephant — elefante.
Akònkòn, P. aci-akònkòn, jucken — pizzicare.
Akòr, klein, jung, wenig — piccolo, giovine, poco; z. B. ran akòr, Männlein — ometto.
Akòr-ic, eng, klein — stretto, piccolo.
Akòr-ya, beiläufig, gegen, um — incirca, verso.
Akoryec (akorièc, akuriec), täglich; immer, ewig — ogni giorno, sempre, sempiterno.
Akoryec-eben, jedesmal — qualunque volta.
Akòt, Pl. gl., eine gearbeitete Rindshaut — pelle conciata.
Akot, Magenwind, Rülpser — coreggia, flato.
Akuayn (akuañ), Abführmittel — purga.
Akuekueg, Pl. gl., Wolf — lupo. V. agueguek.
Akuem, Pl. akuèm, Bohne — fava.
Akuén, 1) Puls — polso; 2) Pulsiren — il polsare.
Akum, Pl. akùm, Deckel — coperchio. V. akòm.
Akundén, Pl. gl., Purpurmotte — phalaena geometra muricata.
Aku-ngak, Pl. gl., upupa epops.
Akuoy, Geschrei — grido. V. kuoy.
Akuot-ic, Pl. gl., Falte, eig. eingebogen — piega, piegato. V. kuot.
Akuriec, v. akoryec.
Akut (akût), heftig, stark, kräftig — impetuoso, robusto, forte. V. kuot.
Akút (akût), Pl. gl., 1) Bündel — fagotto; 2) Gefäss — vaso; 3) Hügel — collina. V. kuot.
Alacit (alacok), gerade, ehrlich, aufrichtig — dritto, onesto, sincero. B. heisst alacok 1) mager — magro; 2) aufrecht — diritto.
Alâd, Pl. aled, 1) Baumwolle — bambagia; 2) Baumwollenzeug — roba di bambagia. V. Kaufmann a. a. O. p. 17.
Alâd-abel, Pl. aled-abel, Segel — vela.
Alagó-kuac, getigert — tigrato. V. kuac.

Alayeng, Harz einer Sykomore, Namens kuèl — gomma d'un sicomoro detto k.

Alakir, durchsichtig, klar — limpido, chiaro.

Alakit, v. alacit.

Alàl, Pl. gl., Papagei — pappagallo. Cf. luel.

Alàn-a-rèc, Pl. aled-a-rèc, Fischernetz — rete da pescare. V. alád u. rèc.

Alàn-ci-guel, Pl. aled-ci-guel, Fahne, Flagge, eig. gefärbte Baumwolle — bandiera, „bambagio colorato". V. guel.

Aláo (alau), zart, flüssig — tenero; limpido.

Alauon (alauen), unaufhörlich, längst, niemals — continuamente, molto tempo fà, mai.

Alaururur (alarurur), Pl. gl., Nebel — nebbia. B. luru.

Alé, nach, darnach, später — dopo, poi, più tardi; z. B. an abi ben alé, ich werde später kommen — io verrò più tardi.

Alèc, Pl. alec, Urinblase — vescica.

Aledi, nimmer, ewig nicht — mai, non mai.

Aley, Pl. aléy, Schüssel — piatto.

Alé-yak, Saatzeit — stagione durante la semina.

Alé-ker, Pl. gl., Frühling, kurz vor der Regenzeit — primavera, stagione poco prima delle pioggie.

Alel, Pl. alèl, Berg, Gebirg — monte, montagna.

Alelengleng (alelelong), blond, gelb, glänzend — biondo, giallo, lucente.

Alelolòr, eben, Ebene — piano, pianura; z. B. piñ é alelolòr, das Terrain ist eben — il terreno è piano.

Aleluon, Pl. gl., Schleuder — fromba.

Alé-moy, Pl. gl., Winter, trockene Jahreszeit — inverno; stagione secca.

Alé-ruel, Pl. gl., Sommer, Regenzeit — state, stagione delle pioggie.

Alé-rut, Pl. gl., Herbst — autunno.

Alé-tey (alé-wtei), Abend, nach der Dämmerung — sera, dopo il crepuscolo.

Alé-tèn (alé-wtèn), v. alé-tey.
Alêti (alêwti), zitternd, gichtkrank — tremolante, artritico.
Aleu, Pl. aléu, kleine schmutzige Eidechse — lucerta piccola e sporca.
Alij (alig), Pl. alìj (alig), Fledermaus — pipistrello.
Alik (alik), Theil, wenig — parte, poco; z. B. kuyn é alik, wenig Brod ist da — il pane è poco.
Alik-ya (alik-ya), gleichsam, noch ein wenig — quasi, un poco ancora.
Alir (alir), 1) Fieber, Frost, Kälte — febbre, gelo, freddo; 2) Gelassenheit, Sanftmuth, Geduld — placidezza, mansuetudine, pazienza.
Aliu, nichts, nichts da — niente, non c'è.
Alyac, schwanger — gravida, incinta.
Alyac, Pl. alyacki, Geburt, Fötus — parto, feto.
Alyeb, Aussprache — pronunzia. V. lyeb (lyep).
Alyck, Kehlkopf — gola, fauci.
Alyeng, Phönix — fenice.
Alyer, Pl. gl., kalter Wind — vento freddo. V. alir.
Alyóe (alyoy), dehnbar, biegsam — arrendevole, pieghevole.
Aloák, Pl. aloék, Diener, Knecht — servo, fante. V. loak.
Aloghon, v. alauon.
Aloy (aluoy), Pl. gl., Arbeit — lavoro. V. loy (luoy).
Alôj, Pl. gl., schriller Pfiff — zufolo. V. lòj.
Alòm, neben, an der Seite — accanto, presso. V. lôm.
Alon, Pl. gl., Topf, Flasche — pentola, bottiglia; z. B. alon awtyan, die Flasche ist voll — la bottiglia è piena.
Alonde, von Natur aus — di natura.
Alook, Echo — eco; z. B. alook a to tin, da ist ein Echo — vi è l'eco.
Alor-ic, 1) westlich — di ponente; 2) Westwind — zeffiro.
Alotiom, ungleich, uneben — ineguale (parlando di terreno).
Alòu, Pfiff — zufolo. V. alój.

Aluák, Pl. aluék, Knecht, Diener, Sklave — fante, servo, schiavo. V. luak.
Alueklek (aluekluek), 1) Erdbeben — tremuoto; 2) Meereswogen — cavalloni del mare.
Alueluet, Pl. gl., Bachstelze — coditremola.
Aluewd, Pl. gl., 1) Lüge — bugía; 2) Lügner — bugiardo.
Aluluy, Pl. gl., eine Art kleiner Enten — specie di anitre piccole.
Aluoy, v. aloy.
Aluok, reif — maturo; z. B. tâu aluok, die Frucht ist reif — il frutto è maturo.
Aluòt, oft — spesso; z. B. an a bo aluòt, ich komme oft — io vengo spesso.
Aluot-uer, Pl. gl., Motte, Schnacke — tarma, zanzara.
Alupap, Pl. gl., grosses Blatt — foglio grande.
Amàl (amâhl), Pl. amél, (amêhl), Schaf — pecora.
Amalén, Mutters Schwester — zia (sorella della madre).
Amán, Pl. gl., 1) Hasser, Feind — osore, nemico; 2) Hass, Feindschaft — odio, nimicizia.
Amèc (amec), ferne, entfernt — lontano, distante.
Amèc-alôm, weit entfernt — molto distante.
Amec-ic, tief, weit darin — basso, profondo; z. B. yèwd amec-ic, der Brunnen ist tief — il pozzo è profondo.
Amet, Pl. gl., Wanze — cimice.
Amìd (amyed), Pl. amìd, 1) süss — dolce; 2) Süssigkeit — dolcezza.
Amim, schweigsam, still, stumm — taciturno, zitto, muto. V. mim.
Amyed-puóu, zufrieden, froh, selig, „süssen Herzens" — contento, ilare, beato, „di cuor dolce". V. puóu.
Amyol, wahnsinnig, blöd — demente pazzo.
Amòd, spitzig — acuto.
Amòd-nom, spitzköpfig — di testa aguzza.
Amòd-wtok, spitzmaulig — di bocca aguzza.
Amòg, Pl. amog, nates.

Amòm, Pl. gl., Gazelle — gazzella.
Amot, Pl. gl., Schaum, Wasserblase — spiuma, bolla; z. B. piu a loy amot, das Wasser macht Blasen — l'acqua fa bolle.
Amuk, Pl. gl., gemeine (aschgraue) Gazelle — gazzella cinerea.
Amùk, Tröster — consolatore. V. muok.
Amuol, v. amyol.
Amuor (amor), Pl. amór, Sperling — passero.
An, Pl. ghòg, ich — io. Cf. semit. ani, ana; B. nan, chines. ngo.
An (àn), das heisst, nämlich — vuol dire, cioè.
A-ngàd, Käse, Rahm — cacio, crema. V. nyad.
A-ngang-did, grosse Katze — gatto grande.
A-ngào (a-ngau), Pl. a-ngòt, Katze — gatto.
A-ngau-ror, Pl. a-ngòt-ror, Luchs, „Waldkatze" — lince, „gatto selvatico." V. ror.
A-nyed, Asche — cenere.
A-ngeyn, tapfer, muthig, einsichtsvoll — coraggioso, valoroso, savio.
A-ngyej, Pl. gl., rothe Ameise — formica rossa (che mangia sementi).
A-ngyer, Pl. a-ngyir, Moschusdrüse beim Krokodil — ghiandola di muschio del coccodrillo.
A-ngyòr, Pl. a-ngir, Geruch — odore.
A-ngyòr-mid, duftend, wohlriechend — odoroso.
A-ngyòr-puat, 1) wohlriechend — odoroso; 2) Wohlgeruch — odor buono.
A-ngyòr-rac, 1) stinkend — putente; 2) Gestank — puzzo.
A-ngog (a-ngok), Pl. a-ngòk (a-nguok), Schulter — omero.
A-ngòk, grün, blau — verde, azurro. V. ngòk.
A-ngol, krumm, lahm — bistorto, contratto.
A-ngon (a-ngong), 1) arm — povero; 2) Bettler — mendico.
   B. gnognolija = etwas betteln — mendicare.
A-ngòn, Pl. gl., Luchs — lince, V. a-ngau-ror.
A-ngot, noch, zeitlich — ancora, di tempo.

A-ngot-e-nom, Gedächtniss, eig. „noch im Kopfe" — memoria, „ancor in testa". V. nom.
A-ngot-yémanic, bis jetzt — finora.
A-nguan (a-nguen), besser — meglio, migliore; z. B. rané a-nguan, dieser Mann ist besser — quest' uomo è migliore.
A-nguy, Pl. a-nguót, Hyäne — jena.
A-nguot, v. a-ngot.
Anín, Schlaf — sonno.
Anyèc, v. A-ngyej.
Anyen, Pl. anin, Fledermaus — pipistrello.
Anoáe (anoay), Teig — pasta.
Anol, mager — magro.
Anom-tuèng, gegenüber — dirimpetto.
Anon-kòl, stolz, ehrgeizig — superbo, ambizioso.
Apár, Pl. apér, Matte — stuoja.
Apampam, Plätschern im Wasser — lo sguazzare nell' acqua. V. pam.
Apec, ich selbst — io stesso. V. Gramm. §. 31.
Apeyn (apeñ), Pl. gl., Sandwurm — verme d' arena.
Apèl, verschlagen, listig — astuto, scaltro.
Apen-e-nom, Pl. apet-e-nom, Hirnschaale — cranio. V. apet.
Apet, Pl. gl., Scherbe — coccio, rottame.
Apyat (gewöhnlicher: apuat), gut, schön, recht — bene, buono, bello, bravo.
Apyat-ic, schön — bello.
Apyog (apyoj), Pl. apyóg (apyôj), Welle, Woge — onda; apyòg e uar, apyòg de kir, Flusswellen — le onde del fiume.
Apyòg-loy, neu, eig. neue Wellen machend — nuovo, prop. che fà nuove onde.
Apoyc (apuoyc), neu — nuovo, recente. V. poyc u. apyog.
Apuat, v. apyat.
Apuol (apyol), leicht — facile, lieve; z. B. loy-de apuol, seine Arbeit ist leicht — il suo lavoro è facile. V. puol.
Apuor, eine Gazellenart — una specie di gazzelle. V. Kaufmann a. a. O. p. 39.

Arac, schlecht, böse — vile, basso, cattivo. V. rac.
Arac-nyen (arac-nyin), trüb, eig. bösäugig — torbido, prop. con occhio cattivo.
Arêd, sehr — molto, assai; z. B. apuat arêd, sehr gut — assai bene.
Arek, Pl. gl., Kranz, Krone — corona.
Arèl (arĭl), fest, stark; hart, dürr, verdorrt — forte, robusto; duro, arido.
Arêr, Pl. gl., Molch, Salamander — salamandra.
Arcróu, Pl. areròu, zuckerfressende Ameise — formica, che mangia ciò ch' è dolce.
Aréu, Pl. aréwd, (kleine) Schildkröte — testudine; z. B. aréu apuat e cam, die (kleine) Schildkröte ist gut zu essen — la t. è buona da mangiare.
Arĭk, Pl. aryek, Eidechse — lucerta.
Arĭl, v. arèl, ryel u. rĭl.
Arĭl-puóu, hartneckig, hartherzig — ostinato, spietato. V. puóu.
Aryalbòk, Pl. gl., Kronen-Kranich — ardea regia.
Aryoc, Furcht, Schrecken — paura, spavento. V. ryoc.
Aryok, Pl. aryòk, Kruste — crosta.
Aryop, Pl. gl., Geschenk, Lohn — regalo, stipendio.
Aròb, Mistasche — cenere dello sterco bovino. Getrockneter Rindermist wird verbrannt und die Hirten legen sich in diese Asche.
Aròl, unfruchtbar — infecondo.
Arŏl, Luftröhre — gola.
Aròl-did, Kropf, „grosse Luftröhre" — gozzo, „gola grande".
Aròm, das Wiehern — barrito. V. ròm.
Arúo (arò), Durst — sete.
Aróu, zweimal — due volte. V. róu.
Aruel, Sonne, Sonnenlicht — sole, luce del sole. V. ruel.
Arunjok, der weisse Ibis — ibis bianco.
Aruop, Pl. gl., Insekt, Käfer, Korn- (Durah-) Käfer — insetto scarafaggio, spec. che mangia il durah.

Aruor, Pl. arur, 1) Schilfrohr — canna; 2) Blasrohr, Flöte — calamo, flauto.
Atak, Pl. atăk, Buckel, Höcker — gobba.
Atak, 1) nachdenkend — pensoso; 2) Gedanke — pensiero, ragione. V. tak.
Ateb, Pl. gl., Schlauch — otre; ateb-e-piu, Wasserschläuche — otri da acqua.
Ateyn, Pl. atayn, Korb, Deckel — coffa, coperchio.
Atek, das Fasten — il digiunare. V. tek.
Atèm, Pl. gl., Irrlicht — fuoco fatuo.
Atem (atèm), Muass, Wage — misura, bilancia.
Ate-piñ, unter, untere — sotto, inferiore. V. te u. piñ.
Atèr, 1) nie, niemehr — mai, non mai più; 2) ewig — eternamente.
Atetag, Pl. atetăg, Distel — cardo.
Atic, erscheinend, öffentlich — apparente, pubblicamente.
Atigtig, v. adikedik.
Atìm, 1) niesen — starnutare; 2) das Niesen — starnuto.
Atin (awtin), Pl. atìn (awtìn), 1) Eingang — entrata; 2) Matte (die als Thür dient) — stuoja, che serve da porta.
Atin-e-cièc, Honigwabe — favo.
Atip, schattig — ombroso. V. tyep.
Atit (awtit), roth, fleischfarbig, roh — rosso, incarnatino, crudo.
Atyagtyag, Pl. gl., Welle, Woge — onda, cavallone.
Atyan (awtyan), voll, angefüllt — colmo, pieno. V. wtyan.
Atyân, verborgen, heimlich — nascosto, occultamente. V. tyân.
Atyap, Pl. atyep, Glut, Kohle — brace, carbone, tizzone.
Atyek (awtyek), schwer — pesante, difficile.
Atyep, Schatten — ombra.
Atyok (awtyok), nahe, bei, angränzend — vicino, appresso, contermine.
Atyok- (awtyok-) e-tóu, sterbend, „dem Tode nahe" — moribondo, „vicino alla morte".
Atyong (awtyong), P. aci-atyong, anfüllen, stopfen — empire, riempire. V. atyan.

Atyop, sumpfig, feucht, nass, kothig — paludoso, umido, bagnato, fangoso; z. B. buòng-dia atyop, mein Kleid ist nass — la mia veste è bagnata.
A-to, P. aci-to, sein, existiren — essere, esistere.
Atoay, Trebern — gusci dell' orzo.
Atoan-e-cièo, Bienenwachs — cera di api già pressa.
Atoat, Pl. gl., Tropfen — goccia.
Atoc (atoyc), grün, unreif — verde, non maturo.
Atoyn (awtoyn), hoch, konvex — alto, convesso.
Atoyn-ic (awtoyn-ic), v. atoyn.
Atoynguenic, der kleine Vogel, der den Strick zum Himmel abgebissen hat — nome dell' uccellino, che morse via la fune pendente dal cielo. V. Kaufmann a. a. O. p. 125.
Atok, 1) einmal — una volta; 2) ich allein — io solo. V. Gramm· §. 31.
Aton (awton), gleich, ähnlich — eguale, simile.
Ator-bey, Fehlgeburt — aborto.
A-to-tin (a-to-wtin), existiren, da sein — esistere.
Atuc (atuyc) 1) heiss — caldo; 2) Hitze — calore.
Atuyn, P. aci-atuyn, zwicken — pizzicare.
Atuòl, 1) Staub, Pulver — polvere, p. d'armi da fuoco; 2) Sturm — tempesta.
Atuor, Schleim, Rotz — muco, catarro.
Atuot, Pl. gl., die grösste Gans mit rothem Helm, oft 14 Pf. schwer — l'oca più grande con l'elmo rosso, pesante non di rado 14 libbre.
Atût, tief, konkav — profondo, concavo. V. tùt.
Atût-ic, v. atût.
Auac, bitter, sauer — amaro, acido.
Auay (auáe), Salz — sale.
Auán, Pl. auên, Fuchs — volpe.
Auanya (auaña, auwaña), 1) aussätzig — cancheroso; 2) Aussatz — canchero.
Auauau (auawau), schwarze Ibis — ibis nero.

Auéc, Pl. auec, Rohrhuhn — folaga.
Auòc, Pl. gl., Besen, Bürste — spazzola, scopa. V. uec.
Auèd (auid), Schleuder — fionda. V. yed (yad).
Auèd-mâu, P. aci-mâu-auèd, sich berauschen — ubbriaccarsi. V. mâu u. yed.
Auéi, Name des Bahr-ez-Zerafa — nome del fiume delle girafe.
Auéy, Pl. gl., Athem, Geist — fiato, spirito. V. uéy.
Aueloj, Pl. gl., Schwalbe — rondine.
Auen, darauf, dann — poi, allora.
Auèn, Pl. auán, Pilz — fungo.
Auer, mehr, mehr als — più, più che.
Auèr, Pl. auér, Fenster — finestra.
Auét (auéd), Pl. auêt, Reiher — agghirono.
Auyey, Pl. gl., Faden — filo.
Auók, v. aghôk.
Auol, v. aghuol.
Auóu, Hirse — miglio.
Aùt, Pl. auût, Knecht, Diener — servo, fante.
Awnyayn, 1) stinkend — putente; 2) Gestank — puzzo.
Awtyan, v. atyan.
Awtyek, v. atyek.
Awtin, v. atin.
Awtit, v. atit.
Awtyon, v. atyon.
Awtoy, fein, klug, zierlich — fino, tenero, elegante.
Awtoyn, v. atoyn.
Awton, v. ton.

B.

Ba, damit ich, damit du — chè io, tu; kontr. aus abi an, abi yin. V. Gramm. §. 48.
Ba, sei du — sii tu. V. Gramm. §. 52, 1.
Bab, P. aci-bab, legen, hineinstecken — mettere, inserire. V. bâd.

Bab-wtok, P. aci-bab-wtok, atzen, „in den Mund stecken" — alimentare, „metter in bocca".
Bac, Pl. gl., Stockfisch (getrockneter Fisch) — baccalà (pesce seccato).
Bâd, P. aci-bâd, legen, stellen — porre, mettere.
Badó (badotêr), nach, nachher, später — dopo, poi, più tardi.
Bâd-wtok, P. aci-bâd-wtok, ernähren, „in den Mund legen" — alimentare, „metter in bocca". V. bab-wtok.
Bay (báe, in den nördl. Gegenden: bahe), P. aci-bay (báe, bahe), hertragen, bringen — portar qui, recare.
Bay, Pl. bey, Gehöfte, Dorf, Gemeinde — podere, villaggio, comune. Stat. constr. bay oder ban (pan). Cf. pan.
Bay-did, Pl. bey-did, Stadt, „grosses Dorf" — città, „gran villaggio".
Bay-ic, Pl. bey-ic, Hofraum, das Innere des Gehöftes — cortile, l'interno della tenuta.
Bayn, P. aci-bayn, herrschen, regieren — signoreggiare, regnare.
Bayn, Herrschaft — signoria, dominio.
Bak, kommet — venite. V. Gramm. §. 52, 1.
Bak, seid — siate. V. Gramm. §. 52, 1.
Bák (bak), damit ihr — chè voi; kontr. aus bi u. uék. V. Gramm. §. 48.
Bâk, P. aci-bâk, tagen, licht werden — aggiornare, z. B. piü a bâk, es tagt — spunta il giorno. V. piñ.
Bañ, P. aci-bañ, theilen, zertheilen — dividere, bispartire.
Banyó, Pl. gl., Kürbis — zucca.
Bar, Imperativ S. von bo, kommen — venire. V. Gramm. §. 52, 1.
Bar, P. aci-bêr, 1) verlängern — prolungare; 2) andauern — perdurare; 3) vorwärts gehen — andar avanti.
Bâr (ci-bâr, 1) genau das deutsche „bar" in barhaupt, barfuss — appunto il tedesco „bar" in barhaupt — sberrettato, barfuss — scalzo; 2) elternlos — orfano; 3) mannlos (Wittwe) — vedova.

Bår (abàr, abahr), lang — lungo.
Bar-cok, P. aci-cok-bêr, prahlen, gross thun, eig. die Füsse verlängern, sich strecken — vantarsi, grandeggiare, prop. prolungar i piedi, distendersi. Bei der Sonnenhitze sagt der Dinka: akol aci-cok-bêr, die Sonne hat ihre Füsse verlängert — quando irradia il sole, dicono i Dinka: il sole ha prolungato i suoi piedi.
Bar-ic, Pl. gl., See — lago. Cf. arab. bahr.
Bat, P. aci-bat, essen — mangiare. V. bâd-wtok.
Be (bé), damit er (sie, es) — affinchè egli (ella); kontr. aus: bi yen. V. Gramm. §. 48.
Bec (beyc), P. aci-bec, krank sein — esser ammalato.
Bed, P. aci-bed, 1) spötteln, verspotten — beffare, schernire; 2) Unrecht thun — far torto; 3) zerfleischen — sbranare.
Bèd (bêt), acht — otto.
Beg, P. aci-beg, heilen — guarire, sanare. B. biajo.
Bei (im Norden; behi), v. bay (báe, bahi).
Bey (beyc), draussen — foris; hinaus, heraus, hervor — foras.
Bey, weg — via.
Beyc, v. bec.
Beyn (beñ), Pl. bayn, Herr, Gebieter — signore, padrone.
Beyn-a-luel-yic, Pl. bayn-a-luel-yic, Richter, eig. Herr, der Wahrheit (Recht) spricht — giudice, prop. signore, che dice la verità.
Beyn-did, Pl. bayn-did, Fürst, Häuptling, „grosser Herr" — principe, „gran signore".
Beyn-e-uâl, Pl. bayn-e-uâl, Arzt — medico. V. uâl.
Bel, Pl. gl., 1) Stengel — stelo; 2) Zuckerrohr (von der Durah) — canna da zucchero (del durah).
Bèl, P. aci-bèl, närrisch werden — divenir pazzo. V. abèl.
Ben — F. (zuweilen auch P.) von bo, kommen — venire. V. Gramm. §. 52, 1. Cf. lat. ven-ire.
Beng, P. aci-bêng, schütteln, erschüttern — scuotere, conquas-

sare; z. B. an aci tim bêng, ich habe den Baum geschüttelt — io conquassai l' albero.
Beng-nom, P. aci-nom-bêng, den Kopf schütteln — crollar il capo.
Ber, P. aci-bêr, wiederholen, die Rede fortsetzen, antworten — ripetere; proseguir il discorso; rispondere. V. bar.
Bêr, Westen, Untergang — ponente, occidente.
Ber-luel, P. aci-bêr-luel, wiederholen, fortfahren zu reden — ripetere, proseguir il discorso.
Bêr-uâl, P. aci-uâl-bêr, wiederkäuen — ruminare. V. uâl.
Bêt, v. bêd.
Bet-koj, P. aci-koj-bet, gefressiger sein als alle anderen — esser ingordo sopra ogni altro.
Bi, 1) für abi (v. Gramm. §. 48), 2) als Conjunktion: um, um zu, damit — chè, affinchè.
Bi, 1) für abi; 2) Formative des Passiv. im Pr. u. F. V. Gramm. §. 51. Cf. latein. fio.
Bik, kontr. aus bi-kêk. V. Gramm. §. 48.
Bil, P. aci-bil, lecken, belecken — leccare, lambire.
Bil-lung, P. aci-lung-bil, schwören, eig. den Armring (lung) belecken. Dasselbe bedeutet: bil-tong, die Lanze (tong) belecken — giurare, prop. lambire il braccioletto. Lo stesso significa: bil-tong = lambir la lancia.
Bim, Pl. byem, kleines Mädchen zwischen 2—10 Jahren — bimba tra 2—10 anni.
Biñ, Pl. biñ, Becher, Schale, Löffel — bicchiere, tazza, cucchiajo; z. B. biñ-e-piu, ein Glas (Kürbisschale) Wasser — auch Wasserglas — bicchier d'acqua o b. da acqua.
Bir, P. aci-bir, stechen, verwunden — pungere, ferire.
Birid, Pl. gl., Nadel — ago. V. bir.
Biróo (biróu), ein Paar — pajo. V. róu.
Bit, P. aci-byet, schweigen, verschweigen — tacere, supprimere; z. B. bit-yic, die Wahrheit verschweigen — celar la verità.
Bit, Pl. bit, Eisenspitze, bes. der eiserne Fischerstachel — punta di ferro, spec. per la pesca.

Byoc, Pl. byuc, Ochs — bue; ran-a-byoc (byuc), Ochsenhirt, „Öchsler" — boaro.
Byog, bis, gegen — sino, verso; an a lo byog uir, ich gehe bis zum Flusse (gegen den Fl.) — io vado sino al fiume (verso il f.).
Byok, die Hälfte — metà; z. B. yeka byok, gib mir die Hälfte — dammi la metà.
Byók, P. aci-byòk, werfen, schleudern — scagliare, slanciare; z. B. ghén aci dót byòk, ich habe Steine geschleudert — io scagliai sassi.
Byok (byòg), Pl. gl., Haut, Fell, bes. zum Daraufliegen — cuojo, pelle, spec. per dormirvi.
Byòk-dang (dañ), P. aci-dang (dañ) -byòk, mit den Händen klatschen, lärmen, eig. an den Bogen (dang, dañ) schlagen — batter le mani, far chiasso, prop. scuoter l' arco.
Byòk-de, von der Seite — di fianco.
Byok-ryam, P. aci-ryam-byòk, bluten — insanguinare. V. ryam.
Byol, Pl. byôl, Hase — lepre. V. buol.
Byôn (bòn, bon), Pl. byon, 1) Rachat (Schamschürze) — rachat (grembiale alle vergogne); 2) mit dem Almosen unzufrieden sein — esser malcontento della limosina.
Byóng (buông), Pl. byong (buong), Kleid, Fell — veste, pelle; acín-buông, nackt, „ohne Kleid" — ignudo, „senza veste".
Byóng-cî-guel, Pl. byong-cì-guel, Fahne, Flagge — bandiera variata. Cf. alân-ci-guel.
Byòngtínakan, Pl. byongtiakan, Streifen, Band — striscia, benda.
Byóng-wtit, rothes Kleid (Fähnlein) — veste (bandiera) rossa.
Byot (buot), P. aci-byot (buot), begleiten, folgen, nachfolgen — accompagnare, seguire.
Byóu, v. bóu.
Bo, P. aci-bo (aci-ben), im F. abi-ben, kommen, eintreten — venire, entrare. V. Gramm. §. 52, 1.
Boaróu, zweihundert — ducento.

Bòb, P. aci-bòb, brüten (meist mit yic konstr.) = bôb-yic, P. aci-bôbic (bûbic) — covare.
Bo-bey, P. aci-bo-bey (aci-bon-bey), abstammen, herkommen, hervorkommen — discendere, derivare, uscire.
Bòg, P. aci-bog, werfen, schleudern, steinigen — gettare, slanciare, lapidare.
Bòg. Wurf — gittata, tiro.
Bôg, Pl. bog (bok), ungegärbte Haut, Fell, Leder — pelle non conciata, cuojo. V. byòk (byòg).
Bôk (bôg), P. aci-bòk, hüten — custodire; ran-a-bôk, Hirt — pastore.
Bon (bòn), v. byôn.
Bòn-did (bun-did), Daumen — pollice.
Bo-piñ, P. aci-ben-piñ, herabkommen, herabsteigen — calar basso, discendere.
Bòt, P. von buòt.
Bóu, P. aci-bòu, bellen, brüllen — latrare, ruggire. Cf. βοάω u. Benfey's Gr. Wurz. Lex. II, 60.
Bouot (buôt), hundert — cento.
Bouot-nguan, vierhundert — quattrocento.
Bud, P. aci-bûd, ausbessern — riparare, z. B. einen Strohkorb — un cestello di paglia.
Bûg, dass wir — chè noi, kontr. aus: bi ghòg. V. Gramm. §. 48.
Buy, P. aci-buy, verspotten, auslachen — beffare, deridere.
Buk, P. aci-buk, modern, schimmeln — infracidire, muffare.
Bul, Pl. gl., Krug, Gefäss — bardacca, gula. Cf. lat. ampulla.
Bulbul, Pl. gl., Pilz, Schwamm, — fungo, spugna.
Bum, P. aci-bum, knallen — sparare.
Bun, v. bum.
Bun-did, Pl. buon-did, Daumen — pollice. V. bòn-did u. but.
Buob, P. aci-buob, zusammenfügen, versammeln — unire, raccorre.
Buob-tin (b.-wtin), P. aci-buob-tin, ein verrenktes Glied wieder einrichten, heilen — rimetter un osso slogato, guarire.

Buoc, Pl. gl., 1) Ochs — bove; 2) Eunuch — castrato; 3) unfruchtbar — sterile. V. byoc.
Buog (buok), v. byok.
Buol, v. byol.
Buông, v. byông.
Buor, P. aci-buor (bûr), 1) überschwemmt, sumpfig sein — esser inondato, paludoso; z. B. piñ aci buor, das Land ist überschwemmt (sumpfig) — il terrono ò inondato (paludoso); ran-ci-bûr, Wassersüchtiger — idropico; 2) spähen — spiare.
Buor-tok, tausend — mille.
Buòt, P. aci-bòt, übrig bleiben — avanzare; z. B. kuyn aci bòt, Brod ist übrig geblieben — il pane avanzò.
Buot, P. aci-buot, begleiten, folgen, nachfolgen — accompagnare, seguire. V. byot.
Bubt, P. aci-but, verkleistern, verstreichen, bauen (bes. von Ameisen) — impiastricciare, fabbricare (spec. delle formiche); z. B. ghên aci ghut but, ich habe das Haus verstrichen — io impiastricciai la casa.
Buôt, hundert — cento. V. bouot.
Bur, P. aci-bur, fischen — pescare; ran-a-bur, Fischer — pescatore.
Bur (buro), Markt, Marktplatz — mercato, piazza del m. V. aburó.
Bùr, v. buor.
But, P. aci-bût, anschwellen — gonflare; ran-ci-bût, Wassersüchtiger — idropico
But, Pl. buot, Gesträuch — cespugli.
But, P. aci-but, nachstellen, auflauern — insidiare, spiare; ran-a-but, Verräther, Feind — traditore, nemico.
Bùt, Pl. gl., Geschwulst — gonfiamento. V. but.

C.

Ca, kontr. aus: aci an. V. Gramm. §. 48.
Câ, Milch — latte.
Cak (cák), kontr. aus: aci-uêk; z. B. cak ping? habt ihr gehört?
— avete voi sentito? V. Gramm. §. 48.
Cak, P. aci-cak (câk), schaffen, erschaffen — produrre, creare;
z. B. Dén-did aci kiriec câk eben, Gott hat alle Dinge
erschaffen — Dio creò tutte quante le cose.
Cak-e-nom, P. aci-cak-e-nom, erfinden, erdichten, „mit dem
Kopfe schaffen" — inventare, „creare con propria testa".
V. nom.
Cak-rin, P. aci-rin-cak, benennen, einen Namen schöpfen —
nominare, crear un nome. V. rin.
Cal, P. aci-cal, mangeln, nicht voll sein, caliren — mancare,
non esser pieno, calare; z. B. alon a cal, die Flasche
ist nicht voll — la bottiglia non è piena.
Callic (calloc), 1) mitten — in mezzo; 2) Mitte — centro; 3)
Hälfte — metà; 4) Dritte — terzo, terza.
Cam, P. aci-cam, essen — mangiare.
Cam, das Essen, Nahrung — nutrimento.
Câm, 1) links — a mano manca; 2) linke Hand — la sinistra.
Cam-akol, Mittagessen — pranzo. V. akol.
Cam-a-tèn (im Norden: cam-de-tehi, cam-tehi), Abendessen
— cena.
Can, P. aci-can, die Arbeit fortsetzen — continuar il lavoro.
Cap, P. aci-cap, 1) hocken — accosciarsi; 2) über das Feuer
setzen — metter sul fuoco.
Car, P. aci-car, anschauen, begaffen — mirare, rimirare.
Cau, P. aci-cau, waschen — lavare; cau-rot, sich waschen —
lavarsi.
Câwt (cât), P. aci-câwt (cât), gehen, wandeln, fortgehen —
andare, camminare, partire.
Câwt-e-mâd, P. aci-câwt-e-mâd, langsam gehen — rallentar il passo.

Càwt-tuèng, P. aci-câwt-tuèng, vorausgehen — andar innnzi.
Cè, v. cie u. acío.
Cel, ein Fisch (sehr gross, fast weiss, mit gewaltigem Rachen) — pesce (molto grande, biancastro con bocca grandissima).
Cèl (cyèl), Nashorn — rinoceronte.
Cèn-duk, Faust — pugno. V. cyèn u. duk (duok).
Cer, P. aci-cer, rollen — rullare.
Cet (cyet), Exkremente — escremento d' uomo.
Ci, 1) kurze Form für (f. br. di): aci; 2) Zeichen des Partizip P. act. V. Gramm. §. 51.
Cì, 1) für acî; 2) Zeichen des Partizip P. pass. V. Gramm. §. 51.
Cia (kia), Suffixe 1. pers. Pl. meine — miei, mie. V. Gramm. §. 32.
Cie, v. acie.
Cièc, Pl. cic, Biene, Wespe — ape, vespa. B. civatat, Pl. civa.
Cik (cik), kontr. aus: aci-kèk. V. Gramm. §. 48.
Cil, P. aci-cil, wachsen, sprossen, hervorbringen — crescere, sorger d' erba, produrre; z. B. uâl a cil, das Gras wächst — l' erba spunta.
Cil, P. von cyèl.
Cill (cillic), 1) mitten — in mezzo; 2) Mittelpunkt — centro. V. callic.
Ci-mât-ic, v. aci-mât-ic.
Cin, ohne — senza. B. a-ín. V. acín.
Cir, P. aci-cyèr, sich zieren, schmücken — ornarsi, abbellirsi.
Cit, wie, gleichwie — come, siccome. V. acit (akit).
Cit, P. aci-cît, bezeichnen, versiegeln — segnalare, suggellare.
Cit, Pl. cît, 1) Zeichen — segno; 2) Mackel — macchia; 3) Siegel — suggello.
Cyam, P. aci-cyam, gebissen werden — venir morsicato.
Cyan, P. aci-cyan, sich krank fortschleppen — strascinarsi ammalato.
Cyec-bey, P. aci-cyèc-bey, vertreiben, verbannen — cacciar via, bandire; z. B. ran aci tin-de cyèc-bey, der Mann hat sein Weib verjagt — l'uomo ripudiò la sua donna.

Cyek, P. aci-cyék, 1) kurz sein — esser corto; 2) abkürzen — abbreviare.
Cyèl, P. aci-cîl (cil), 1) tadeln, auszanken — rimproverare, sgridare; z. B. beyn-did aci ran cîl, der Häuptling hat den Mann getadelt — il padrone rimproverò l'uomo; 2) schreien — gridare; z. B. uât a cyèl, die Kinder schreien — i fanciulli gridano.
Cyèm, P. aci-cîm, küssen — baciare; z. B. ghên aci tong cim, ich habe die Lanze geküsst (geschworen) — io baciai la lancia (giurai).
Cyèm (cîm), Pl. gl., Kuss — bacio.
Cyen, P. aci-cyan, wohnen, bleiben — abitare, restare; z. B. an aci cyan bay-ic, ich bin in der Ortschaft geblieben – prolungai la mia dimora nel paese.
Cyòn (oyn), Pl. cèn, Hand, Finger — mano, dito.
Cyèn-ajuod (cèn-ajuod), Pl. cèn-ajuod, Faust — pugno. V. jod (jot).
Cyèn-butbut, Pl. cèn-butbut, Daumen, „der Geschwollene" — pugno, „il gonfio". V. but.
Cyèng, 1) zuletzt, zu äusserst, der letzte, rückwärts — finalmente, all' estremo, addietro; akol cyèng, der jüngste Tag — l'ultimo giorno; 2) Mittag, Süden — mezzodí, Sud.
Cyeng, P. aci-cyeng, befehlen, schaffen, erschaffen — comandare, creare, produrre; acyeng, Schöpfer — creatore.
Cyer, P. aci-cyer, auf den Boden werfen, weiter schleudern buttare, toccando l'oggetto la terra.
Cyér, Pl. cyér, Stern — stella.
Cyêr-ayol, Pl. cyér-ayol, Komet, „Schweifstern" — cometa, „stella con coda". V. yol.
Cyer-ic, P. aci-cyer-ic, das Gewehr laden — caricar il fucile. V. cyer.
Cyêwt, Pl. cyewt, Skorpion — scorpione.
Cyèwt, P. aci-cyewt, Diarrhe haben — aver diarrea.

Cyn, Pl. cèn, Rüssel, eig. Hand, Finger — grifo (proboscide), prop. mano, dito. V. cyòn.

Cyn-akón, Pl. cèn-akòn, Elephantenrüssel — proboscide. V. akón.

Cyòk (còk), Pl. cok, 1) Fuss, Basis — piede, base; 2) als Suffixe: nach, auf dem Fusse — incalzare.

Cyr, der Nil — il Nilo.

Cyú (kyú), P. aci-cyú (kyú), schreien, brüllen — gridare, ruggire.

Có, lass — lascia; z. B. có e lo, lass ihn gehen — lascia andarlo.

Coc, Pl. gl., 1) Lederschlinge — laccio; 2) mit tim (tim-coc) ein Baum mit Aesten, die zum Sitzen eingerichtet sind — comp. con „tim" un albero, i di cui rami sono acconciati a sedervi.

Cog-ic, P. aci-cog-ic, ausstopfen — riempire.

Coy-bey, P. aci-coy-bey, abfallen (Blüte) — cadere (de' fiori).

Còk, P. aci-còk, 1) gerade machen, ebnen — radrizzare, pianare; 2) sich aufrichten — ergersi.

Cok, Hunger — fame; ran a cok, ein Hungernder — affamato.

Còk, v. cyòk.

Cok-bey, P. aci-cok-bey, verhungern — morir di fame.

Còk-e-lay (ley), Pl. cok-e-lay, Fussspuren eines Thieres, im Pl. auch: Tatze, Bratze — pedate di bestia; pl. anche: zampa, branca.

Col, P. aci-còl, rufen, heissen — chiamare, nominare; z. B. kan col dí? wie heisst das? — come chiamasi questo? Cf. καλεῖν; engl. call.

Còl (cuol), 1) schmutzig, schwarz — sporco, nero; ran còl, Neger — moretto; 2) Kohle — carbone.

Còl-e-mac, Pl. gl., Kohle — carbone. V. mac.

Còm, P. von cuom.

Còn, P. aci-còn, hüpfen, springen, tanzen — saltare, ballare, danzare.

Còp, P. von cuop.

Còr, P. aci-còr, blenden — accecare.
Cŏr, blind — cieco.
Côr, Pl. câr, Nabel — ombelico.
Côr, (côr-Dén-did), P. aci-côr (aci-Dén-did côr), beten — pregare, pr. Iddio.
Côr-e-Dén-did, Pl. gl., Gebet — preghiera.
Côt-ic, P. aci-côt-ic, zusammennageln — conficcare; z. B. an aci tim côt-ic, ich habe den Baum zusammengenagelt — io conficcai il legno.
Cû, kontr. aus acûg (aci-ghog). V. Gramm. §. 48.
Cuad, P. aci-cuâd, führen — condurre.
Cuâd-bey, P. aci-cuâd-bey, entfernen, ausstreichen, auslöschen — allontanare, cancellare, cassare; cuâd-rot-bey, sich entfernen — discostarsi.
Cuay, P. aci-cuay, fett sein — esser grasso. V. acuay.
Cuay, Pl. gl., Fleischbrühe, Suppe — brodo, minestra.
Cuak, P. aci-cuak, übertreffen — superare.
Cuang (cuayn), P. aci-cueng (cueñ), anzünden — incendiare, z. B. yen aci ghut cueñ, er hat das Haus angezündet — egli incendiò la casa.
Cuar, Pl. cuèr, Dieb, Räuber — ladro, assassino. V. cuèr.
Cuat, P. aci-cuat, verjagen — cacciar via; z. B. ghên aci cuèr cuat, ich habe die Diebe verjagt — io scacciai i ladri.
Cuat-rot, P. aci-rot-cuat, sich stürzen — buttarsi.
Cuec (cuèc), P. aci-cuec (cuèc), 1) Ueberfluss haben — abbondare; 2) sich vermehren — aumentarsi.
Cuec (cuèc), viel — molto. V. acuec (acuèc).
Cuéc, P. aci-cuèc, 1) bilden — formare; z. B. Dén-did aci ran cuèc e tyop, Gott bildete den Menschen aus Lehm — Iddio formò l'uomo di fango; 2) verbessern — migliorare.
Cuey, Pl. cuay (ciuay), Tamarinde — tamarindo.
Cucyn, Pl. cuayn, Leber — fegato.
Cuèj (cuaj), 1) die rechte Hand — destra; 2) rechts — a destra.
Cuek, P. aci-cuek, zusammenpacken — affardellare.

Cuel, P. aci-cuol, 1) Eunuch sein — esser eunuco; 2) kastriren — castrare.

Cuen, P. cuyn, nagen — rodere.

Cuer, Pl. cuâr, der kleine afrik. Löwe — leone piccolo dell' Africa. Cf. Kaufmann a. a. O. p. 33.

Cuèr, P. aci-cuêr, stehlen, rauben — rubare, rapire.

Cuèr, Pl. cuêr, Dieb, Räuber — ladro, rattore.

Cuet (cued), P. aci-cuèt (cuèd), zerfleischen, fressen — dilaniare, divorare; z. B. cuer aci ring cuèt, der Löwe hat das Fleisch zerrissen (gefressen) — il leone dilaniò (divorò) la carne.

Cug, v. cû.

Cuil, die Spitzzähne — denti canini.

Cuyn (kuyn), Pl. gl., Brodkuchen, Polenta — focaccia, polenta.

Cul, Pl. cûl, membrum virile.

Cuoy, Pl. coy, Blutegel — mignata.

Cuok (nur im F.), nicht können — non esser capace (nel F.).

Cuol, P. aci-cuòl, 1) finster werden — oscurarsi; z. B. piñ a cuol, es dunkelt — il giorno (la terra) s'oscura; 2) schwärzen, beschmutzen — annerare, insozzare.

Cuol-wtok, P. aci-cuòl-wtok, verstopfen, „den Rand eines Gefässes verfinstern" — otturare, prop. oscurar la bocca d'un vaso.

Cuom, P. aci-còm, pflanzen, säen — piantare, seminare; z. B. an aci rap còm, ich habe Durah gepflanzt — io piantai durah.

Cuop, P. aci-cuòp (còp, oft cuop-bey), zerstreuen, verjagen, verfolgen — disperdere (persone), scacciare, inseguire.

Cuor, Pl. gl., Aasgeier — avoltojo, che mangia cadaveri.

Cuot, P. aci-cuòt (cuót), reiben, glätten, feilen, spitzen, schleifen, reinigen — stropicciare, confricare, levigare, fregar con mani, raffilare, purgare; z. B. ghén aci tong cuót, ich habe die Lanze geschärft — io raffilai la lancia.

Cuot-piñ, P. aci-cuot-piñ, herablassen — abbassare.
Curot (cuot-rot), P. aci-rot-cuot, sich nahen — accostarsi.
Cût, Pl. cut, Pfropf, Stöpsel — tapo, turacciolo.

D.

Da (Suff. S.), unser — nostro. V. Gramm. §. 32.
Dag, noch — ancora.
Dag (dak)-bey, P. aci-dak-bey, versäumen, zu spät kommen, eig. „noch draussen" — trascurare, tardar troppo, prop. „ancor fuori".
Day, P. aci-day, stieren, anschauen, aufmerksam betrachten — guardar fiso, mirare, fissare.
Dayc (day'), bald, schnell — subito, presto.
Dâk (dâg), Pl. gl., Versäumniss, Fehl, Mackel — trascuraggine, difetto, macchia.
Dak, P. aci-dâk, 1) aufbinden, lösen — disciogliere, slegare; 2) etwas nicht können — esser incapace a q. c.; 3) sich abmüden — stancarsi; 4) impers.: es mangelt (mit etong zu fügen) — manca (si costr. con etong); 5) brauchen, benöthigen — aver bisogno.
Dak-buông, P. aci-buông-dâk, entkleiden — svestirsi.
Dakrot (adakrot), faul, müde, ermüdet — stanco, debole, fiacco.
Dal, P. aci-dol, 1) lachen — ridere; 2) auslachen, verspotten — deridere, beffare; z. B. yin aci ran dol, du hast den Mann verspottet — tu beffasti l' uomo.
Dam, P. aci-dom, aufhalten, fangen, haschen, erhalten — fermare, pigliare, abbrancare, ricevere.
Dâm-ic, P. aci-dòm-ic, umarmen — abbracciare.
Dâm-piu-ic, P. aci-dòm-piu-ic, untersinken — affondarsi.
Dan, P. aci-dân, abgestumpft sein — esser ottuso. V. adân.
Dan-amâl, Pl. dau-amâl, Lamm — agnello. V. dau u. amâl.
Dang (dañ), Pl. dêng (dêñ), Bogen, Pfeilbogen — arco, a. da saetta. B. dang.

Dar, Pl. gl., Frosch — ranocchia.
Dáu, Eiter, Materie — marcia, sanie.
Dau (stat. constr. dan), Pl. dau (den), 1) das Junge — catello, pollo; 2) Frucht — frutto.
Dau-rèc, Fischlaich — fregolo. V. rèc.
De, 1) Suff. S., sein, ihr — suo, sua; 2) Zeichen des Genitivs — segno di Genitivo; 3) haben (nur im Pr.) — avere (nel Pr.).
Dé, Pl. kòk, der andere — l'altro.
Dé (dó), anders, sonst — altrimenti.
Deb, P. aci-dèb, anzünden, brennen, verbrennen — accendere, ardere; z. B. tik aci mac déb, das Weib hat Feuer gemacht — la donna accese il fuoco.
Déb, kontr. aus: day' ben, schnell, bald — presto, subito.
Dèb, P. aci-dèb, 1) in der Schlinge fangen — prender nel laccio; 2) hängen bleiben — attaccarsi.
Dèb, Pl. gl., 1) Schlinge — laccio; 2) Angel — amo.
Déc, v. deyc.
Ded, P. aci-ded, gerinnen, gefrieren — coagularsi, congelarsi.
Dedé (dedó), ein anderer — altro.
Degér (tegér), Pl. gl., Sperr- oder Schliess-Instrument; Schlüssel — stromento da serrare; chiave.
Dey', eine andere Form für: day', schnell — altra forma invece di day' = presto; z. B. dey'-câwt, cilen — andar presto.
Deyc (dey'), kontr. déc — früh, schnell, plötzlich — di buon' ora, subito, repente.
Deyc, P. aci-deyc, würgen — strozzare.
Deyc-rot, P. aci-rot-deyc, sich erhängen, erwürgen — strangolarsi, strozzarsi.
Dey'-lo, P. aci-dey' lo, beschleunigen — accelerare.
Deyn (deñ, dehñ), P. aci-deyn (deñ), werfen, schleudern — buttare, scagliare.
Dek, P. aci-dèk, 1) trinken — bere; 2) tränken — abboverare.
Dèk, Trunk, Getränk — bevuta, bevanda.

Deknet, Windeln — pannicelli de' bambini.
Del, Pl. dôl, Weg, Pfad — via, sentiero.
Del, Pl. dèl, Haut, Fell — pelle, cute.
Dèl, P. aci-del, 1) zurückkehren — ritornare; 2) zurückführen
— ridurre.
Dèl-e-nyin, die Augendeckel — palpebre. V. nyin.
Dèl-ic, Pl. dôl-ic, 1) Weg — strada; 2) auf dem Wege —
in via.
Dem, P. aci-dèm, heilen, vernarben — guarire, ammarcinarsi.
Cf. loy-bi-dèm.
Den, Suffixe, ihre — loro. V. Gramm. §. 32.
Dén-did, Gott — Iddio. Bei den Dinka findet sich die Verbal-
Wurzel: „den" nicht, wohl aber bei ihren Nachbarn, den
Bari, wo „den" wissen, verstehen bedeutet; sohin wäre
Dén-did = der grosse Wisser (der Allwissende). I Dinka
non hanno la radice „den", ma bensi i loro confinanti i
Bari e vi significa: sapere, conoscere, dunque Dén-did
sarebbe: il gran conoscitore.
Deng, Pl. gl., Regen — pioggia.
Deng-a-mâr, Sturmregen — pioggia di tempesta. V. mâr.
De-puóu, wollen — volere; z. B. an a de-puóu piu, ich will
Wasser haben — io voglio acqua. V. de u. puóu.
Der, P. aci-dèr, umwinden — fasciare; z. B. an aci tetòk dèr,
ich habe die Wunde verbunden — io fasciai la piaga.
Dèr, Pl. dèr, Hammer, Schlägel — martello, maglio.
Dèr, P. aci-dèr, eine Sache frei auf dem Kopfe tragen — portar
q. c. liberamente sulla testa.
Dèr-ic, Pl. gl., Last, bes. auf dem Kopf — peso, spec. sulla testa.
Det, P. aci-dèt, brennen, am Feuer härten — abbrustolire,
temprare sul fuoco; z. B. tyop-ci-dèt, gebrannte Ziegel
— mattoni cotti.
Det, Klauenseuche — lue alle unghie.
Dí, wie? wieviel? wohin? — come? quanto? per dove?
Di (édi), sollen, müssen — dovere.

Dia, Suffixe S., mein — mio. V. Gramm. §. 32.
Did, P. aci-did, 1) gross sein, wachsen — esser grande, crescere; 2) vermehren, vergrössern — accrescere, aumentare.
Dig (digedig = tigtig), P. aci-dig (digedig), schön sein — esser bello.
Dik (dikedik), v. dig.
Dil, aci-dil, breit sein — esser largo. V. adil.
Dim, P. aci-dim, zur Ader lassen — salassare.
Din-e-nyum, Pl. dit-e-nyum, Kolibri, „Sesamvogel" — colibri, „uccello, che mangia sesam". V. dyet u. nyum.
Dir, Pl. dir, Grille; Heuschrecke — grillo; locusta.
Dir, P. aci-dir, 1) einschlafen (von den Gliedern) — indormentirsi; 2) unterbrechen — interrompere.
Dir, P. aci-dir, 1) untertauchen, untersinken — tuffarsi, immergersi; 2) versenken — affondare.
Dit, Pl. dyet, Gesang, Vogel (Sänger) — canto, uccello (cantante). V. dyet.
Dyak, drei — tre.
Dyau (dyáo), P. aci-dyau (dyáo), weinen, jammern, bereuen, Busse thun — piangere, lamentare, dolersi, far penitenza.
Dyèc, Rus — fuliggine.
Dyey, Pl. gl., weisse Ameise, Termite — formica bianca, termita.
Dyen-tok (tyen-tok), Blutsverwandte — consanguinei.
Dyen-e-mà, Geschwister von „derselben Mutter" — fratelli uterini.
Dyer, Pl. dir, Schienbein — stinco.
Dyer, P. aci-dyèr, 1) besorgt sein — esser sollecito; 2) sich wundern — maravigliarsi.
Dyèr, Pl. dir, Schwein, Wildschwein — porco, cinghiale.
Dyèr, Pl. gl., Wall — bastione.
Dyet, P. aci-dyèt, wärmen, z. B. Speisen — scaldare p. e. cibi.
Dyet, Pl. dit, Vogel — uccello.
Dyet, P. aci-dyèt, 1) gebären — partorire; 2) geboren werden — nascere; 3) zeugen — generare.

Dyeu, P. aci-deu, abnehmen — decrescere.
Dyom, P. aci-dyòm, zertrümmern, zerstören — abbattere, distruggere.
Dyop, P. aci-dyop, altern, zerreissen — invecchiare, lacerarsi.
Dyòt, P. aci-dyot, braten, rösten — arrostire, abbrostolire; z. B. yen aci ring dyot, er hat das Fleisch gebraten — egli arrostì la carne.
Dó (dé), anders, sonst — altro, altrimenti.
Dod, Schläfrigkeit — sonnolenza; z. B. an a nek dod, ich bin schläfrig — io sono sonnolente.
Dòd (dòt), Pl. dòd (dôt), Backstein, Ziegel — terra cotta, mattone. V. det.
Dod-bey, P. aci-dod-bey, 1) wegziehen — astraere; 2) aushöhlen — cavare.
Dôj, P. aci-dôj, zähmen — domare; z. B. ghén aci jonkor dôj, ich habe das Pferd gezähmt — io domai il cavallo.
Dok, P. aci-dok, spinnen, drehen — filare, torcere. Cf. dúk (duok).
Dok, Pl. gl., 1) Kreide — creta; 2) Mehl — farina.
Dok, Pl. gl., Knabe von 2—14 Jahren — ragazzo tra 2—14 anni.
Dok-nom, P. aci-nom-dok, zurückkehren, „den Kopf wenden" — ritornare, „voltar la testa". Cf. dúk.
Dol, P. von dal.
Dol, P. aci-dol, falten, rollen — increspare, rotolare.
Dòl, Pl. dèl, Pfad, Weg, Strasse — sentiero, via, strada. B. duli. V. dèl.
Dòl, Pl. dòl (duol), Haupthaar, Schopf — chioma, ciuffo; ghutdòl, Dachspitze (Hausschopf) — cima di casa.
Dom, Pl. gl., Mörser — mortajo.
Dòm, Pl. dum, Garten, Feld, Saatfeld — giardino, orto, campo.
Dòm-ic, v. dòm.
Donya (dong-ya), Pl. kôkya, das Uebrige — il resto.
Dong (don), P. aci-dong, bleiben, übrig bleiben — rimanere, restare; ke-ci-dong, etwas Erübrigtes — ciò che resta, residuo.

Do-nge (do-ngo), Pl. dongke (dongkoo), valo (valete).
Dor, P. aci-dór, 1) Frieden haben — aver pace; 2) Frieden machen — far pace.
Dòr (selten dûr), Friede — pace; dôr ke yin — pax tecum.
Dot, P. aci-dòt, herausziehen, ausjäten — estrarre, sarchiare.
B. dutun, Gras ausziehen — estrar erba.
Dòt, P. aci-dot, stecken bleiben, bes. im Schlamm — impantanarsi.
Dòt, v. dòd.
Dòu, P. aci-dôu, abnehmen, seicht werden, versanden — calare, divenir secco, inarenarsi.
Du, Suffixe S., dein — tuo. V. Gramm. §. 32.
Dú, v. dûn (dûne) u. Gramm. §. 50.
Dud, P. aci-dud (dûd), trösten — consolare.
Dud (dûd), Trost — conforto.
Duèc (duèg), Pl. duèg (duet), Jungfrau, Braut — vergine, sposa.
Duèl, Pl. duel, Gezelt, Baracke — paviglione, baracca.
Duen, v. dûn u. Gramm. §. 32.
Duèng, P. aci-duèng, sich wohl sein lassen — godersi.
Dueng (duen), P. aci-dueng (duen), 1) mannbar werden — giunger all' età virile; 2) Hochzeit halten — far nozze; z. B. uèn ko nya (nga) a loy duen, der Jüngling und das Mädchen halten Hochzeit — il giovine e la ragazza fanno le nozze. V. aduan.
Duèr (dûr), P. aci-dûr, 1) nahe sein, beinahe, fast — esser vicino, circa, quasi; z. B. a duèr (dûr) dyet, dem Gebären nahe — vicina a partorire; a duèr tóu, am Sterben — vicino alla morte; 2) Gefahr laufen — correr rischio; 3) gern haben — aggradire.
Duy (duoy), P. aci-duy, schlagen, prügeln, strafen — battere, bastonare, castigare; z. B. beyn aci ran rac duy, der Herr hat den Bösewicht gestraft — il signore castigò l'uom cattivo.

Duk, Pl. duok, Liebhaber, Bräutigam — amante, sposo. Cf. duèc u. dueng.
Dûk (duok), P. aci-dûk, 1) umkehren, zurückkehren — tornare, ritornare; 2) zurückführen, zurückgeben — ridurre, rendere.
Dûk-ic (duok-ic), P. aci-dûk-ic, verdoppeln, vervielfältigen — raddoppiare, moltiplicare.
Dûk-uel-ic (duok-uel-ic), P. aci-uel-dûk-ic, widersprechen — contradire.
Dûk-uel-ran-ic, P. aci-uel-ran-dûk-ic, v. dûk-uel-ic.
Dul, Pl. v. duol.
Dum, P. aci-dòm, verbergen — nascondere. V. adum.
Dûn, Suffixe S., euer — vostro. Andere Formen — altre forme: duon, duen.
Dûn, Pl. dunke (duoke, duonke), Negationspartikel im S. Pr. entsprechend dem englischen: do not — negazione nell' imperat. S. Pr. corrisp. all' inglese: do not; z. B. dûn (dù, dûne) loy kecit ke ci e (ca) leki, thu das nicht, wovon ich dir gesagt habe — non fare di quanto ti parlai. V. Gramm. §. 50 in fine.
Dûne, v. dûn.
Dunke, v. dûn.
Duod, P. aci-dûd, trüben — intorbidare; z. B. nyîr aci piu dûd, die Mädchen haben das Wasser trüb gemacht — le fanciulle intorbidarono l' acqua.
Duoy, v. duy.
Duoy-uât, P. aci-duy-uât, peitschen, „mit der Peitsche schlagen" — sferzare, „batter colla sferza". V. uât.
Duok, v. dûk.
Duoke (duóke), v. dûn.
Duok-ic, v. dûk-ic.
Duol, Pl. dul, 1) Höcker — gobba; 2) Menge, Haufe — quantità, mucchio. V. dol.
Duom-piñ, P. aci-dòm-piñ, auslöschen — spegnere. Cf. dum.
Duong, damit nicht — affinchè non. Cf. duoke u. Gramm. §. 50.

Duong (duon), P. aci-don (dong), zerhacken; zerbrechen — scavezzare, rompere; z. B. ghen aci tim dong, ich habe das Holz gehackt — io scavezzai il legno.

Duor-puóu, P. aci-puóu-duor, Herzklopfen haben — aver il batticuore. Cf. ital. dolersi.

Duot, P. aci-dût (dut), gürten, binden, vereinigen — cingere, bendare, unire.

Dùr, v. duèr.

Dùr, Pl. gl., Altar, Betort — altare, luogo di preghiera.

Dut, P. aci-duót, gerinnen (Milch) — coagularsi (del latte); z. B. câ ci duót, geronnene Milch — latte accagliato.

Dut (dût), Menge — quantità; z. B. dut e koyo, Schaar, viele Leute — folla, molta gente.

Dut-kóu (duot-kóu), P. aci-dût-kóu, aufladen, „auf den Rücken binden" — caricare, „bendare sul dorso". V. duot u. kóu.

Dut-nyin, P. aci-nyin-dût, die Augen verbinden — bendar gli occhi. V. duot u. nyen.

E.

E, 1) als Suffixe vertritt es den bestimmten Artikel — essendo suff. rappresenta l'articolo determ. V. Gramm. §. 11; 2) bezeichnet es den Genitiv — è segno del Genitivo; V. Gramm. §. 11 annot.; 3) vertritt es jegliche Präposition — rappresenta qualsiasi preposizione. V. Gramm. §. 57; 4) steht es zuweilen statt des präfixen a im Pr. u. bei Adjektiven — occorre talvolta invece dell' „a" prefissa al Pr. o agli aggettivi; 5) verbindet es dem Sinne nach zusammengehörende Wörter — unisce parole relative; 6) befördert es einfach den Wohllaut — aumenta l' eufonia; 7) nach dem Komparativ bedeutet es: als — dopo il comparativo significa „che".

É (e), 1) als Suffixe: dieser, diese, dieses — questo, questa.

V. Gramm. §. 38; 2) als Copula — è; 3) statt: ey, nein — non.
Eben, jeder, alle, ganz — ognuno, tutti, tutto.
Édi, sollen, müssen — dovere.
E-nga, was denn? — che mai?
Ey, nein — non.
Eyá (ayá), auch, ja — anche, già. Cf. arab. aiwa.
Éyá d. i. bedeutet — cioè. Kontr. aus é u. ya — è anche.
Eyangok, azurblau — azzurro.
Eyén, blond, gelb — biondo, giallo.
Eyic, wahr, gewiss — davvero, certo. V. é u. yic.
Eketínakan, ein Stück, Maulvoll — pezzo, boccone. V. é, ke, ti.
Ele (elé), so — cosí.
Émane (émanic), jetzt, nun — adesso, ora.
Epec (aus yepec), er (sie) selbst — egli (ella) stesso (stessa). V. Gramm. §. 31.
Etet (itet), wahr, wahrlich — vero, veramente.
Etok, Einer, er allein — uno (solo), egli solo. V. Gramm. §. 31.
Etong (eton), von, zu, wegen — da, a, per. V. Gramm. §. 57.

F.

Fât, Pl. fat, 1) Schale, Rinde — buccia; 2) Thierhaut — pelle d'animale.
Fek, P. aci-fek, genügen, genug sein — bastare.
Fokej, P. aci-fokej, umstürzen — arrovesciare.

G.

Gâg (gâk), Pl. geg, Muschelschale (auch als Münze gebraucht) — conchiglia (che serve anche da moneta).
Gay (gáe), P. aci-gay (gáe), 1) zweifeln — dubitare; 2) zaudern — tardare.

Gayn (gañ), P. aci-goyn (goñ), berühren, leicht stossen — toccare, urtar leggermente.

Gay-puóu, P. aci-puóu-gay, sich betrüben, erzürnen — affliggersi, adirarsi. Mit ke (gay-puóu ke...) heist es: Mitleid haben — con „ke" signif. aver compassione.

Gak, Pl. gl., Blume, Blüte — fiore.

Gak, Pl. gl., Rabe — corvo; gan còl, Pl. gak còl, der schwarze Rabe — c. nero; gan gér, Pl. gak gér, der weisse Rabe — c. bianco.

Gak, P. aci-gak, bleichen, ausdörren — imbianchire, inaridire.

Gàk, v. gâg.

Gâk, P. aci-gok, aufsitzen (von Schiffen) — arrenarsi.

Gàk, Pl. gl., 1) Rath, Berathung, Rathsversammlung — consiglio, deliberazione, assemblea; 2) Erzählung — racconto.

Gal, P. aci-gol, anfangen, beginnen — comminciare, principiare; z. B. an aci luoy gol, ich habe die Arbeit begonnen — io comminciai il lavoro.

Gam, P. aci-gam, 1) glauben, bekennen — credere, confessare; 2) versprechen, bekräftigen — promettere, conformare; 3) anvertrauen — affidare; 4) antworten — rispondere; 5) in Empfang nehmen — accogliere.

Gam-ayok-bey, P. aci-ayok-gam-bey, schäumen, ausspucken — spumare, despumare. V. ayok.

Gam-kecám, P. aci-gam-kecám, speisen — prender (e dar) cibo.

Gam-uâl, P. aci-uâl-gam, 1) kuriren, „ein Heilmittel geben" — medicare, „dar una medicina"; 2) „ein Heilmittel nehmen" — „prender una medicina". V. uâl.

Gap, P. aci-gap, anfallen, überfallen — assalire, sorprendere. Cf. kâp (kâb).

Gar, P. aci-gar, verriegeln, verschliessen — serrare, chiudere.

Gar, Pl. gl., Thür, Verschluss — porta, serratura.

Garang (Gerang), Gott — Iddio.

Gau, Pl. gl., hohes Gras — erba alta.

Ge, zuweilen statt: ke, mit — delle volte invece di: ke (con); ge yin (ko yin), mit dir — teco.
Gegyet, Lärm, Getös — strepito, schiamazzo.
Geyn, P. aci-geyn, wegnehmen, reinigen — togliere, purgare.
Geyñ-ryam, P. aci-ryam-geñ, vom Blute reinigen — dissanguare.
Gel, P. aci-gèl, einfangen — cingere.
Gèl, Pl. gl., 1) Einfang — chiuso; 2) Insel — isola.
Gèm (gem), P. aci-gèm, 1) fangen, bes. mit dem Netze — prender (colle reti); 2) schöpfen (Wasser) — attignere.
Gèm, Pl. gêm, 1) Kiefer — mascella; 2) Wange — guancia; 3) Ecke — canto; nom e gèm, Eckstein — pietra angolare.
Gèm-bey, Pl. aci-gèm-bey, abfäumen — schiumare.
Gèm-piu, P. aci-piu-gèm, Wasser schöpfen — attigner acqua (dal fiume).
Gèng, P. aci-geng, hemmen, verrammeln, eindämmen — impedire, sbarrare, cingere. B. geng.
Gèo (gèu), Pl. gewd, 1) Hag, Dornhecke — recinto, serra; 2) Viehhürde, Seribe — siepe, zeriba.
Ger, P. aci-gèr, rudern (oft mit ryey, Schiff) — remare (spesso con ryey = nave).
Gér (ger), P. aci-gér (ger), 1) weiss sein, blühen — esser bianco, fiorire; 2) weiss machen — imbianchire.
Gèr, Pl. ger, Fischangel — amo.
Get, P. aci-get, braten — arrostire; ring-ci-get, Braten — arrosto. V. ring.
Géu, Pl. gl., die kleinste Art der Gazellen — la più piccola gazzella. V. Kaufmann a. a. O. p. 39.
Gêu, v. gêo.
Gewd, P. aci-gewd, schaben, abkratzen (bes. mit einem Eisen) — raschiar con ferro.
Gewd-buòng, P. aci-buòng-gewd, gärben, „eine Haut abkratzen" — conciar pelli.

Gha, gekürzte Form für ghèn, ich — f. br. di ghèn = io. V. Gramm. §. 30.
Ghabac, nur, ohne weiters, müssig — soltanto, senz' altro, ozioso. V. abac.
Ghác, P. aci-ghôc, 1) kaufen, verkaufen = Tauschhandel treiben — comprare, vendere = far traffico di baratto; 2) zahlen — pagare.
Ghác, Pl. gl., Preis — prezzo; z. B. ghác edí? wieviel kostet das? quanto costa?
Ghác-apuat, P. aci-ghôc-apuat, gewinnen — guadagnare.
Ghadd, P. aci-ghadd, 1) bringen, tragen — portare, recare; 2) fahren, schiffen — trasportare con carro o navi.
Ghadd-uet, P. aci-uet-ghadd, Nachricht geben — dar avviso.
Ghaguop, ich selbst — io stesso. V. Gramm. §. 31.
Ghay, P. aci-ghay, herausnehmen — pigliar, cavar fuori.
Ghaj, P. aci-ghâj, tragen. Cf. ghadd.
Ghal, P. aci-ghol, schluchzen, husten — singhiozzare, tossire.
Gham, Pl. ghôm, Schenkel — gamba. Cf. yom, Knochen — osso.
Gham, P. aci-gham, einen Blinden führen — condurre un cieco.
Ghantòyn, Pl. ghantoyn, Schlamm — motta.
Ghapec, Pl. ghopec, ich selbst — io stesso. V. Gramm. §. 31.
Ghar, Pl. ghor, Ritze, Spalte — fenditura, crepatura.
Ghar, P. aci-ghâr, 1) spalten — fendere; 2) sich spalten — fendersi; z. B. an aci tim ghâr, ich habe das Holz gespaltet — io schiappai il legno; tim aci ghâr, der Baum hat sich gespaltet — l'albero si fendette.
Ghar-ic, v. ghar.
Ghar-nom, P. aci-nom-ghar, Kopfreissen haben — addolorar il capo.
Ghat, P. aci-ghot, kratzen, poliren — grattare, raschiar (con ferro).
Ghatok (atok), ich allein — io solo. V. Gramm. §. 31.
Ghat-ran-kuèr, P. aci-ran-ghat-kuòr, einem den Weg zeigen — condurre per via.

Ghau, P. aci-ghau, herumschwärmen — andar vagando.
Ghawt, P. aci-ghawt, etwas weit wegtragen — portar lontano.
Ghen, P. aci-ghen, hindern — impedire.
Ghen, Pl. gl., Hinderniss — ostacolo.
Ghên, Pl. ghôg, ich — io. V. Gramm. §. 30.
Ghénkin (ghòn-kin) — ecce ego.
Ghen-kuèr, P. aci-kuèr-ghen, den Weg vertreten, absperren — impedir la strada.
Gher (ghér, ger), P. aci-gher (ghér), 1) weiss, rein sein, blühen, leuchten — esser bianco, puro, fiorire, lucere; 2) weiss, rein machen — far bianco, puro.
Gher (ger, ghér), Pl. gl., 1) Blüte, Blume (Lilie) — fiore, (giglio); 2) Licht — lume; 3) Reinigung — purificazione.
Ghet, P. aci-ghet, sich nähern, anlangen — avvicinarsi, giugnere.
Ghêt, 1) nahe — vicino; 2) bis — sino; z. B. ghêt yémanic, bis jetzt — finora.
Ghoc, v. ghâc.
Ghoc, Pl. ghôc, Markt — mercato; ran-ghôc, Pl. ròr e ghòc, Handelsmann, Wucherer — mercante, usurajo.
Ghôc-aril, theuer — caro. V. aril.
Ghod-bey, P. aci-ghod-bey, 1) aussterben — estinguersi; 2) entvölkern — spopolare.
Ghô-dia (gho-wdia), wir alle — noi tutti. V. ghôg.
Ghog (ghok), P. aci-ghôg (ghòk), 1) zürnen — adirarsi; 2) streiten — contendere; 3) beleidigen — offendere.
Ghog (ghok), Pl. von ghuen.
Ghòg (ghuòg, uôg), wir — noi. V. Gramm. §. 30.
Ghok (ghòk), Zorn — ira.
Ghol, Husten — tosse; a nong ghol, Husten haben — aver la tosse. V. ghal.
Ghôl, P. aci-ghòl, sich abkratzen, abschaben — raschiarsi.
Ghom, Pl. gl., Busen — seno.
Ghon, 1) Zeit — tempo; 2) einst — un tempo. Cf. ruòn.
Ghong (ghuong), Pl. gl., Kiste, Kasten — cesta, armadio.

Ghong-e-nòn, Pl. gl., Krippe, „Heukasten" — presepio, „mangiatoja". V. nòn.
Ghonke, einst, vor Zeiten — un tempo, tempo fà. V. ghon.
Ghontèr, vor Zeiten, einst, schon längst — avanti, molto tempo fà.
Ghontòk, Pl. gl., Wunde, Geschwür — piaga, ulcera.
Ghontuèng, vor Zeiten, längst — molto tempo fà.
Ghopec, wir selbst — noi stessi. V. Gramm. §. 31.
Ghor-ic, vergeblich, umsonst — inutilmente; z. B. yin abi ben ghor-ic, du wirst umsonst kommen — tu verrai inutilmente.
Ghor-nom, P. aci-nom-ghor, unbedeckt sein — esser scoperto.
Ghot-nom, P. aci-nom-ghòt, bedeckt sein — esser coperto.
Ghû (ghòu), P. aci-ghû, summen — ronzare.
Ghuen (ghueng, ghuong), Pl. ghok, Kuh — vacca; Pl. Heerde — armento.
Ghun-e-col, Pl. ghut (ghuot) -e-col, Zollhaus (Zollbank) — dogana (telonio). V. ghut.
Ghun-e-Dén-did, Pl. ghut (ghuot) -e-Dén-did, Kirche, Gotteshaus — chiesa, casa di Dio. V. ghut.
Ghut (ghot), Pl. ghut (ghuot), Haus — casa. V. Gramm. §. 11, 12, 13.
Ghut-dol, Pl. ghuot-dol, Dachspitze — comignolo del tetto.
Ghut-nom, v. ghut-dol.
Gyet, P. aci-git, ankommen, erreichen — arrivare, ottenere.
Godir, Pl. godir, 1) Grille — grillo; 2) Heuschrecke — locusta.
Gòg (gòk), Pl. gl., Scheide, Köcher — guaina, turcasso.
Gogol, Pl. gl., Thürschwelle — soglia.
Goy (pyóu-goy), zornig — rabbioso.
Goyc, P. aci-goyc, sich wärmen — scaldarsi.
Goyn, P. aci-goyn, streicheln, besänftigen — accarezzar colla mano, calmare.
Gok, P. aci-gok, 1) sich unterhalten — divertirsi; 2) erzählen — raccontare; 3) berathen — consigliare. V. gàk.
Gol, v. gal.

Gol, P. aci-gòl, 1) umkreisen — cerchiare; 2) krümmen — incurvare.
Gol, Misthaufen — letamajo; ran-a-gol, Stallknecht — stalliere; tin-e-gol, Viehmagd — stalliera. Cf gòl.
Gòl, Pl. gl., 1) Kreis, Reif — cerchio; 2) Mähne — chioma, giuba; 3) Mütze — berretta.
Gòl-ic, Pl. gl., 1) Bogen — arco; 2) rund — tondo; 3) ringsum — d'attorno.
Golór, Pl. gl., Schabe, Käfer (Mistkäfer) — tignuola, tarma (scarafaggio).
Gong, Pl. gl., Igel, Stachelschwein — riccio, porco spinoso.
Gor, Pl. gl., Lotus — Nelumbium speciosum.
Gor (ci gor), etwas Geschriebenes, Schrift, Buch — scritto, scrittura, libro.
Gôr, P. aci-gor, ritzen, kratzen, zeichnen, schreiben — scalfire, grattare, disegnare, scrivere. Cf. γράφειν.
Gòr, P. aci-gòr, glätten, reiben — lisciare, confricare.
Gòr, Pl. gor, Garten, Feld — giardino, campo.
Gòr-ajid, Pl. gor-ajid, Höhle, Hühnerhof — covo, pollajo.
Gor-túy, das jenseitige Ufer — sponda ulteriore. V. agòr-nom.
Gòt, Pl. got, Runzel — ruga.
Gòt, P. aci-got, aufbrechen (von Blumen) — sbocciare.
Góu, P. aci-góu, herumstreichen — andar vagando; ran-a-góu. Vagabund — vagabondo.
Gowt, P. aci-gowt, sich ärgern, streiten — arrabbiarsi, contendere.
Gu, Pl. guòk, Turteltaube — tortora.
Guay, Ziegelstaub — polvere di terra cotta.
Guayn, v. kuayn.
Guák, Pl. guák, Reiher — airone.
Guang (guan), P. aci-guang (guan), zerhacken, ausmeisseln, zurichten — tagliare, scavare, acconciare; ran-a-guang, Schreiner, Zimmermann — falegname, marangone.
Guang-kòr, Pl. gl., Strandläufer — lat. tringa.

Guang-tim, P. aci-tim-guang, Holz spalten — impiccolire un legno.
Guang-wtok, P. aci-wtok-guang, zuspitzen — aguzzare.
Guar, P. aci-guâr, mahlen, reiben (Mehl) — tritare, stritolare (farina).
Guar-wtok, P. aci-wtok-guâr, geifern — bavare.
Guc, P. aci-guc, gelüsten, Sehnsucht haben — desiderare, aver voglia. Cf. γεύω — gusto.
Guek, P. aci-guak, betrügen — ingannare.
Guel, P. aci-guel, 1) färben — colorare; 2) Gegenstände verschiedener Farben; z. B. Perlen aneinander reihen — unir oggetti di varj colori p. e. perle.
Guél, P. aci-guél, dolmetschen, erklären — interpretare, spiegare.
Guem, P. aci-guèm, hart kauen — biasciare.
Guer, P. aci-guer, ändern, verändern — mutare, cangiare.
Guer-buòng-ic, P. aci-buòng-guer-ic, gärben, "die (natürliche) Haut verändern" — conciar pelli, "cangiar la pelle (naturale).
Guet, Pl. guèt, Glasperle (als Schmuck und Werthzeichen) — perla (da ornamento e moneta).
Guèt-ci-ròp, Perlenschnur — corona di perle. V. ruop.
Guk, Pl. gl., Getreidebehältniss — granajo. Im stat. constr. guk. B. gugu.
Guk-ic, Pl. guòk-ic, Insel — isola.
Gul, P. aci-gûl, ausweichen, entfliehen — scostarsi, sfuggire.
Gül, Pl. guòl, Stockzahn — dente mascellare.
Gul-e-piu, Pl. gulke-piu, Wasserkrug — bardacca, gula. Arab. gula.
Gun, Art — genus. Arab. gins. Cf. Benfey's W. L. II, 116.
Guol, P. aci-gul, eintauchen — immergere.
Guol, Pl. gl., Knollen, Rübe — tubercolo, rapa.
Guom, P. aci-guòm (gum), leiden, ertragen — sofferire, tollerare.
Guong, P. aci-gung (gun), sich beugen, krümmen — chinarsi, piegarsi; ci-gung, gebückt — chino.
Guong-nyin, P. aci-nyin-gung, die Augen senken — abbassar gli occhi.

Guop (guob), Pl. gup, Leib, Körper, Wesenheit, selbst — corpo, essenza, stesso.
Guop-acak-ic-eben, Pl. gup-acak-ic-eben, Kugel, — globo. V. cak u. ic.
Guop-e-gop, Pl. gup-e-gop, Kugel, „Körper eines Körpers" — globo, „corpo d'un corpo".
Guop-e-tim, Pl. gup-e-tim, Baumstamm, „Körper eines Baumes" — tronco, „corpo d' un albero".
Guop-tóu, Pl. gup-tóu, Leichnam — cadavere. V. tóu.
Guor, P. aci-guôr, Rache nehmen — vendicarsi.
Guor, P. aci-gûr, verschliessen (mit dem Thürbalken) — inserare (collo stipite).
Guor-ghut, P. aci-ghut-gûr, das Haus verschliessen — serrar la casa.
Guor-ic, offen, hohl — aperto, cavo.
Guor-wtok, P. aci-gûr-wtok, die Thür schliessen — serrar la porta.
Guòt (gut), P. aci-gut, schlagen, stechen, erstechen — battere. pungere, trucidare. Cf. lat. percutere.
Guòt-ic, P. aci-gut-ic, durchbohren, durchstochen — conficcare, traforare.
Guòt-leng, P. aci-leng-gut, Trommel schlagen — batter il tamburo. V. leng.
Guòt-nom-piñ, P. aci-nom-gut-piñ, purzeln, „den Kopf auf den Boden schlagen" — capovolgersi, „batter la terra colla testa".
Gup, v. guop.
Gûr, Pl. gl., Thürbalken — stipite. V. guor.
Gut, v. guòt.
Gut, P. aci-gut, beissen — mordere.
Gût, Gaumen, Geschmack — palato, gusto. Cf. guc.

I.

I (i), Suffixe statt yi (yin), dir, dich — a te, to.
Ic, Suffixe, entspricht dem latein. in — corrisp. al latin. „in".
Cf. yic.
Iyig, Pl. iyik, Betort, Altar — luogo di preghiera, altare.
V. yyik.
Itet, wahr, wahrlich — vero, veramente. V. etet.
Itok, v. yitok u. Gramm. §. 31.

Y.

Ya, gekürzte Form statt (f. br. di): ayá, auch, noch — anche, ancora; z. B. bei ya, bringe noch — porta ancora.
Yac, P. aci-yoc, Tabak rauchen — fumare.
Yad, P. aci-yid, springen, steigen — saltare, salire. V. yed.
Yal, P. aci-yal, tropfen, traufen, triefen — gocciolare, stillare, grondare.
Yal, P. aci-yâl, verderben — guastare; ci-yal, verdorben, eigensinnig — rovinanto, bisbetico.
Yam, P. aci-yam, einen Weg bahnen (im Grase) — far strada (nell' erba).
Yâm, Pl. gl., Rohr, Stengel — canna, stelo. V. ayâm.
Yan (yang), P. aci-yân (yâng), schinden, häuten — scorticare, spellare; z. B. an aci byông e wtâk yân, ich habe der Ziege die Haut abgezogen — io dipellai la capra.
Yap, P. aci-yâp, jagen — cacciare.
Yâp, die Jagd — caccia; ran-e-yap, Jäger — cacciatore.
Yar, Pl. yor, langes Blatt (z. B. von Mais) — foglio lungo (p. e. del granturco).
Yâu, P. aci-yiu, mauern, mit Lehm bestreichen — murare, turar con argilla.
Ye — gekürzte Form statt — f. br. per: yen, 1) ihn ihm — lo, gli; 2) Fragepartikel, bes. mit: nga — partic. interrog.

specialm. con: nga; z. B. ye yi nga? wer bist du? — chi sei tu? 3) beziehendes Fürwort — pronom. relat.; 4) copula. V. e u. é.

Yeb, P. aci-yèb, umhauen — recidere; z. B. ran aci tim yèb, der Mann hat einen Baum gefällt — l'uomo recise un albero.

Yeb, Pl. yèb, Axt, Beil — ascia, scure.

Yec, Pl. yac, Gekröse, Bauch — trippa, ventre. V. yic.

Yed, P. aci-yid, steigen, springen — salire, saltare. V. yad.

Yed, Pl. yèd, Aehre — spica.

Yed, Pl. yèd, Nacken, Hinterhals — nuca, cervice.

Yèd, Pl. yìd, Brunnen — sorgente. V. yad.

Yedí (ye...dí), wieviel? — quanto?

Yed-kóu, P. aci-yid-kóu, reiten, „den Rücken besteigen" — cavalcare, „salire sul dorso".

Yed-piñ, P. aci-yid-piñ, herabsteigen — smontare. V. piñ.

Yed-wnyal, P. aci-yid-wnyal, hinaufsteigen — montare. V. wnyal.

Yeguop, er selbst — egli stesso. V. Gramm. §. 31.

Yey, P. aci-yey, 1) zanken, einem zusetzen — altercare; incalzare; 2) trübsinnig sein — esser malinconioso.

Yek, P. aci-yek, geben, anbieten, bringen — dare, offerire, portare. B. yek.

Yek, P. aci-yik, bauen — fabbricare.

Yêk, seltene Form für — f. rara per: uék, ihr — voi.

Yekadi (yekedí), wieviel? — quanto?

Yekan, desswegen — perciò.

Yeka-ngu, was für ein? — quale?

Yek-ba-ting, P. aci-yek-ba-ting, 1) einem etwas geben zum Anschauen — dar per vedere; 2) anvertrauen, übergeben, — affidare, consegnare. V. ba u. ting.

Yek-câ, P. aci-câ-yek, säugen — allattare; z. B. tik aci câ yek mewt, das Weib hat das Kind gestillt — la donna allattò il figliuolo.

Yeke-da, unserig — nostro. V. Gramm. §. 33.

Yeke-de, seinig (ihrig) — suo (di lui), suo (di lei). V. Gramm.
§. 33.
Yeke-den, ihrig — di loro. V. Gramm. §. 33.
Yeke-dia, mein — mio. V. Gramm. §. 33.
Yeke-du, deinig — tuo. V. Gramm. §. 33.
Yeke-duen (yeke-dûn), eurig — vostro. V. Gramm. §. 33.
Yek-piu, P. aci-piu-yek, tränken, „Wasser geben" — abbeverare, dar acqua. V. piu.
Yek-uâl, P. aci-uâl-yek, 1) ein Medikament (Kraut u. s. w.) reichen — dar qualche medicina (erba); 2) vergiften — avvelenare.
Yek-uâl-ye-koyc-nok, P. aci-yek-uâl-ye-koyc-nok, vergiften, „ein Kräutlein geben, das Leute tödtet" — avvelenare, „dar erba che uccide la gente".
Yem, fein, glatt, dünn — fino, liscio, tenue; loy-yem, glätten — lisciare.
Yémane (émane), jetzt, gegenwärtig — adesso, presentemente.
Yémanic, v. yémane.
Yen, Pl. kék, er (sie, es). V. ye, e (é).
Yen (yene) 1) gewiss, ja — certo, già; 2) vielleicht — forse.
Yen, P. aci-yin, wachen — vegliare. V. yien.
Ye-nga, wer? — chi?
Ye-ngo, was? — che?
Ye-ngu, warum? was? — perchè? che?
Yenkan, sieh, siehe da! ecco, eccoti!
Yenkan, Pl. kekak, dieser (diese, dieses) — questo (questa).
Yen-kene, Pl. kék ... kak, jener dort — quegli là.
Yenkin, v. yenkan.
Yenóne, jetzt, nun — adesso, ora.
Yepec, Pl. kepec, er (sie, es) selbst — egli stesso, ella st. V. Gramm. §. 31.
Yer, P. aci-yòr, drehen, bes. einen Strick — intrecciare (una fune di pelle).
Ye-ruòn, heuer — quest' anno. V. ruòn.

Yot, Hinterhals — cervice. V. yed.
Ye-te (ye-tete), v. te.
Yetok, 1) er (sie, es) selbst — egli stesso, ella st., z. B. un yetok a wnyar uèk, der Vater selbst liebt euch — il padre stesso vi ama; 2) allein — solo, sola.
Yêu, v. gêu.
Yêwd, v. yèd.
Yi (ì), dir, dich — a te, te; v. yin u. Gramm. §. 30.
Yic, 1) Bauch, Schooss — ventre, grembo; 2) das Innere, Inwendige — l'interno, l'interiore; 3) Wahrheit, wahr — verità, vero.
Yic-di, gewiss, sicher — certo, sicuro.
Yid, P. aci-yid, steigen, springen — salire, saltare. V. yad, yed.
Yiey, P. aci-yiey, stark schreien — gridar forte.
Yien, P. aci-yìn, wachend ausruhen — riposar vegliante.
Yiguop, du selbst — tu stesso. V. Gramm. §. 31.
Yij, Pl. yèj (yij, yid), Aehre — spica; 2) Blatt — foglio; 3) Ohr — orecchio. V. yed.
Yil, P. aci-yiel, aufhören (vom Regen gebr.) — cessare (della pioggia).
Yil, P. aci-yil, jucken — pizzicare. V. jal. B. jel.
Yin, Pl. uèk, du, dir, dich. V. yi, ì.
Yir, P. aci-yir, sich schütteln (wie die Hennen) — scuotersi (come le galline).
Yit, P. aci-yit, entlauben — sfrondare.
Yitok (itok), du allein — tu solo. V. Gramm. §. 31.
Yyik (iyig), Pl. iyik, Betort, Altar — luogo di preghiera, altare.
Yoal, Pl. yoel, Kinn — mento.
Yob, P. aci yòb, schlürfen — sorbire; z. B. ghèn aci cuay yob, ich habe Brühe (Suppe) geschlürft — sorbii del brodo.
Yòd, P. aci-yod, hüpfen, springen — saltellare, correre; z. B. miwt a yòd, die Knaben hüpfen — i ragazzi saltellano. Cf. yad, yed, yid.
Yog, heiser — rauco.

Yog-rôl, P. aci-yog-rôl, heiser sein — aver la voce rauca. V. rôl.
Yok, Pl. yók, Milz — milza.
Yok, P. aci-yòk, finden — trovare; z. B. an aci jonkor yòk, ich habe das Pferd gefunden — io trovai il cavallo.
Yol, Pl. jôl, Schweif, Schwanz — coda.
Yom, Pl. yòm (yuòm), Knochen, Gerippe — ossa, scheletro; yòm-rêc, Fischgräte — lisca di pesce; yom-kóu, mager, „knöcheriger Rücken" — magro, „di dorso osseo".
Yòm (yuòm), P. aci-yom, verbrennen — abbrucciare.
Yòm, Pl. yuom, Wind — vento; yòm-atuòl, Sturmwind — turbine. V. atuòl.
Yong, P. aci-yong, belästigen, plagen, langweilen — molestare, annojare.
You (yóu), Pl. yòt, 1) Vorderleib, Brust — seno, petto; uar-you, Flussufer, „Flussbrust" — riva (petto) di fiume; 2) entlang — lungo.
Yuay (yuáe) -nom, P. aci-nom-yuay (yuáo), die Haupthaare verwirren — arruffare i capelli.
Yual, Pl. yuàl, Bart — barba. Cf. yol.
Yuèc, P. aci-yuic, 1) wählen — eleggere; 2) schleudern — slanciare.
Yued (yuet, yuit), Pl. yuet, Pfeil, Kugel (zum Schiessen) — saetta, palla. V. uèd.
Yuèd, P. aci-yuid, anspritzen — aspergere.
Yuèd-piu, P. aci-piu-yuid, Wasser anspritzen — asperger con acqua.
Yuek, P. aci-yuik, umfallen, herabfallen — cadere, cascare.
Yuèd-piñ, P. aci-yuet-piñ, 1) niederwerfen — atterrare; z. B. ghên aci ghut yued piñ, ich habe das Haus niedergerissen — io atterrai la casa; 2) schleudern — slanciare. V. yuèc; 3) besiegen — vincere.
Yuèl, P. aci-yuil, 1) kreisen, fliegen — girare, volare; 2) blitzen — fulminare; 3) schnell vorbeifliegen — lat. emicare; 4)

durchwandern — passare; 5) nahe sein — esser vicino; 6) Vollmond sein — esser plenilunio.

Yuén, Pl. yuin, Strick, Band, Schnur — fune, nastro, spago.

Yuet, v. yued.

Yuet-piñ, v. yued-piñ.

Yuio (yu-io, yúio), Wüste — deserto.

Yuio-nom, P. aci-nom-yuio, sich betäuben, „den Kopf verwüsten" — stordirsi, „guastar la testa".

Yuin-e-mûl, Zügel — redini. V. yuén u. mûl.

Yuin-e-tim, Baumrinden — scorze d'albero.

Yuir, kalt, Kälte — freddo, freddezza; a nong yuir, kalt sein, „es hat Kälte" — esser freddo; nek yuir, kalt haben — aver freddo; yuir alik, kühl — freschetto.

Yuir (uir), Fluss — fiume, κατ' ἐξοχὴν der Nil.

Yuit, v. yued.

Yuit-mâu, P. aci-yuit-mâu, betrunken sein — esser ebbriaco.

Yuom, v. yòm.

Yuom-ci-gak, Pl. yòm-ci (ci) -gak, Todtengerippe, „gebleichte Gebeine" — scheletro, „ossa imbiancate".

Yuom-e-ghoy, Pl. yòm-e-ghóy, Hüfte — anca.

Yuop, P. aci-yup, 1) prügeln — bastonare; z. B. an aci nòr yup, ich habe die Leute geprügelt; 2) hämmern, schlagen, stossen — martellare, battere, urtare.

Yuop-cok, P, aci-cok-yup, stolpern — inciampare. V. còk.

Yuop-lòd, P. aci-lòd-yup, läuten — suonar la campana. V. lòd.

Yuop-nom, P. aci-nom-yup, mit dem Kopf anstossen — urtar colla testa.

Yuor, P. aci-yòr, begiessen — inaffiare.

Yuor-piñ, P. aci-piñ-yòr, den Boden bewässern — irrigar il terreno.

Yuor-piu, P. aci-yòr-piu, mit Wasser begiessen — asperger con acqua.

J.

Jay (jáe), P. aci-jay (jáe), verschmähen, verachten, verneinen, nicht wollen — ripudiare, sprezzare, negare, non volere.
Jay-guop, P. aci-guop-jay, sich vertheidigen — difendersi.
Jay-rot, P. aci-rot-jay, v. jay-guop.
Jak, Pl. gl., Pelikan — pelicano.
Jàk (jok), Pl. gl., Satan — satanasso. B. juek.
Jal, P. aci-jàl, weggehen, sich entfernen — andar via, dileguarsi. B. jel.
Jam, P. aci-jam, sprechen, sich unterhalten — parlare, divertirsi. B. jam.
Jam-acuec, P. aci-jam-acuec, plaudern, „viel reden" — chiaccherare, „parlar molto".
Jam-arêd, P. aci-jam-arêd, beredt sein, schwätzen, „sehr reden" ciarlare, „parlar assai".
Jam-etok, P. aci-jam-etok, brummen, „einen Monolog halten" — brontolare, „parlar soletto".
Jam-yic, P. aci-yic-jam, 1) die Wahrheit sagen — dir la verità; 2) wahrsagen — vaticinare. V. yic.
Jam-mâd, P. aci-jam-mâd, flüstern — bisbigliare. V. mâd.
Jang, Pl. jong, Tisch, Tafel — mensa, tavola.
Jang (jan), Menschenschlag, Leute — razza, gente.
Jang-eben, alle Welt, alle Leute — tutto il mondo, tutta la gente.
Jang-kedia, v. jang-eben.
Jap, P. aci-jòp, stossen, umstossen — urtar (cose).
Jar, P. aci-jàr, wiederkauen — ruminare.
Jar-ic, Pl. gl., Wüste — deserto.
Jat, P. aci-jot, 1) heben, aufheben — levare, togliere; 2) gehen, wandeln — andare, passare. V. câwt.
Jat-piñ, P. aci-jot-piñ, herabheben — deporre. V. piñ.
Jat-wnyal, P. aci-jot-wnyal, hinaufheben — alzare. V. wnyal.
Jet, P. aci-jet, rösten, bräunen — arrostire, friggere.

Jyahr (jyâr), v. jar.
Jyeng (Jyen), Pl. Jyang (Jyan), Dinka-Neger; ran-e-Jyeng, ein Dinka — un Dinka; tin-e-Jyeng, eine Dinka — una Dinka; wtong-e-Jyeng (wtong-Jyeng), die Dinkasprache — lingua de' Dinka. V. wtok.
Jyer, Pl. jyèr, Schulter — spalla.
Jyèr, Pl. gl., Staubwolke — polverio.
Jyet, P. aci-jyet, kitzeln, zittern machen — solleticare, far tremare; puóu-jyet, Angst, „zitterndes Herz" — angoscia, „cuor tremante".
Jò (jó), Pl. jok, Hund — cane.
Joc, würdig — degno.
Jod, Pl. jôd, Ring — anello.
Jok, v. jåk.
Jol, böse, sündhaft — cattivo, malvagio; ran-jol (ran-a-jol), Sünder — peccatore.
Jom, P. aci-jom, gähren — fermentare.
Jon, P. aci-jon, brodeln — bulicare.
Jon, Aufruhr — rivolta.
Jon, stat. constr. v. jot, q. v.
Jon-did (jong-did), Luzifer, „der grosse Empörer" — lucifero, „il gran rivoluzionario".
Jonkor, Pl. gl., Pferd, Maulthier — cavallo, mulo.
Jon-pek (jon-fek), P. aci-jon-pek, es genügt — basta.
Jon-fuol, P. aci-jon-fuol, v. jon-pek.
Jop, P. aci-jop, zurückdrängen — rospingere.
Jo-rot, P. aci-rot-jot, sich erheben, aufstehen — alzarsi, sorgere. V. jot.
Jorot, Auferstehung — risurrezione.
Jot, P. aci-jot, ziehen — trarre.
Jot-bey, P. aci-jot-bey, herausziehen — estrarre.
Jowd, Pl. gl., Ring — anello. V. jod.
Ju, P. aci-ju, ausbessern, wiederherstellen — riparare, riattare;

z. B. an aci ghun-dia ju, ich habe meine Hütte ausgebessert — io racconciai la mia casa.

Juay (juáe, juey), Pl. gl., Krankheit, Fieber — malattia, febbre.

Juak, P. aci-juek, 1) zähmen, überwältigen — domare, soprafare; 2) sich mehren — aumentarsi; 3) vermehren, beschweren — accrescere, aggravare; z. B. ghên aci mûl juek kóu, ich habe den Esel beladen — io aggravai (caricai l' asino).

Juak-ic, P. aci-juek-ic, vereinen, anspannen — unire, attaccare.

Jual, Pl. gl., 1) Muschel — conchiglia; 2) Mörtel, Kalk — malta, calce.

Juet-nyin, P. aci-nyin-juet, blinzeln — aggrinzire V. cuat.

Juir (juer), P. aci-juir, zurichten, bereiten, verordnen — acconciare, preparare, ordinare.

Juir-rot, P. aci-rot-juir, sich bereiten — apparecchiarsi.

Juol, P. aci-juol, benetzen, eintauchen (waschen) — bagnare, intignere (lavare); z. B. ghên aci buông juol, ich habe das Kleid gewaschen — io lavai il vestito.

Juo-rot, P. aci-rot-juol, sich baden — bagnarsi.

Juot (jut), andere Formen für — altre f. per: jat.

K.

Ka, 1) Pl. von ke, Ding, Sache — cosa; 2) Pl. des Relativum. V. Gramm. §. 39.

Kâb (kâp, kab, kap), P. aci-kâb (kâp), nehmen, ergreifen, wegnehmen — prendere, cogliere, togliere. Der Imperativ ist regulär: kâp, kâpke, irregulär: kar, karke. Cf. Benfey's W. L. II. 158. 374.

Kâb-piñ, P. aci-kâb-piñ, 1) erobern — conquistare; 2) besitzen — possedere.

Kac, P. aci-kac, 1) beissen — mordere; 2) abbeissen — staccar

col morso; z. B. jó aci ran kac, der Hund hat den Mann
gebissen — il cane mersicò l'uomo.
Kac, P. aci-koc, nähen, flicken — cucire, rappezzare.
Kàc (kâc), P. aci-kôc (kâc), 1) stehen bleiben, warten —
restare, aspettare; 2) schweigen — tacere; z. B. yòm aci
kôc, der Wind hörte auf (schwieg), il vento cessò (tacque).
Ka-cia, Pl. v. ke-dia, das Meinige — il mio. V. Gramm. §. 33.
Kad, P. aci-kâd, aufschürzen — succignere.
Kâd, P. aci-kod, nachgraben, aufscharren, suchen — scavare,
arraspare, cercare. V. kot.
Káe-wnyal, P. aci-káe-wnyal, tanzen, aufhüpfen; z. B. acadir
aci káe wnyal, der Ballon hüpfte auf — la palla balzò.
V. kâj u. wnyal.
Kay, P. aci-kay, zum ersten Mal gebären — partorir la prima
volta.
Kayekan (ka-yekan), desswegen — perciò.
Kayj-piñ, P. aci-kêj-piñ, absteigen, herabsteigen — dismontare,
smontare.
Kâj (káij), P. aci-kaj, tanzen, hüpfen, springen — danzare,
balzare, saltare; z. B. dyar a kâj, die Weiber tanzen —
le donne saltano.
Kâj, P. aci-kâj (kâj, kaj), v. kâc.
Kak (kake), diese, jene — questi (queste), quelli (quelle).
Ka-ko, Pl. von ke-de, das Seinige (Ihrige) — il suo. V.
Gramm. §. 33.
Ka-ken, Pl. von ke-den, das Ihrige — di loro. V. Gramm.
§. 33.
Kâkog, Pl. kokuár, Grossmutter — nonna.
Ka-ku, Pl. von ke-du, das Deinige — il tuo. V. Gramm. §. 33.
Ka-kua, Pl. von ke-da, das Unsrige — il nostro. V. Gramm.
§. 33.
Kâkuar, Pl. karkua, Grossvater — nonno.
Kakúy, jene dort (Pl. von ketúy) — quelli là.
Ka-kûn, Pl. von ke-dûn, das Eurige. — il vostro. V. Gramm. §. 33.

Kal, Pl. gl., Zaun von Rohrstangen — siepe di canne.
Kalik (kalik), ein wenig, etwas Weniges — un poco, qualche
  cosa; z. B. yeka (yek gha) kalik, gib mir ein Bischen —
  dammi qualche cosa.
Kalikakan, ein Bischen — un poco (pezzetto).
Kam, P. aci-kom, dreschen — batter il grano.
Kam (kam-ic), Luft — aria.
Kamán, Pl. kamûn, Gast — ospite. B. komonit, Pl. komon,
  ein „Wartender" der etwas zum essen hofft — uno che
  aspetta q. c. a mangiare.
Kan, Pl. ku (kak, kaka), dieser, diese, dieses — questo, questa;
  z. B. ghèn a nong puóu kan, ich will dieses — io voglio
  questo. V. Gramm. §. 38.
Kang, seltener Pl. von kedo, Sache, Ding — cosa.
Kàn (kèn), P. aci-kûn, anlehnen — appoggiare; z. B. yen aci
  tong kûn, er hat die Lanze angelehnt — egli appoggiò
  la lancia.
Kûn-rot, P. aci-rot-kûn, sich anlehnen — appoggiarsi.
Kàp, v. kàb.
Kar, P. aci-kor, ausbreiten (bes. zum trocknen) — stendere
  (per asciugare); z. B. an aci ring kor, ich habe das Fleisch
  zum trocknen ausgebreitet — io essiccai la carne.
Kar, P. aci-kâr (kâr, kòr), suchen, nachspüren — cercare, in-
  dagare; z. B. yin a kar tàu? suchst du Früchte? — cerchi
  tu frutti?
Kar, Pl. karke, v. kàb.
Kár, da, siehe da! ecco quà; z. B. yen kár, da ist er —
  eccolo quà.
Ka-róu, beide, ein Paar — entrambi, un pajo; z. B. bak ka-róu,
  kommet alle beide — venite tutti due.
Kàr-piñ, P. aci-piñ-kòr, irren — errare; z. B. ran a kár piñ
  eben — der Mensch irrt überall — l' uomo erra da pertutto.
Kat (kawt), P. aci-kàt, schreiten, laufen — camminare, correre.
  V. jat u. câwt.

Kat ke..., P. aci-kát ke..., in die Wette laufen (bes. vot Fischen) — concorrere, guizzare (di pesci).
Kát, Pl. két, Schattendach, Hütte — tetto d'ombra, baracca.
Kau, Pl. kot, Korn, Samenkorn — grano, semenza.
Kâu, Pl. kòwt (kuowt), Same — seme.
Kàu, Pl. kòu, Dachsparren, Balken — piana, trave.
Kàu-wnyal, P. aci-kau-wnyal, hinaufklettern — arrampicare.
Ke, 1) bezieh. Fürwort — pronome relat.; Pl. ka; 2) als Substantiv: Sache, Ding — cosa; Pl. ka; 3) Suffixe Pl. 3. pers.: seine (ihre) -- suoi, sue; 4) mit — con. V. Gramm. §. 27, 3 u. §. 32.
Ké, weil, denn — poichè, perchè.
Kè (ke), gekürzte Form für — f. pr. per — kèk.
Kec (keye), sauer, bitter — agro, amaro.
Kecám, Pl. kacám, das Essen, etwas Essbares — pranzo, qualche cosa da mangiare.
Kecám-akol, Pl. kacám-akol, Mittagessen — pranzo.
Kecám-e-tey (... tehi, ... wtèn), Abendessen — cena.
Kecyék, Kürze, etwas kurzes — corto.
Kecín, ohne, „mit nichts" — senza, „con niente".
Kecít, etwas ähnliches, gleiches — simile, uguale; z. B. yin aci loy kecít nom-dia, du hast gethan, wie ich's dachte — tu facesti, come io la pensava.
Kecuéc, Pl. kacuéc, Bündel, Menge — fardello, quantità. V. cuec.
Ke-da, Pl. ka-kua, unserig — nostro.
Ke-de (kede), Pl. ka-ke, seinig (ihrig) — suo, sua. V. Gramm. §. 33.
Kede, Pl. ka (kak, kake), Sache, Angelegenheit, Gut — cosa, affare, bene; z. B. kak e piñ, die Erdengüter — i beni della terra.
Kede-eben, gemeinsam — comune, di tutti.
Ke-den (keden), Pl. ka-ken, das Ihrige — di loro. V. Gramm. §. 33.
Keden, statt kede, Geschäft, Angelegenheit — affare, cosa.

Kede-uo-dia, unserig, unser — nostro. V. ghòg.
Kedí, wie? wieviel? — come? quanto?
Ke-dia (ke-wdia). Pl. ka-cia, das Meinige — il mio. V. Gramm. §. 33.
Kedid, Pl. kadíd, Grösse, etwas grosses — grandezza, q. c. grande.
Ke-du, Pl. ka-ku, das Deinige — il tuo. V. Gramm. §. 33.
Ke-dûn (ke-duon), Pl. ka-kûn, das Eurige — il vostro. V. Gramm. §. 33.
Keg, P. aci-keg, anklagen, anschwärzen — accusare, calunniare.
Kege, weichere Form für — f. più dolce per: keke, mit — con; z. B. kege yin, mit dir — teco.
Key, Pl. key, Wasserpatate — patata d'acqua.
Keyá (ké-ya), wenngleich, obgleich — benchè, quantunque.
Keyc, v. kec.
Keyc (key', ke'), Negationspartikel im P.; z. B. keyc e (a) ping? hast du es nicht gehört? — non l'ai tu sentito? Keycke ping? habt ihr es nicht gehört? — non l'avete sentito? V. Gramm. §. 49.
Keyém, Pl. kayém, etwas feines — q. c. fina.
Keyj, P. aci-keyj, steigen — salire. B. kija. V. kåj.
Keyj-piñ, P. aci-keyj-piñ, absteigen — smontare.
Keyj-wnyal, P. aci-keyj-wnyal, hinaufsteigen — montare, salire.
Keyn, P. aci-keyn, reisen, abreisen — viaggiare, partire.
Keyn, Pl. gl., Reise, Marsch — viaggio, marcia.
Kek, Pl. von yen, sie — essi (esse).
Ke-kan (kekán), dadurch, damit — con ciò.
Kék-a-róu (kêkaróu), sie beide — essi entrambi. V. róu.
Keke (kege), mit — con. V. ke.
Kekodia (kek-wdia), sie alle — essi tutti.
Kekok (kokok), Pl. kokua, Grossmutter — nonna. V. kåkog.
Kekuar, Pl. karkua, Grossvater — nonno. V. kåkuar.
Kèl, Pl. kyel, Nashorn — rinoceronte. V. còl.
Kelanonór, Hahnenbart — barbiglio del gallo.

Kele, so, sowie — cosí, siccome.
Ken, Suffixe bei Substant. im Pl., ihre — loro (di loro). V. Gramm. §. 32.
Kene, Pl. kake (kaka, kak), jenes, das — quello, ciò.
Keng, P. aci-kèng, ächzen — sospirare.
Kèng, Pl. kèng, Thürriegel — stipite (serratura).
Kèng, Pl. ken, Schulden — debiti; z. B. an aci nong ken cuec, ich hatte viele Schulden — io ebbi molti debiti.
Ken-tin (ken-wtin), da drin — qui entro.
Keò (kéu), v. géu.
Kepec, 1) Pl. von yepec, sie selbst — eglino stessi; 2) nur — soltanto.
Kepuát, Pl. kapuát, Güte, Tugend — bontà, virtù. V. Gramm. §. 27.
Ker, P. aci-kèr, 1) umkreisen, umgeben, von allen Seiten anfallen — far cerchio, circondare, assalire da tutte le parti; 2) ringsum — in giro. Cf. gr. κιρκ u. Benfey's W. L. II, 287.
Kerác, Pl. karác, Laster, Sünde — vizio, peccato.
Ker-e-tim, Pl. ker-ke-tim (kèrke-tim), Ast, eig. baumumkreisend — ramo, prop. quello che circonda l'albero.
Keriec-eben, alles, alle Dinge — tutto, tutte le cose.
Kerór (korór), Pl. korôr, Schlange — serpe.
Ker-piñ, P. aci-kèr-piñ, liniren, eig. auf dem Boden Striche ziehen — lineare, „far linee sulla terra".
Ket, P. aci-kèt, singen — cantare.
Ket (kèt), Pl. gl., Gesang, Lied.
Ket, Pl. kèt, Schulter — omero.
Kèt (kèwt), P. aci-kèt (kèwt), rosten — arruginire; a nong kèt, rostig — rugginoso.
Kèt, Rost — ruggine.
Kèt, Pl. gl., Bahre — feretra. Cf. ket, Pl. kòt.
Ketí, Pl. katí, Kleinigkeit — piccolezza. V. ke u. tí.
Ketínakan, Pl. katiakan, Bischen, Stücklein — pochettino, particella.

Ketúy, Pl. kakúy, jenes dort — quello là.
Kéu, v. géu.
Kewt, Pl. kêwt, Galle — fiele.
Kewtyok (ke-wtyok, ketyok), nahe — vicino.
Kewton (keton), 1) wer immer — chiunque; 2) alle zusammen — tutti insieme.
Ki, selten statt ke, (Artik. Pl.).
Kia, Suffixe, v. cia u. Gramm. §. 32.
Kièc, Pl. kic, Biene, Wespe — ape, vespa. V. cièc.
Kik, zuweilen für kak oder kèk.
Kin, Pl. gl. oder kik, Suffixe = siehe da — ecco. V. yenkin.
Kir, Fluss — fiume. V. cyr.
Kiriec-eben, v. keriec-eben.
Kit, ähnlich, gleich — simile, eguale. V. cit.
Kitár (kontr. aus kir u. tar), Flussbett — alveo, „letto del fiume".
Kyel, P. aci-kil (kil), ausschelten — rimproverare. V. cyel.
Kyeñ-bey, P. aci-kyeñ-bey, auslöschen, vertilgen — spegnere, scancellare.
Kyer, P. aci-kir, 1) belohnen — premiare; 2) schmücken, zieren — decorare.
Kyet, P. aci-kyèt, genügen — bastare.
Kyú, P. aci-kyú, schreien, brüllen — gridare, ruggire, mugghire. V. cyú.
Ko, und — e. B. ko. In beiden Sprachen bedeutet es oft: mit — in ambedue le lingue signif. spesso: con; z. B. ghèn ko yin, B. nan ko do — ich und du, oder: ich mit dir — io e tu = io teco. B. nan ko magor, ich habe Hunger, eig. ich mit Hunger — ho fame = io con fame.
Kó, oder — o (ovvero).
Kó ... kó, 1) entweder ... oder — o ... o; 2) sowohl ... als auch: tanto ... quanto.
Koal (koál), P. aci-koal, stehlen, bes. Vieh — rubare, spec. bestiame. B. koya u. kolanit, Dieb — ladro.

Koang (koan), P. aci-koang (koan), schwimmen nuotare; z. B. uèné a kuoc koan, dieser Knabe kann nicht schwimmen — questo ragazzo non sa nuotare.

Kôc, kontr. aus: koyc, Leute, Volk — gente, popolo.

Kôc, P. von kâc, q. v.

Ko-cuec, eine Menge Leute — molta gente. V. koyc u. cuec.

Kod, P. aci-kod, aufscharren — scavare razzolando. B. kod.

Kod, P. aci-kôd, pedere.

Kód, oder — o. V. kó. B. kode.

Kôd (kôt), P. aci-kôd (kôt), anstossen, straucheln — intoppare, inciampare.

Kôg, P. aci-kôg, geizig sein — esser avaro; ran-kôg, Geizhals — avarone.

Kog-e-nom, P. aci-nom-kog, belästigen, den Kopf verwirren — disturbare, confondere; z. B. miwt aci gha nom kog, die Kinder haben mich belästiget (gestört) — i fanciulli mi disturbarono.

Kog-ròl, P. aci-ròl-kog, sich räuspern — spurgarsi. V. ròl.

Koy, P. aci-kôy, reiben — fregare.

Kôy, Pl. koy, Hagel, Ungewitter — grandine, tempesta.

Koyc (koy', kôc), Leute, Volk — gente, popolo. Cf. hebr. goi (goim).

Koyc-kôk, Fremde, „andere Leute" — forestieri, „altra gente". V. kôk.

Koyc-lik, Einige, Wenige — alcuni, pochi. V. alik.

Koyc-mad, Gesellschaft, „Leute, die sich grüssen" — società, „gente che si saluta". V. mad.

Koyc-mât-ghut, Familie, „Leute, die in einem Hause vereinigt sind" — famiglia, „gente radunata in una casa". V. mât u. ghut.

Koyc-toktok, mancher — qualcheduno. V. tok.

Koy-cuec, v. ko-cuec u. cuec.

Koyn (im Pr. oft kuoyn), P. aci-koyn, helfen, unterstützen,

ernähren, erlösen, nützen, vertheidigen — ajutare, giovare, nutrire, salvare, difendere.
Koyn-rot, P. aci-rot-koyn, 1) sich selber helfen — salvarsi; 2) sich vertheidigen, entschuldigen — difendersi, scusarsi.
Koyn, Erlösung, Rettung — redenzione, salvamento.
Kòj, P. aci-kòj, nähen — cucire; z. B. tik aci byòng kòj, das Weib hat das Kleid genäht — la donna cuci il vestito.
Kòk, Pl. gl., Bienenstock — alveare.
Kòk, Pl. kok (stat. constr. kon), Arm, Elle — braccio, canna.
Kòk, P. aci-kok, 1) auswandern — emigrare; 2) verlassen — lasciare; 3) hastig und viel essen — mangiar molto con avidità.
Kòk, P. aci-kòk, sich räuspern — spurgarsi. V. kog-ròl.
Kòk, Pl. von dé, andere — altri. V. dé.
Kol, P. aci-kol, ausweichen, entfliehen — evitare, sfuggire; z. B. an aci lay kol, ich bin dem Thiere entwischt — io evitai la fiera.
Kòl, P. aci-kòl, Vieh stehlen — rubar bestiame; ran-a-kòl, Viehdieb — ladro di bestiame. V. koal. Cf. gr. κλέ-πος und Benfey's W. L. II, 170.
Kòl, stolz — altiero; ran-kòl, ein stolzer Mann — uom superbo.
Kom, Pl. kam, Wurm, Insekt — baco, insetto.
Kòr, jung, klein, wenig — giovine, piccolo, poco. V. akòr.
Kòr, P. aci-kòr, 1) suchen — cercare; z. B. ghèn aci ghuen-dia kòr, ich habe meine Kuh gesucht — io cercai la mia vacca; 2) vagiren — girare. V. kar.
Kòr, Pl. kor, der grosse afrikanische Löwe — il gran leone dell' Afrika. V. Kaufmann a. a. O. p. 33.
Korór, v. kerór.
Kòt, Pl. kòt, Schild — scudo.
Kòt, P. aci-kòt, etwas antreffen, auf etwas stossen — trovare q. c., incappare.
Kóu, Pl. kot, 1) Rücken — tergo; 2) Suffixe: hinter, auf — dietro, su...

Kòu, Pl. kòwt, Dorn, Spitze — spina, pungiglione; Pl. Dornstrauch — pruno.
Kôwt (kuowt), Pl. von kâu, Same — semente. V. kuot.
Ku, zuweilen für ko oder kó, und, mit — e, con.
Ku, 1) seltene Suffixe bei der 1. Pers. Pl. Pr.; z. B. a nyic-ku statt: ghòg a nyic, wir wissen — noi sappiamo; 2) Suffixe im Pl. z. B. mêd-ku, deine Freunde — i tuoi amici.
Kua, Suffixe im Pl., unser — nostri (nostre); z. B. mêd-kua, unsere Freunde — i nostri amici.
Kuac, Pl. kuèc, Tiger, Panther — tigre, specie di leopardo.
Kuad, P. aci-kuâd, 1) antreiben, stacheln — spingere, spronare; 2) geleiten, führen, regieren — accompagnare, condurre, reggere. Cf. kuat.
Kuad-kerác-ic, P. aci-kuâd-kerác-ic, verführen, „zu etwas Bösem antreiben" — sedurre, „spingere qualcheduno a far male".
Kuag, P. aci-kuag, verdecken — coprire.
Kuag-rot, P. aci-rot-kuag, sich schützen, verstecken — proteggersi, nascondersi.
Kuayn (kuañ), P. aci-kuayn (kuañ), auflesen, sammeln — raccorre, adunare.
Kuayn-ic, P. aci-kuayn-ic, wählen, auswählen (das Gute) — scegliere (il meglio).
Kuayn-bey, P. aci-kuayn-bey, ausschliessen (das Schlechte) — escludere (il peggio).
Kuaj, Pl. kuej, Fischschuppe — squama.
Kuak, P. aci-kuék, 1) die Arme über einander schlagen, um sich zu wärmen — combatter le braccia per riscaldarsene; 2) umarmen — abbracciare; 3) bleiben, noch da sein — restare; 4) zögern — indugiare.
Kuak, P. aci-kuek, reinigen, säubern — mondare, purgare; z. B. ghên aci akuèm kuek, ich habe die Bohnen gereinigt — io mondai i fagiuoli.
Kuak-bey, P. aci-kuêk-bey, lang ausbleiben — restar fuori molto tempo.

Kuák-piñ, P. aci-kuék-piñ, ergreifen, erhaschen — formare, acchiappare.
Kual, v. koal u. kòl.
Kuang, P. aci-kuang, meisseln, aushauen — scarpellare, scavare.
Kuang, v. koang.
Kuar, P. aci-kuar, zusammenhäufen — raccorre.
Kuarang (kuaran), Pl. kuarång (kuarân), Zweizack, Heugabel — forca da fieno. P. kuára ⹀ Feuerzange (Feuerkluppe) — molle da rattizzar il fuoco.
Kuar-bey, P. aci-kuar-bey, hinauswerfen (bes. in grossen Massen) — gettar fuori (spec. in gran quantità).
Kuar-ngad (nyad), P. aci-ngad-kuar, abrahmen — levar il fiore dal latte. V. ngad.
Kuar-piñ, P. aci-kuar-piñ, zusammenrechen (mit dem Rechen) — raccorre (con rastrello).
Kuar-rot, P. aci-rot-kuar, davon laufen, sich flüchten — correr via, fuggirsi.
Kuat (kuawt), P. aci-kuet (kuewt), 1) anhäufen, sammeln — ammassare, raccorre; 2) gewinnen, sich bereichern — guadagnare, arricchirsi; kuet (ci-kuet, ci-kuet, ci-kuet-uèu) = reich — ricco; 3) sich sättigen — saziarsi; ci-kuet-cam, satt — satollo.
Kuat, P. aci-kuat, 1) zurichten — apparecchiare; 2) einpacken — imballare; 3) führen, hineinführen — condurre, introdurre.
Kuàt, Pl. gl., Volk, Stamm — gente, tribù.
Kûc, v. kuoyc.
Kuêd, P. aci-kued, feindlich gesinnt sein, anfeinden — aver rancore contro uno.
Kuey, P. aci-kuey, rülpsen — ruttare.
Kuèy, Pl. kuêt, Fischadler — arione.
Kueyc (kuec), P. aci-kuèyc (kuèc), 1) nicht wollen — non volere; 2) nicht hören, nicht gehorchen — non udire, non ubbidire; 3) abschlagen — rifiutare; 4) nicht wissen — non sapere. V. kuoyc.

Kuéyen, Pl. gl., 1) Bösewicht — scellerato; 2) berüchtigt — diffamato.
Kuek, P. aci-kuèk, benagen, benaschen, enthülsen — assaggiare, sgusciare.
Kuêk, P. aci-kuêk, zögern, zaudern — indugiare.
Kuel, P. aci-kuel, huren — puttaneggiare.
Kuèl, Pl. kuel (kuél), 1) Stern, Gestirn — stella, astro; 2) Sykomore (mit Kittharz) — sicomoro (con mastice).
Kuem, P. aci-kuèm, brechen, zerbrechen — rompere, spezzare; z. B. uèn aci biñ e piu kuèm, der Knabe hat das Trinkgeschirr zerbrochen — il fanciullo ruppe il bicchiere.
Kuen, P. aci-kuèn (kuen), 1) zählen — numerare; 2) sammeln, lesen — raccorre, leggere. B. ken.
Kueng, selten statt: e-nga, was denn? — che mai?
Kuèng, P. aci-kuèng, 1) schwören, beschwören — giurare, scongiurare; 2) lästern — ingiuriare.
Kuèr, P. aci-kuer, fliessen, rinnen — fluire, scorrere.
Kuèr, Pl. kuer, Weg, Strasse — via, strada.
Kuêr-ajid, Pl. kuêr-ajid, Kamm (der Hühner) — cresta. V. ajid.
Kuet, reich — ricco. V. kuat.
Kuet, P. aci-kuét, tragen — portare.
Kuet, Pl. kuèt, Tasche — tasca. V. kèt.
Kuet (kuewt), P. von kuat.
Kuet-rot, P. aci-rot-kuét, sich verstellen — dissimulare.
Kuy, selten für kuoy.
Kuyc, v. kuoyc.
Kuye (selten), und, und wenn — e, e sc.
Kuyn, v. cuyn.
Kuluin, Pl. gl., Ratte — ratto, topo.
Kûm (kuom), P. aci-kum, bedecken, zudecken — coprire; akum, Deckel — coperchio.
Kûm-nyin, P. aci-nyin-kum, die Augen verbinden — bendar gli occhi. V. nyin.
Kûm-nom, P. aci-nom-kum, 1) das Haupt bedecken — coprir

la testa; 2) den obern Theil eines Geschirres zudecken — coprir la parte superiore d'un vaso.

Kům-wtok, P. aci-wtok-kum, zustopfen — turare.

Kům-wtok-piñ, P. aci-kum-wtok-piñ, umstürzen — rovesciare.

Kůn (kuon), Suffixe, euer — vostri (vostre). V. Gramm. §. 32.

Ku-ne (ko-ne), mit diesem — con questo (questa).

Kuóad, P. aci-kôd, anblasen, anzünden — sofflar nei carboni, accendere.

Kuoc, v. kuoyc.

Kuoy, P. aci-kuy, rufen, um Hilfe schreien — gridare, chiamar in ajuto.

Kuoy, Stimme — voce.

Kuoy, P. aci-kòy, mit der Hand reiben — fregar con mano.

Kuoyc (kuoc, kuyc, kůc), P. aci-kůc, nicht wissen — non sapere; z. B. ghên a kuyc, ich weiss es nicht — non lo so; ghôg a kuycku, wir wissen es nicht — nol sappiamo; uêk kuocke kan? ihr wisset das nicht? — nol sapete voi? Cf. akey' u. nyic.

Kuoyc-jam-apuat, P. aci-kůc-jam-apuat, lallen, „noch nicht gut zu reden wissen" — balbettare, „non saper parlar bene".

Kuok (kuk), die Nilkrätze — scabbia nilotica.

Kuom, v. kům.

Kuon, P. aci-kòn, abschlagen, abweisen — ricusare, rifiutare.

Kuot, P. aci-kut (kůt), viel sein, stark sein — esser in gran numero, esser forte; yðm akut, Sturmwind — turbine. V. akut u. kuat.

Kuot ic, P. aci-kůt-ic, zusammenlegen, zusammenstecken, verbinden (Wunden) — comporre, radunare, curare (piaghe).

Kuot-nom, P. aci-kůt-nom, vermehren, zusammenhäufen — accumulare, ammucchiare.

Kuot-piñ, P. aci-kůt-piñ, vergraben — sotterrare.

Kuowt, v. kòwt.

Kůr, Pl. kur, Stein, Fels, Berg — pietra, sasso, montagna.
Cf. Wurzel *kρ* im Benfey's W. L. II, 174.

Kûr, Kindheit — infanzia.
Kuré, Pl. kuór (kuor), Turteltaube — tortora. B. gure. Cf. girren — gemire.
Kuré-kut (kût), sehr viel, dicht besetzt, dicht bewaldet — — assai molto, fitto, boscaglioso. V. kuat u. kuot.
Kûr-e-mac, Pl. kur-e-mac, Schwefel, „Feuerstein" — zolfo, „pietra focaja". V. mac.
Kut-buot, einreihig — in una fila.
Kû-tok, einstimmig — d'accordo. V. kuoy u. tok.
Kut-tok, mitsammen — insieme. V. kuot u. tok.
Kutúy, dort — colà.

L.

Labibir, P. aci-labibir, glänzen, flimmern — splendere, brillare.
Labiró, P. aci-labiró, blitzen — lampeggiare.
Lac, P. aci-lâc, pissen — pisciare.
Lâc, Urin — orina.
Lâc, P. aci-loc (loyc), wählen, auserwählen — scegliere, eleggere; Imperativ: loyc, Pl. loycke; z. B. ghên aci dyak loc, ich habe drei ausgewählt — io ne scelsi tre.
Lacik, 1) gerade, aufrecht — dritto, ritto; 2) aufrichtig, gerecht, treu — sincero, giusto, fedele.
Lacit, v. lacik.
Lacok, v. lacik.
Lacuè, P. aci-lacuè, leiden, schmerzen, trauern — patire, dolersi, rattristarsi.
Lâg, Aufgang, Morgen, Osten — oriente, levante.
Laht, Pl. lat, Gürtel — cintura, fascia.
Lay (ley), Pl. lay, Thier, bes. wildes — bestia (spec. feroce).
Lay-e-cok-nguan, Pl. gl., Vierfüssler — quadrupede. V. cok u. nguan.

Layn, P. aci-layn, sich häuten — cangiar la spoglia; ci-layn, 1) geschunden — scorticato; 2) voll Wunden — pieno di piaghe.

Layn-guop, P. aci-guop-layn, v. layn.

Lak, gehet — andate. V. Gramm. §. 52, 2.

Lǎk, P. aci-lǎk, baden, waschen, taufen — lavarsi, lavare, battezzare. B. laju.

Lǎk, Taufe — battesimo.

Lakir, P. aci-lakir, fliessen, sprudeln — fluire, gorgogliare.

Lalelor, eben, flach — piano, piatto.

Laluy, P. aci-laluy, pulsiren, schlagen — pulsare, battere.

Lam, P. aci-lam (lom), 1) verfluchen — maledire; 2) den Teufel mit Opfern versöhnen — scongiurar il satanasso con sacrificî. B. lèmbu, verfluchen — esecrare.

Lam-Dén-did, P. aci-Dén-did-lam (lom), 1) Gott opfern — sacrificare al Signore; 2) beten — pregar Iddio. Cf. benedicere u. in faciem benedicere (Job I, 11), sowie das semitische barak (bârek).

Lan-còl, Pl. lay-còl, Büffel, „das schwarze Thier" — bufolo, „bestia nera". V. lay.

Lang (lan), Gold — oro.

Lang-lang (langlang), glänzend, sehr schön — lucente, molto bello. V. lang.

Lanip (lanip), fein, zierlich, glatt — fino, avvenente, liscio.

Lǎp, P. aci-lap, 1) lecken — leccare; 2) schlucken — trangugiare.

Lâp, Nachgeburt — secondina.

Lar? sollen wir gehen? — andiamo? V. Gramm. §. 52, 2.

Lar, P. aci-lâr (lar), beherbergen — alloggiare; z. B. an aci ran lâr, ich habe den Mann beherbergt — io alloggiai l' uomo.

Lâr, P. aci-lar, weit weg tragen, fortführen — deportare, recar lontano.

Larak, P. aci-larak, hängen, stecken bleiben — star pendente, sospeso.

Larok, mittelmässig — mediocremente.
Lât, P. aci-lat, 1) schimpfen, spotten — oltraggiare, beffare; 2) ungerecht sein — esser ingiusto.
Lât, Pl. gl. Schimpf, Spott — oltraggio, offesa; 2) Ungerechtigkeit — ingiustizia.
Latíru, P. aci-latíru, 1) hüpfen — saltare; 2) schnellen — slanciare; 3) elastisch — elastico.
Láu, P. aci-láu, herausfischen (mit den Händen) — pescar fuori (colle mani). V. aláo.
Lâwt (lât), Pl. lėwt (lêt), Ruder — remo.
Lé, kurze Form für — f. br. per — alé.
Lec, P. aci-lèc, loben, preisen — lodare, glorificare; z. B. yen aci Dén-did lèc, er hat Gott gepriesen — egli lodò Iddio.
Lėd, Pl. led, eine Art Kartoffel, die aber auf Stauden wachsen — una specie di patate, che crescono sugli arbusti.
Lėdi, gewiss, sicher — certo, sicuramente.
Leg, P. aci-leg, bewegen — muovere.
Leg-nom, aci-nom-leg, den Kopf schütteln — scuoter la sesta.
Lé-ic, 1) wild — fiero; 2) fremd — straniero.
Ley, v. lay.
Lèj, Pl. lej, Zahn — dente; z. B. ghèn a tòk lèj, mir thut der Zahn weh — mi duole il dente.
Lej-gul, Stockzähne — denti mascellari.
Lek, P. aci-lek, sagen, erzählen, anzeigen — dire, raccontare, palesare. Cf. λέγειν.
Lek, P. aci-lèk, fischen — pescare; ran a lek, Pl. ròr e lek, Fischer — pescatore.
Lèk, Pl. lêk, Stämpfel (im Mörser) — pestone.
Lek-apuat, P. aci-lek-apuat, versichern, erklären — assicurare, dichiarare. V. apuat.
Lek-jan-eben, P. aci-lek-jan-eben, veröffentlichen, „allen Leuten sagen" — palesare, „dir a' tutti".
Lek-lek (leklek), Pl. gl., 1) Trappe — ottarda; 2) geflecktes Thier — animale macchiato.

Lek-tok, P. aci-lek-tok, mittheilen. „einem sagen" — comunicare, „dir ad uno".
Lëkur, Pl. gl., Schildkröte — tortora.
Lek-wtok, P. aci-lek-wtok, mündlich mittheilen — comunicar a voce. V. wtok.
Lel, P. aci-lèl, reitzen, erzürnen — stimolare, adirare.
Lelaler, P. aci-lelaler, schaukeln — dondolare, dimenare.
Leleleng, 1) glänzend — lucente; 2) Gold — oro.
Lélit, P. aci-lélit, klopfen (bes. vom Herzen) — palpitare (spec. del cuore).
Lélelit, P. aci-lélelit, v. lélit.
Leliklik, P. aci-leliklik, v. lélit.
Lélit-puóu, P. aci-lélit-puóu, Herzklopfen haben — aver il batticuore. V. puóu.
Lel-wtok, P. aci-lel-wtok, aus dem Munde schäumen — bavare. V. wtok.
Lem, P. aci-lom (lem), lesen — leggere.
Lèm, Pl. lèm Klinge, Messer — lama, coltello.
Len, P. aci-lèn, herausfordern, reitzen — provocare, instigare.
Len-Dén-did, P. aci-Dén-did-lon (lèn), Gott opfern, versöhnen — sacrificare, placar Iddio; z. B. yin aci Dén-did lon, du hast Gott geopfert — tu sacrificasti al Signore. Cf. lam-Dén-did.
Lèng (lèn), Pl. lèng, Trommel — tamburo.
Leng (len), P. aci-lèng, schmelzen (trans. u. intrans.) — fondere, liquefare (liquefarsi).
Leo, v. leu.
Lèr, P. aci-ler (lar), wälzen — volgere.
Lèr-beyc, P. aci-lar-beyc, landen — approdare. V. beyc.
Lèr-rot, P. aci-rot·ler, sich wälzen — volgersi.
Let, Pl. gl., Sieb — crivello.
Léti, v. lêwti.
Leu (leo), P. aci-leu (leo), 1) im Stande sein, können — esser capace, potere; 2) nützen — giovare (v. neutr.).

Leu, P. aci-leu, durchbohren — forare.
Lêwd, Pl. lewd, Erdäpfel — patata di terra.
Lêwti (lèti), P. aci-lawd (lùt, lat), vor Furcht oder Kälte zittern — tremar dal freddo o paura.
Lyâb, P. aci-lyèb, vereinigen, verbinden — unire, legare.
Lyâb, P· aci-lyab, in Unordnung bringen (von Sachen) — arruffare (di cose).
Lyac, P. aci-lyac, 1) empfangen — concepire; 2) schwängern — ingravidare.
Lyak-ic, P. aci-lyak-ic, untereinander bringen — frammischiare.
Lyal, P. aci-lyal, 1) scheu herumblicken — riguardar intorno paurosamente; 2) zürnen — adirarsi; 3) verachten – sprezzare.
Lyang, P. aci-lyang, eintauchen, benetzen — intingere, bagnare.
Lyap, P. aci-lyap, 1) verwirrt sein — esser confuso; 2) verwirren, vermischen — disordinare, confondere; 3) sich beunruhigen — inquietarsi. Cf. lyâb.
Lid, weissgrau — bigio.
Lid, Pl. gl., Falke — falcone.
Lyeb (lyep), Pl. lib (lip), Zunge — lingua; stat. constr. lyem. V. Gramm. §. 11.
Lyeb, P. aci-lyèb, öffnen, bes. ein Geschirr abdecken — aprire, spec. schiudere qualche vaso.
Lyeb-ic, P. aci-lyeb-ic, 1) ausbreiten, ausdehnen — distendere, spiegare; 2) hin und her reden — discorrere.
Lyeb-nom, P. aci-nom-lyèb, abdecken — scoprire.
Lyeb-wtok, P. aci-wtok-lyèb, v. lyeb-nom.
Lyec, P. aci-lyèc, schauen, zurückschauen — guardare, volger gli sguardi.
Lyec, Pl. gl., der Blick — sguardo.
Lyed (lyet), Pl. lyèd, Sand, Staub — arena, polvere.
Lyed, aschgrau — bigio, color di cenere.
Lyek, P. aci-lyek, schlingen, verschlucken — inghiottire, ingojare. V. alyek.

Lyèk, P. aci-lik (lik), wenig sein — esser scarso, poco. V. alik (alik).

Lyel, 1) unten, unter — giù, sotto; z. B. tim lyel, unter dem Baume — sotto l'albero; 2) unterwürfig — sottomesso; 3) Norden — settentrione.

Lyem (lim), aci-lim (lim), 1) bitten, betteln — pregare, mendicare; z. B. limke ko uék abi kâp, bittet und ihr werdet empfangen — pregate e riceverete; ran a lim (lyem), Pl. ròr e lim, Bettler — mendicante; 2) leihen — imprestare.

Lyen, grau, aschgrau — grigio, color di cenere. V. lyed.

Lyèr (lir), P. aci-lyèr, 1) kalt sein — far freddo; 2) kalt werden — diventar freddo; z. B. cuay aci lyèr, die Speise ist kalt geworden — il cibo si è fatto freddo.

Lyèt, Sand, Staub — sabbia, polvere. V. lyed.

Lyét, Herzklopfen — batticuore. Cf. lélit.

Lik (lik), v. alik.

Lil-um, P. aci-lil-um, den Schnupfen haben — esser costipato al naso. V. ûm.

Lin, Pl. gl., eine grosse Harpune — rampone.

Lir, v. alir u. lyèr.

Lir, P. aci-lir, trennen, abschneiden — separare, tagliare.

Lir, P. aci-lyer, ruhen (von Thieren) — esser tranquillo (di bestie).

Liu, nicht sein, nicht da sein — non essere, non esistere. V. aliu.

Lyoy, P. aci-lyoy, beugsam, weich sein — esser duttile, molle.

Lyok, P. aci-lyak, rühren, Brei kochen — diguazzare, mescolare.

Lo, P. aci-lo, gehen — andare. V. Gramm. §. 52, 2.

Lo-akoriec, P. aci-lo-akoriec, oft besuchen — frequentare. V. akoriec.

Lòan, P. aci·lòan, verwirren — ingarbugliare.

Lób, 1) Getreide, Weitzen, Korn — gran, formento, segale; 2) eine Art Reis, die in jenen Gegenden vorkommt — specie di riso, che vi è in quei siti.

Lo-bey, P. aci-lo-bey, weggehen — andar via.

Lo-bey', P. aci-lo-bey', ausgehen — sortire. V. beyc.
Loc (loyc), Pl. lôc, Stock, Pflock — bastone, cavicchio.
Lòc (lóyc), P. aci-lòc (loyc), eilen — affrettarsi; Imperativ: lôc, locke — vorwärts — avanti, presto. V. lo u. dayc.
Lo-cyèng, P. aci-lo-cyèng, folgen, „hinten drein gehen" — seguire, venir l' ultimo.
Lòd, Pl. lôd, Glocke — campanello.
Log, P. aci-lag, daherschwimmen (von leichten Gegenständen) — venir a nuoto (di oggetti leggieri).
Logó (logò, lokò), gehen wir im Frieden! — andiamo in pace. V. Gramm. §. 52, 2.
Loy, anders, verschieden — altrimenti, diversamente.
Loy (luoy), P. aci-loy (luy), machen, arbeiten, dienen — fare, lavorare, servire.
Loy (luoy), Pl. loy (luy), Arbeit, Mühe — lavoro, fatica.
Loy-abâr (bâr), P. aci-loy-bâr, verlängern, „lang machen" — prolungare. V. abâr.
Loy-adid (did), P. aci-loy-adid (did), vergrössern — ampliare, V. adid.
Loy-adil, P. aci-loy-adil, dick machen — ingrossare. V. adil (adîl).
Loy-adum, P. aci-loy-adum, einen Graben machen, aushöhlen — far una fossa, scavare. V. adum.
Loy-agér, P. aci-loy-agér, weiss machen, verweissen — imbiancare V. agér.
Loy-alé, P. aci-loy-alé, verschioben — procrastinare. V. alé.
Loy-alik, P. aci-loy-alik, verkleinern — diminuire. V. alik.
Loy-amyed, P. aci-loy-amyed, versüssen — addolcire. V. amyed.
Loy-apuat, P. aci-loy-apuat, verbessern, verschönern — migliorare, abbigliare. V. apuat.
Loy-bî, P. aci-loy-bî, machen lassen (facere fiat), veranlassen — cagionare. V. bî.
Loy-bi-dèm, P. aci-loy-bi-dèm, heilen, kuriren — guarire, curare. V. dem.

Loy-kerác, P. aci-kerác-loy, sündigen, „Böses thun" — peccare, „far male". V. kerác.

Loy-long, P. aci-long-loy, Busse thun — far penitenza. V. long.

Loyn, P. aci-loyn, 1) fallen — cascare; 2) fallen lassen — lasciar cadere; 3) entlassen — licenziare.

Loyn-bey, P. aci-loyn-bey, entlassen, verabschieden — licenziare, congedare.

Loyn-piñ, P. aci-loyn-piñ, herabfallen — cascar da alto.

Lòj (loyj), P. aci-loj, pfeifen — fischiare.

Lok, P. aci-luok, 1) reifen — maturare; 2) fruchten — fruttare.

Lok, P. aci-lôk, auf dem Wasser schwimmen — galleggiare; z. B. tim a lok, das Holz schwimmt daher — il legno galleggia.

Lôk, P. aci-lòk (lôk), erben — ereditare.

Lól, P. aci-lól, ziehen, zerren, reissen — trarre, stirare, strappare.

Lól-bey, P. aci-lól-bey, ausreissen — svellere.

Lo-lontúy, P. aci-lo-lontúy, überschreiten, eindringen — oltrepassare, inoltrarsi (andar lontano).

Lòm, P. aci-lòm, anklagen, verleumden — accusare, calunniare. V. luòm. B. lòm, beschimpfen — diffamare.

Lòm, Pl. lom, 1) Seite, Rippe, Lende — canto, costa, fianco; 2) Suffixe: neben, an — appresso; alòm, an der Seite — accanto.

Lon, 1) v. long; 2) dass, auf dass (selten) — che, affinchè.

Lone, aber, allein — ma.

Long (lóng), Pl. gl., 1) Seite, Stück, Antheil — canto, pezzo, parte; 2) Suffixe: neben, längs — accanto, lungo. Cf. lòm.

Long (lon), P. aci-long (lon), 1) rasten — riposare; 2) um Verzeihung bitten, Busse thun, versöhnen — domandar perdono, far penitenza; riconciliare.

Long, 1) Ruhe — riposo; 2) Verzeihung, Busse — perdono; penitenza.

Longde (lòngde), Theil, Stück — parte, pezzo.

Long-dyak (lòng-dyak), ein Drittel — un terzo.

Long-guop, Pl. gl., ein Glied des Leibes, „Stück Leib" — membro, „pezzo del corpo".
Long-tey (lòng-tey), Mitte, Hälfte — mezzo, metà.
Longtí, Stück, Brocken — pezzo, boccone.
Longtinakan, Pl. longtiakan, Stücklein — pezzettino.
Longtíntet, Pl. longtitet, v. longtinakan.
Long-túy, jenseits (Suffixe) — di là.
Lóð, P. aci-lóð, pfeifen — fischiare.
Lor, gehe — vattene. V. Gramm. §. 52, 2.
Lor, P. aci-lòr, festlich empfangen, beherbergen — accogliere alcuno con festa, alloggiare.
Lòr, angenehm, gern gesehen — aggradevole, ben veduto.
Lorò (loró), gehe im Frieden — vattene in pace. V. Gramm. §. 52, 2.
Lo-ror, P. aci-lo-ror, auf die Seite gehen (nothdurftshalber) — cacare. V. ror.
Lòt, v. lòd.
Lotomtom, P. aci-lotomtom, zerbrechen (intrans.) — fracassarsi.
Lo-tuèng, vorausgehen — andar primo. V. tuèng.
Lóu (alóu), weissgrau — bigio.
Lo-wnyal, P. aci-lo-wnyal, hinaufsteigen — ascendere. V. wnyal.
Luad, P. aci-luad, überbringen — recare.
Luay, P. aci-luay, dehnen, strecken — distendere, stirare.
Luayn, P. aci-luayn, sich häuten — scorticarsi.
Luak (luñk), P. aci-luak, dienen, Sklave sein — servire. V. aloák (aluák).
Luâk, Pl. luék, 1) Haus, Gehöfte — casa, tenuta; 2) Viehstall — stalla de' bestiami; 3) Molluske — mollusko nella conchiglia.
Luál (lual), roth — rosso.
Luañ, Pl. lueñ (luen), Fliege, Mücke — mosca.
Luâng-e-Dén-did, Pl. luâk-e-Dén-did, Kirche, „Haus Gottes" — chiesa, „casa di Dio". V. luâk.
Luang (luan) -rot, P. aci-rot-luang, sich fortschleichen — sparire.

Luat, P. aci-luat, welken — divenir vizzo.
Luat, Pl. von luet.
Luèk (luèg), P. aci-luek, 1) bewegen, erschüttern — muovere, scuotere; 2) zittern — tremolare; z. B. piu a luok, das Wasser bewegt sich — l'acqua ondeggia.
Luèk-rot, P. aci-rot-luek, sich bewegen — muoversi.
Luel, P. aci-luel, sagen, sprechen, reden, verkünden, erzählen — dire, parlare, annunziare, raccontare. Cf. sanscr. lal-ana, Zunge — lingua; gr. λαλεῖν, u. „lallen" — balbettare.
Luel, Pl. luèl, Rede, Wort, Erzählung, Nachricht, Predigt — discorso, parola, racconto, avviso, predica.
Luel-aréd, P. aci-luel-aréd, schwätzen, „sehr reden" — ciarlare, „parlar assai".
Luel-e-nok, P. aci-luel-e-nok, zum Tode verurtheilen — condannar alla morte. V. nek.
Luel-e-nok, Pl. luèl-e-nok, Todesurtheil — condanna.
Luel-etet (itet), P. aci-luel-etet (itet), 1) richten — giudicare; 2) recht urtheilen — decretar bene. V. etet.
Luel-yic, P. aci-luel-yic, v. luel-etet.
Luel-uel, P. aci-uel-luel, diktiren, vorsagen — dettare. V. uel.
Luel-uet-apyat, P. aci-uet-luel-apyat, sich rühmen — vantarsi.
Luet, Pl. luat, Wolke — nuvola.
Luewd, P. aci-luèwd, lügen — mentire; z. B. yin a luewd wtor, du bist ein Erzlügner, „lügst stark" — tu menti fortemente. V. wtor.
Luéwd, Speichel — saliva, sputo.
Luk, P. aci-lûk, 1) urtheilen — giudicare; 2) verurtheilen — condannare.
Lùk, 1) Friede — pace; 2) Gericht — giudizio; ran a lùk, Richter, Friedensrichter — giudice; 3) Gerechtigkeit — giustizia. V. luok.
Lùk, P. von luok.
Luy (luoy), v. loy.
Lum, P. von luom.

Lûn (lung), Pl. luon (luong), Armring — braccioletto.
Luoát, P. aci-luat, sich vereinigen (von Wolken) — unirsi (delle nuvole).
Luob (luop), P. aci-lŏb (lŏp), 1) folgen — seguire; z. B. ghèn aci uâ lŏp, ich bin meinem Vater gefolgt — io seguii mio padre; 2) aufspüren — indagare.
Luoy (loy), P. aci-loy, arbeiten — travagliare.
Luoy (loy), Pl. gl., Arbeit, Dienst, Werk — lavoro, servizio, opera.
Luoy-did, Pl. gl., Beschwerde, „grosse Arbeit" — fatica, „gran lavoro".
Luok, P. aci-lûk (luok), versöhnen, Frieden stiften — conciliare, pacificare.
Luom, P. aci-lum, ungerecht anklagen — accusar ingiustamente. V. lòm.
Luong (luon), Pl. gl., Lederschlauch — otre (di cuojo).
Luong-bey, P. aci-luòng-bey, ausgiessen, „entschlauchen" — versare; z. B. ghèn aci piu luòng bey, ich habe Wasser ausgegossen — io versai dell' acqua.
Luop, P. aci-luop, erzählen — raccontare.
Luop, Pl. gl., Erzählung, Gleichniss — racconto, similitudine.
Luor, P. aci-lòr, v. lor.
Luot, P. aci-luòt, legen, stellen — mettere, porre.
Luòt (aluòt), oft, täglich, immer — spesso, ogni giorno, sempre; acíe luòt, manchmal (nicht oft) — talvolta (non spesso); auer luòt, öfter — più volte.
Luot-tin (wtin), P. aci-luòt-tin, 1) einlegen — por dentro; 2) anreihen — infilare.

M.

Mâ, Pl. mar-cia, meine Mutter — mia madre. V. Gramm. §. 35.
Mac (mayc), Pl. méc, Feuer, Licht — fuoco, lume; stat. constr. mayn (mañ).

Mac, P. aci-mâc, binden, anbinden — legare, allacciare; z. B. ghên aci cuêr mâc, ich habe die Räuber gebunden — io legai i ladri.
Mad, P. aci-muod (mòd), grüssen — salutare; Imperat. maddo, madke. V. Gramm. §. 48.
Mad, Pl. mêd (mêd-kia), mein Freund, Gefährte — amico mio, compagno mio. V. Gramm. §. 37.
Mâd, langsam, leise — pian piano, sotto voce. B. madang.
Mà-da, unsere Mutter — la nostra madre. V. Gramm. §. 35.
Mà-did, Pl. mar-kua-did, meine Grossmutter — mia nonna.
Magarók, Pl. magarók, Flasche, Krug, Glas — fiasco, bottiglia, bicchiere.
Mai (gewöhnl. pey-mai), die trockenen Monate — la stagione secca. V. Kaufmann a. a. O. p. 131. Cf. alé-moy.
May (mác), P. aci-may (mác), fischen — pescare.
Maye, v. mac.
Mayn-did (mañ-did), Pl. méc-did, Brand, „grosses Feuer" — incendio, „gran fuoco".
Maké, o weh! — ohimè.
Mal, P. aci-muol (mâl), bleiben, da bleiben — rimanere, restare; z. B. ran aci muol keke ghên, der Mann ist bei mir geblieben — l'uomo rimase con me; Imperat. male, bleib da! — resta; maló, lass stehen! — lascia stare.
Mal, P. aci-mol, 1) empfangen — concepire; 2) gebären — partorire; z. B. tik aci uèn mol, das Weib hat ein Knüblein geboren — la donna partorí un figliuolo.
Mâl, P. aci-mâl, nicht wollen — non volere.
Man, Pl. miwt, Sohn, Kind — figlio, creatura.
Mán, Pl. mar-ke, seine (ihre) Mutter — la di lui (di lei) madre. V. Gramm. §. 35.
Mân, P. aci-mân, hassen, anfeinden, verachten, beleidigen — odiare, biasimare, disprezzare, oltraggiare. B. man.
Mán-ajid, Pl. mar-ajid, Bruthenne — chioccia. V. ajid.
Man-dia, Pl. miwt-kia, mein Sohn — mio figlio.

Man-e-ajid, Pl. miwtk'-ajid, Küchlein — pulcino. V. ajid.
Man-e-amâl, Pl. miwtk'-amâl, Lamm — agnello. V. amâl.
Man-e-man-dia, Pl. miwt-e-man-dia, Enkel (Sohn meines Sohnes) — nipote (figlio del mio figlio).
Man-e-nyan-dia, Pl. miwt-e-nyan-dia, Enkel (Sohn meiner Tochter) — nipote (figlio della mia figlia).
Man-e-nyankay, Pl. miwt-e-nyankay, Neffe (Sohn meiner Schwester) — nipote (figlio della mia sorella).
Man-e-nyin, Pl. miwt-e-nyin, Augapfel (Sohn des Auges) — pupilla (figlio dell' occhio).
Man-e-uanmad, Pl. miwtke-uanmad, Neffe (Sohn meines Bruders) — nipote (figlio del mio fratello).
Mang, P. aci-mang, 1) auf etwas schlagen — percuotere q. c.; 2) Ohrfeigen geben — dar schiaffi.
Manti (mantí), Pl. miwtti, Kindlein — figliuolo.
Mantínakan, Pl. miwttîakan, v. manti.
Mantíntet, Pl. miwttítet, v. manti.
Maò, o weh! (Ruf der Weiber) — ohimè (delle donne).
Mâr, P. aci-mòr (mâr, muor), 1) verlieren — perdere; z. B. ghên aci toyn e tab mòr, ich habe die Tabakpfeife verloren — io perdetti la pipa; 2) sich irren, verirren — errare, smarirsi.
Mâr, P. aci-mâr, donnern — tuonare; z. B. deng a mâr, es donnert, „der Regen donnert" — egli tuona, „la pioggia tuona".
Mâr, Donner — tuono.
Mâr-còk, P. aci-còk-mòr, sich verlaufen — sviare. V. còk.
Mâr-kuèr, P. aci-kuèr-mòr, den Weg verfehlen — deviare. V. kuèr.
Mâr-nom, P. aci-nom-môr, vergessen, „den Kopf verlieren" — dimenticare, „perder la testa".
Mat, P. aci-mât, 1) betrügen — ingannare; 2) erschrecken (transit. u. intrans.) — spaventare, spaventarsi; 3) rebel-

lìren — ribellare; 4) Tabak rauchen — fumare. B. mat, Tabak rauchen — fumare.
Mât, P. aci-mât, vereinigen, versammeln, vermischen — unire, combinare, frammischiare. Cf. mac.
Mât-ic, P. aci-mât-ic, zusammenbiegen, ordnen — piegare, ordinare; cl-mât-ic, vereinigt, paarweise — unito, a due a due.
Mât-ke-dia, zusammen, vereint — insieme, unitamente.
Mât-ke-ic, P. aci-ke-mât-ic, zusammensetzen, vereinigen, vergleichen — comporre, adunare, paragonare.
Mât-nom, P. aci-mât-nom, aufhäufen, sammeln — ammuchiare, raccorre.
Mât-rot, P. aci-rot-mât, sich versammeln — congregarsi.
Mât-toyn-e-tab, P. aci-toyn-e-tab-mât, Tabak rauchen — fumare.
Mâu, Pl. mau, Merissa (Bier aus Durah) — birra del paese.
Mec, P. aci-mèc, 1) entfernt sein — esser lontano; 2) sich entfernen — allontanarsi.
Mec-ic, P. aci-mèc-ic, tief sein — esser profondo.
Med, P. aci-med, 1) hin- und herschwanken — muoversi; 2) in Bewegung setzen — conquassare.
Mè-de (méd-de), sein Freund — amico suo. V. Gramm. §. 37.
Mêy, Pl. mey, Wurzel — radice.
Mey-cyèn, Finger, „Handwurzeln" — dita, „radici della mano". V. cyèn.
Mey-còk, Zehen, „Fusswurzeln" — dita del piede, „radici del piede". V. còk.
Mêk (mek), Pl. gl., Loos — sorte. V. mèk,
Mêk, P. aci-mek, 1) errathen — indovinare; 2) loosen — tirar la sorte.
Melang (milang), Pl. meleng, Kupfer, Messing — rame; ottone.
Melang-yij, Pl. meleng-yid, Ohrring — orecchino. V. yij.
Mem, P. aci-mem, in Unordnung bringen — sconcertare. V. amom.
Mêr, P. aci-mer, 1) leuchten — lucere; 2) erleuchten — illuminare.

Met, P. aci-mèt, bewegen, erschüttern — muovere, conquassare; z. B. uêk aci tim mèt, ihr habt den Baum erschüttert — voi conquassaste l'albero.

Mewt, Pl. miwt, 1) Knabe, Kind — garzone, pargolo; 2) Fruchtkern (Mark oder auch Fleisch des Obstes) — midolla di frutto.

Mim, P. aci-mim, schweigen — tacere.

Mim, Pl. gl., Kohle — carbone.

Min (ming, aming), taub, gehörlos — sordo.

Mir, Pl. myer, Giraffe — girafa.

Mit, Pl. myet, Regenbogen — arcobaleno.

Myac, Pl. myâc (môc), 1) geben — dare; 2) schenken — donare; 3) opfern — offerire.

Myâc (môc), Pl. môc, Gabe, Almosen — dono, limosina.

Myac-wtok, P. aci-myâc-wtok, atzen, nähren — cibare, nutrire.

Myak, P. aci-myok, Butter bereiten — preparar burro. V. mok.

Myak-dûr, 1) zeitlich, früh Morgens — per tempo, di buon ora; 2) morgen früh — dimani mattina. Cf. wnyak-dûr.

Myal, Pl. muol (myol), Knie — ginocchio.

Myan, Pl. gl., Eidotter — tuorlo.

Myed (mid), P. aci-myèd, süss sein — esser dolce. V. amid. u. amyed.

Myed, Pl. mid, Speise, Nahrung — cibo, nutrimento.

Myed-puóu, P. aci-puóu-myèd, sich freuen — godersi.

Myey-kóu, P. aci-myey-kóu, belasten, überladen — caricare, aggravare; z. B. yin aci mûl myey kóu arêd, du hast den Esel sehr überladen — tu caricasti l'asino oltre misura.

Myel, Pl. gl., Same — semente.

Myêt, P. aci-mèt (mit), ziehen, strecken, zerren, zwingen — tirare, costringere, obbligare, sforzare. V. met.

Myêt-bey, P. aci-mit-bey, trennen, entwurzeln — dividere, eradicare.

Myêt-ic, P. aci-myêt-ic, stimmen (ein Instrument) — accordare un istrumento (da suono).

Myewd, Pl. miwd, Speise, Nahrung — cibo, nutrimento. V. myed (mid).
Myi, P. aci-myi, spinnen, drehen — filare, torcere.
Myoc-Dén-did, v. myac u. Déndid.
Myok, v. myak.
Myor (muor), Pl. mòr, Männchen — maschio.
Myot, v. muot.
Moac, v. myac.
Moc (moyc), Pl. ròr, Mann, Gatte, Hausherr — uomo, conjuge, padrone.
Mòc, v. myac.
Mòd, P. von mad.
Mogol, v. mokol.
Moyc, v. moc.
Moyo (moc), P. aci-mòc, jagen, erjagen — cacciare, procacciarsi; ran a moc, Jäger — cacciatore.
Moyn (moñ), P. aci-moyn (moñ), läugnen, verläugnen — negare.
Moyn-did, Pl. ròr-did, Greis, „grosser (alter) Mann" — vecchio, personaggio. Cf. arab. schech (scheich) u. roman. señor, signore. V. moc (moyc).
Moyn-e-mût, Pl. ròr-e-mût, Barbier, „Schcermann" — barbiere. V. muòt.
Moyn-e-nyankay, Schwager, „Schwestermann" — cognato.
Mok, Butter, Schmalz, Fett — butirro, grasso, unguento. V. myak.
Mok-e-cièc, Honig, „Bienenbutter" — miele.
Mok-e-tim, Baumöl, „Baumfett" — olio d'oliva.
Mokol (seltener mogol), Pl. gl., 1) Rinderdieb (v. muor und kòl) — bei den Dinka ein grobes Schimpfwort — ladro di buoi (presso i Dinka parola assai ingiuriosa); 2) Missethäter — malfattore.
Mòl, P. aci-mòl, kriechen — serpere.
Mòn, P. aci-mòn, flistern, brummen — bisbigliare, brontolare.
Mòn, P. aci-mòn, überschatten — adombrare.
Monó, (europäisches) Brod — pane (europeo).

Mood, dunkel, das Dunkel — bujo, il bujo.
Mor, deine Mutter — tua madre. V. Gramm. §. 35.
Mòr-kòl, v. mokol.
Mormor, Pl. gl., Sumpfameise (ganz klein, roth) — formica rossa, piccolina in palude.
Mot, P. aci-mot, entfliehen — fuggirsene.
Móu, P. aci-móu, 1) ertrinken — annegarsi; 2) ertränken — affogare; z. B. ghên aci ran móu, ich habe den Mann ertränkt — io affogai l' uomo.
Mûd-nyin, P. aci-nyin-mûd, blenden — accecare. V. muod u. nyin.
Mûd-nyin, 1) blind — cieco; 2) Blindheit — cecità.
Mûk, P. von muok, q. v.
Mukuár, Pl. gl., Zebra — zebro.
Múl, Pl. mul, Esel, Maulthier (wohl europ. Ausdruck) — asino, mulo (parola europ.).
Mum, P. aci-mum, 1) närrisch, verwirrt sein — esser matto, confuso; 2) Aufruhr machen — ribellare.
Mum-nom, P. aci-nom-mum, dumm, närrisch werden — divenir pazzo; ci (ci) -nom-mum, Dummkopf, „närrisch gewordener Kopf" — sciocco, „testa matta".
Muod (mood, muoc), P. aci-mûd, 1) finster werden — oscurarsi; 2) finster machen — oscurare; pêy ci (ci) mûd, Neumond — novilunio; piñ ci (ci) mûd, Finsterniss — tenebre; ruel ci (ci) mûd, Sonnenfinsterniss — ecclissi del sole.
Muòd, Pl. gl., Draht — filo di metallo.
Muók, Buttermilch — siero del burro. V. mok.
Muok, P. aci-mûk, 1) ergreifen, fassen, fangen — pigliare, afferrare, prendere; 2) halten — tenere; 3) ernähren, erziehen — nutrire, educare; 4) wohlthun, trösten, schützen — beneficare, consolare, proteggere. B. muk, fassen — afferrare; mûk, Trost — conforto.
Muok-gher, Pl. mûk-gher, Leuchter, „Lichthalter" — candeliere. V. gher.

Muok-koyc, P. aci-koyc-mûk, regieren — governare. V. koyc.
Muok-rèc, P. aci-rèc-mûk, fischen — pescare. V. rèc.
Muol (muól), P. aci-muol, 1) betrunken, närrisch sein — esser ubbriaco, matto; 2) närrisch machen — impazzire. V. amyol.
Muol, Pl, von myal, q. v.
Muor (môr), P. von mâr, q. v.
Muor, v. myor.
Muor, Pl. mûr, Ochs, Stier — bue, toro.
Muor-ajid, Pl. môr-ajíd, Hahn — gallo. V. ajid.
Muor-amâl, Pl. môr-amêl, Widder — montone.
Muor-e-wtâk, Pl. môr-e-wtôk, Bock — caprone.
Muor-kòl, v. mokol.
Muot, P. aci-mut, 1) stecken bleiben — esser fitto a. q. c.; 2) stacheln, stupfen — punzecchiare, pungere; 3) mit dem Tode kämpfen — agonizzare.
Muòt, P. aci-mût, scheeren, rasiren — radere, tondere.
Muôt, Pl. muot, Gras, Klette — gramigna.
Muot-nyin, P. aci-nyin-mut, blenden — accecare. V. nyen.
Muòt-nom, P. aci-nom-mût, (den Kopf) scheeren — tondere.
Mur, die weibliche Scham — le vergogne della donna.
Mût, v. muòt.

N.

Na, 1) wenn, als, während, nachdem — allorquando, quando, dopochè; 2) nach — dopo; 3) wann? — quando?
Na-alé, darauf — poi.
Na-badé (nabadé), dann, hierauf — allora, poscia.
Na-badó (nabadó), v. na-badé.
Nag, P. aci-nag, ausweichen, vorbeugen — scansare, prevenire.
Nay (náe), P. aci-nay, 1) flechten, drehen — intrecciare; 2) abdecken — scoprire. Cf. ad 2. ngay.
Nak, P. aci-nòk, aufhängen — sospendere, appiccare; z. B.

ghên aci agèr nòk, ich habe das Kreuz aufgehängt — io appiccai la croce.
Nak (nek, nok), P. aci-nok, 1) leiden — patire; latein. affici; 2) verwunden — ferire; 3) tödten — ammazzare. Cf. necken; νεῖκος u. necare, bes. die semit. Wurzel nak. V. Freitag Lex. arab. lat. s. v. nakaa p. 629 und 630: „nece vel vulnere affecit".
Nam, P. aci-nâm, ergreifen, nehmen — pigliare, prendere.
Nanâ, Pl. ner-kua, Mutters Bruder — zio. B. manánye.
Nang, v. nong.
Nap, P. aci-nåp, reinigen, kehren — nettare, scopare; z. B. napke ghut, kehret das Haus — scopate la casa.
Nap, P. aci-nap, herausnehmen, bes. herausnippen — prender fuora, spec. centellare.
Nauen, sobald als — tostochè.
Ney, P. aci-ney, 1) verdichten — condensare; ci-ney, dicht — denso; 2) entwinden — storcere.
Nek, v. nak.
Nek-cok, P. aci-cok-nok, Hunger leiden — esser affamato. V. cok.
Nek-juay, P. aci-juay-nok, krank sein — esser ammalato. V. juay.
Nek-nin, P. aci-nin-nok, schläfrig sein — aver sonno. V. nin.
Nek-nyin, P. aci-nyin-nok, Augenweh haben — aver mal d'occhi. V. nyen.
Nek-rot, P. aci-rot-nok, sich selbst tödten — uccidersi.
Nek-ròu, P. aci-ròu-nok, Durst leiden — aver sete. V. ròu.
Nek-tuyc, P. aci-tuyc-nok, schweissen, „Hitze leiden" — sudare, „aver caldo". V. tuyc.
Nèm, P. aci-nèm, besuchen — visitare; z. B. an aci uâ nèm, ich habe meinen Vater besucht — io visitai mio padre.
Nen (selten statt na), wann? — quando? z. B. yin aci lo nen? wann bist du abgereist? — quando partisti?
Nen, P. aci-nèn, ausschelten — sgridare; z. B. an aci miwt

nèn, ich habe die Knaben ausgescholten — io sgridai i fanciulli.

Nenér (selten für: nanâ) Mutters Bruder — zio.

Ne-ngu, warum? — perchè?

Ner, P. aci-nèr, 1) drehen, verdichten — torcere, condensare; 2) abdrehen — storcere; z. B. ghên aci tim nèr, ich habe den Baum abgedreht — io storsi l' albero.

Ner-ic, P. aci-nèr-ic, flechten — attortigliare.

Nim, 1) Pl. von nom; 2) Suff. Pl. vor — avanti.

Nìm, Pl. von nyèm, q. v.

Nìm-amâl, Wolle — lana. V. nyèm u. amâl.

Nìm-dyèr, Borsten — setole del porco. V. nyèm u. dyèr.

Nìm-did, Mähne — chioma (del cavallo).

Nìm-yoal, Bart — barba. V. yoal.

Nin, P. aci-nìn, schlafen, einschlafen — dormire, addormentare.

Nin (selten für: nen oder na).

Nìn, Schlaf — sonno.

Nìr, v. nyìr.

Nya (nyâ, nyan), Pl. nyir (nyìr), Mädchen — ragazza; Vokativ: nyáne, Pl. nyirke; nya a rec ròr, lediges Mädchen, eig. ein M., das die Männer verschmäht — ragazza colibe, „che sprezza uomini".

Nyâ, Pl. nyr, Tochter — figlia; stat. constr. u. Vokat. nyan, z. B. nyan-dia, meine Tochter — mia figlia.

Nyad, P. aci-nyâd, gerinnen — coagulare, coagularsi.

Nyâd (nyàd), Rahm — crema.

Nyak, P. aci-nyak, üppig sein — lussureggiare.

Nyak, Ueppigkeit — lusso.

Nyan, P. aci-nyan, lecken — leccare.

Nyân, Pl. nyir (nir), Schwester — sorella. Cf. nya u. nyankay, Gramm. §. 36.

Nyáng (ngang), Pl. nyéng (ngéng), Krokodil — coccodrillo.

Nyang, P. aci-nyang, 1) hinterlassen — rilasciare; ci-nyang, Erbtheil — eredità; 2) erben — ereditare.

Nyang-bey, P. aci-nyang-bey, 1) zurücklassen — rilasciare; 2) vergessen — dimenticare.
Nyan-ic, P. aci-nyan-ic, die Zunge herausstrecken (zum Spott) — metter fuori la lingua (per ischerno). V. nyan.
Nyankay, Pl. nyirkay, — meine Schwester — mia sorella. V. Gramm. §. 36.
Nyap, P. aci-nyap, überflüssig sein — abbondare.
Nyår, Pl. nyèr, Zahnfleisch — gengiva.
Nyec (nyic), P. aci-nyèc (nyic), 1) lehren, unterrichten — insegnare, istruire; 2) unterrichtet werden, lernen, begreifen, wissen — istruirsi, imparare, capire, sapere. Cf. französ. apprendre.
Nyec-e-nom, P. aci-nom-nyic, merken, aufmerken — badare, attendere; Imperat. nyice-nom, Pl. nyicke-nom.
Nyèk, Jemand, ein Gewisser — qualcheduno, un certo.
Nyèm, Pl. nim, Haar — capello, pelo.
Nyèm-e-nyin, Pl. nim-e-nyin (nimke-nyin), Augenwimper — ciglio.
Nyèm-e-wtok, Pl. nim-e-wtok, Schnurrbart — baffi.
Nyen (nyin), Pl. nyin, 1) Auge — occhio; 2) Same — sementa. Cf. semit. ain.
Nyer, P. aci-nyer, tröpfeln — stillare.
Nyér, Pl. gl., die grosse Schildkröte — la tartaruga grande. B. nyer. Cf. Kaufmann a. a. O. p. 22.
Nyer-kug, 1) Kind — fanciullo; 2) jung — giovine. B. nguro.
Nyet, P. aci-nyet, blinzeln — far gli occhiolini.
Nyet, Pl. nyit, 1) Hirn, Gehirn — cervello; 2) Talent — capacità.
Nyir (nir), P. aci-nir, duften, wohlriechen — olezzare, fragrare; kanir (ka nir), Wohlgerüche — fragranze. V. ngyir.
Nyod, P. aci-nyod, 1) winken — accennare; 2) erklären, zeigen — spiegare, mostrare; 3) verrathen — tradire.
Nyod-rot, P. aci-rot-nyod, sich erklären, zeigen — spiegarsi, mostrarsi.

Nyok, Pl. nyôk, 1) Laus — pidocchio; 2) Aergerniss — scandalo.
Nyol, P. aci-nyôl, 1) rupfen — spennare; 2) ausfallen (die Haare) — cadere (dei capelli).
Nyon, P. aci-nyôn, verwirren, verknüpfen — ingarbugliare.
Nyop (nyuop), P. aci-nyop, bronnen, braten, rösten — abbrustolire, arrostire.
Nyuot, P. aci-nyuet, weiden, pflücken, fressen — pascolare, cogliere, divorare.
Nyuc (nuoyc), P. aci-nyuc (nûc), sich setzen — mettersi a sedere.
Nyuc-kóu, P. aci-nyuc-kóu, aufsitzen, reiten — cavalcare. V. kóu.
Nyum, Sesam — sesamo. B. kenyum.
Nyuoc, P. aci-nyuoc, aufnehmen, boehren, zum Sitzen einladen — accogliere, onorare, invitare a sedere. V. nyuc.
Nyuot, P. aci-nyuot, träumen — sognare.
Nó, gekürzte Form für — f. br. por: nong (non), P. aci-nó (nong, non), haben, besitzen — avere, possedere.
Nó-cuec, vermöglich — ricco.
Nog, P. aci-nog, anordnen, zurichten — ordinare, apparecchiare.
Nok, v. nak.
Nòk, Pl. nôk, Feder — penna, piuma.
Nol, P. aci-nâl, 1) verschmachten — illanguidire; 2) abmagern — dimagrire.
Nom, Pl. nim, 1) Kopf, Scheitel, Spitze, Anfang — testa, capo, cima, principio; 2) Suff.: oben, auf, vor, gegenüber — sopra, su, avanti, dirimpetto; z. B. ghut-nom, auf dem Dache — sul tetto; gha-nom, ober mir — sopra di me (auch: ich erinnere mich — io mi ricordo); koyc-nim, vor den Leuten, öffentlich — coram populo, pubblicamente.
Nom-alóu, Pl. nim-alóu, Graukopf, Trappe — testa bigia, ottarda.
Nom-nang, P. aci-nom-nang, anfangen — principiare.
Nom-tuèng, Stirne — fronte. V. tuèng.
Nòn, Pl. nuon, Heu, Stroh — fieno, paglia.
Nong (nang), P. aci-nong (nang), haben, besitzen — avere, possedere.

274

Nong-ic, P. aci-nong-ic, enthalten — contenere.
Nong-puóu, P. aci-puóu-nong, wollen — volere. V. puóu.
Nong-tong, P. aci-tong-nong, Krieg führen — aver guerra, combattere. V. tong.
Nonor, Hahnenbart — barbiglione.
Nó-uèu, P. aci-uèu-nó, reich sein. V. nó (nong) u. uèu.
Nuay, P. aci-nuay, abrühren, kneten — diguazzare, impastare; abik-ci-nuay, Teig, „geknetetes Mehl" — pasta, „farina impastata".
Nuat, P. aci-nuât, ankleben, anhängen — appiccare, attaccare.
Nuèy, P. aci-nuèy, dick, fett werden — diventar grosso, grasso.
Nuem, P. aci-nuèm, zerbröckeln — minuzzare.
Nuem-ic, P. aci-nuèm-ic, v. nuem.
Nuem-rot, P. aci-rot-nuèm, zerfallen — amminutarsi.
Nuen, P. aci-nuen, gähnen — sbadigliare.
Nuet, P. aci-nuèt, pflücken — cogliere.
Nuet-bey, P. aci-nuèt-bey, v. nuet.
Nuod, P. aci-nôd, ordnen, bereiten — ordinare, apparecchiare.
Nuok, P. aci-nuok, verschütten — coprire (con terra).
Nuón (nuán), P. aci-nòn, grasen, jäten — tagliar l'erba. V. nòn.

Ng.

Nga, wer? — chi? B. ngá? V. Gramm. §. 40.
Ngâd (a-ngâd), Käse, geronnene Milch — cacio, latte coagulato. Cf. nyad.
Ngay (ngyay), P. aci-ngay, 1) nehmen, wegnehmen — prendere, togliere; Imperat. ngó; 2) öffnen — aprire. B. ngaju.
Ngayn, P. aci-ngayn, überschwemmen — inondare.
Ngak, P. aci-ngak, umwinden, krönen — attorcigliare, coronare.
Ngâm, P. aci-ngâm, gähnen — sbadigliare.
Ngang, P. aci-ngang, zerspringen — fendersi. Cf. ngay.
Ngap, Pl. ngep (ngap), Feige — fico; tim-e-ngap, Feigenbaum — fico (albero).

Ngar, P. aci-ngar, knarren, knurren — cigolare, stridere.
Ngat, P. aci-ngàt, 1) hoffen — sperare; 2) meinen — pensare.
Ngeyn, P. aci-ngeyn, wagen — osare.
Ngeyn (a-ngeyn), 1) kühn — audace; 2) gescheidt, verständig — saggio, sensato; 3) Weisheit — sapienza.
Ngok-ryam, P. aci-ryam-ngèk, zur Ader lassen — salassare. V. ryam.
Ngèk, v. nyèk.
Ngèm, Pl. ngem, Zange — tanaglia.
Ngeng, Pl. gl., Kinn, Kinnlade — mento, mascello.
Ngewt, Asche — cenere.
Ngyay, P. aci-ngyey, kauen — masticare.
Ngyayn, P. aci-ngyayn, dämmern — spuntar del giorno.
Ngyayn-akol, Morgendämmerung — lo spuntar del giorno.
Ngyar, Pl. ngyer, Zahnfleisch — gengiva. V. nyår.
Ngyìr, v. nyìr.
Ngyol, Knochenmark — midolla di osso.
Ngyot, P. aci-ngyot, träumen — sognare. V. nyuot.
Ngyot, Pl. gl., Traum — sogno.
Ngó, Pl. ngóke, Imperat. von ngay.
Ngod, P. aci-ngod, nagen — rodere.
Ngod-bey, P. aci-ngod-bey, abnagen — staccar rodendo.
Ngoy, Pl. gl., Drüse — ghiandola.
Ngoyn, P. aci-ngoyn, den Weg versperren — ingombrare.
Ngoyn, Pl. ngòyn, Anstoss, Hinderniss — ostacolo.
Ngok, P. aci-ngok, sich erbrechen — vomitare.
Ngòk, Pl. nguok, Genick, Nacken — nuca.
Ngòk, P. aci-ngòk, grünen — rinverdire.
Ngok-bey, P. aci-ngok-bey, ausspucken — sputare.
Ngol, P. aci-ngol, 1) biegen — piegare; 2) krumm sein — esser storto.
Ngol (a-ngol), krumm, hinkend — storto, zoppo; ci-ngol, lahm — storpiato. B. ngodé.
Ngol-bey, v. ngok-bey.

Ngom, P. aci-ngom, ohne Zahn kauen, „mummeln" — masticare senza denti.
Ngong, P. aci-ngong, arm sein — esser povero; ci-ngong, arm, elend — povero, miserello.
Ngongol, oval — ovale.
Ngor, P. aci-ngòr, 1) riechen — olezzare; 2) beriechen — annasare.
Ngor, P. aci-ngor, 1) vorausgehen — precedere; 2) zunehmen, wachsen — aumentarsi, crescere.
Ngor-tab, P. aci-tab-ngòr, schnupfen — prender tabacco.
Ngot, noch — ancora.
Nguac, P. aci-nguac, duften, riechen — olezzare, odorare.
Nguak, P. aci-nguak, zugeben, daraufgeben — dar di soprappiù.
Nguan, P. aci-nguan, den Mund ablecken — leccar le labbra.
'Nguan, 1) gekürzte Form für — f. br. per: u-nguan, vier — quattro; 2) statt: a-nguan, q. v.
Nguat, P. aci-nguet, schnarchen — russare.
Ngud, P. aci-ngúd, ausspucken — sputare.
Ngued, P. aci-nguèd, 1) abmagern — dimagrare; 2) verarmen — impoverire.
Nguem, P. aci-nguèm, zerstückeln, zerbröckeln — spezzare, sbriciolare.
'Nguen (a-nguen), besser — meglio, migliore.
Nguet, P. aci-nguêt, abdorren, abmagern — smagrire, dimagrare.
Nguét, P. aci-nguèt, kratzen, ritzen — grattare, scalfire.
Nguêt, schwach, mager — debole, magro.
Nguot (ngot), Pl. ngût, 1) Weibchen — femmina; 2) weiblich — femminile. B. ngote, Mutter — madre.
Nguot, P. aci-ngòt, 1) zeigen, anzeigen — mostrare, avvisare; 2) verrathen — tradire.
Ngûr, Pl. nguor, Ferse — calcagno.

O.

Oò (ò), gut, ja wohl — bene, già.
O (ò), Suffixe, was für ein? — quale?
Oôg, wir — noi. V. ghôg.
Oôgaróu, wir beide — ambēdue noi. V. ghôg u. róu.
Oôgwdia, wir alle — tutti noi. V. ghôg.

P.

Pab, Pl. gl., Grasfläche — pianura con erba.
Pâc, P. aci-pâc, umarmen — abbracciare.
Pâc-ic, P. aci-pâc-ic, zerdrücken — ammaccare.
Payn, Pl. peyn, Wand, Mauer — parete, muraglia.
Paj, P. aci-pâj, 1) aufwachen, aufstehen — svegliarsi, levarsi di letto; 2) aufwecken — svegliare.
Pal (puol), P. aci-pol (puól), aufhören, ablassen, nachlassen, verlassen, verzeihen, schonen, erlauben — cessare, desistere, lasciare, smettere, perdonare, risparmiare, permettere.
Pâl, Verzeihung, Nachlassung — perdono, remissione.
Palangá, Pl. palangár, Fischer — pescajuolo.
Pal-bey, P. aci-pol-bey, verschwenden — dissipare; z. B. ran aci uèn-ke pol bey, der Mann hat seine Habe verschwendet — l'uono dissipò le sue sostanze.
Pam, P. aci-pam, mit den Händen klatschen — batter le mani.
Pan, Pl. bey, Haus, Dorf, Land, Vaterland — casa, villaggio, paese, patria. V. bay.
Pan-dia, Heimat, „mein Haus", „mein Dorf" u. s. w. — luogo natale, „casa mia", „villaggio mio" etc.
Pan-did, Pl. bey-did, Stadt, „grosses Dorf", „grosses Reich" — città, „gran paese".
Pan-e-Dén-did, Himmelreich, „Reich Gottes" — paradiso.
Pan-e-mac, Hölle, „Feuerland" — inferno. V. mac.

Pan-nom, Pl. bey-nom, Hügel, Kogel, Kopf — collina, capo.
Pan-toyn (wtoyn), 1) Hochland — paese alto; 2) oben — lassù.
Pan-tût (wtût), 1) Tiefland — paese basso; 2) unten — laggiù.
Par, P. aci-par, fliegen — volare.
Pat, P. aci-pat, schleifen (Messer) — agguzzare (un coltello).
Pât, P. aci-pât, ausweichen, vermeiden — evitare; z. B. an aci akôn pât, ich bin dem Elephanten ausgewichen — io evitai l' elefante.
Pât, Pl. pat, Hülse, Schale — buccia, guscio.
Pât-ic, P. aci-pât-ic, umarmen, zerdrücken — abbracciare, schiacciare. V. pâc.
Pat-yet, P. aci-yet-pat, umhalsen — abbracciare. V. yet.
Pau, P. aci-pau, 1) aufwachen, auffahren — svegliarsi, riscuotersi; 2) erschrecken — spaventarsi.
Pec, v. peyc.
Pêc, P. aci-pêc, rauben — rapire. B. pejun.
Pêy, Pl. pey (pêy), 1) Mond — luna; 2) Monat — mese; z. B. aci pey 'nguan wtol, es sind vier Monate vergangen — passarono quattro mesi.
Pey', v. peyc.
Pey-aci-yuil, Neumond, eig. „der Mond hat sich gedreht" — novilunio, prop. „la luna si voltò".
Pêy-a-yol, beinahe Vollmond, eig. „der Mond hat einen Schweif" — quasi plenilunio, prop. „la luna ha una coda". V. yol.
Pêy-a-kòr, erstes Mondviertel, eig. „der Mond ist noch klein" — primo quarto della luna, prop. „la l. è piccola." V. kòr.
Peyc (pey', pec), selbst, blos, nur — stesso, soltanto. V. Gramm. §. 31.
Pêy-ci-did, Vollmond, „der Mond ist gross geworden" — plenilunio, „la l. si è fatta grande".
Pêy-did, v. pêy-ci-did.
Pey-ruel, Regenzeit (bei den Dinka), eig. „Sonnenmonate", weil zur Regenzeit die Sonne in den Zenith tritt — tempo delle pioggie, prop. „mesi del sole", perchè allora

il sole c'entra nel zenith. V. Kaufmann a. a. O. p. 11 und 12.

Pek, P. aci-pèk, Frieden schliessen — fur la pace. Cf. pacincor (pax) u. Benfey's W. L. II. 89 — die Wurzel παγ.

Pel, P. aci-pèl — cacare.

Pel, P. aci-pèl, schlau handeln — far da scaltro.

Pen, P. aci-pèn, 1) zurückhalten, gefangen halten — detenere, intrattenere; ci-pèn, Gefangener — prigioniere; 2) missrathen, verbieten — dissuadere, proibire; 3) verweigern — rifiutare.

Pen, Kriegslager — campo militare.

Pet, P. aci-pét, ausbreiten, auswerfen (z. B. Netz) — distendere, spiegare (p. e. la rete). B. pédia. Cf. Benf. W. L. II. p. 93 — Wurzel πετ.

Pet-ic, P. aci-pêt-ic, v. pet.

Pic, Pl. gl., Quirl — mestola; 2) Rückgrat — spina. V. pyèc.

Pik, P. von pyek.

Piñ, 1) Boden, Tenne, Tiefe — suolo, aja, fondo; 2) Erde, Welt — terra, mondo; 3) unten — laggiù.

Piñ-ic (piñ-yic), 1) unten — laggiù; 2) in der Erde — nella terra.

Piñ-lyel, Ausland, „Unterland", Norden — paese straniero, „paese basso", settentrione. V. lyel.

Piñ-tar, 1) Unterwelt — tartarus; 2) Horizont — orizonte. V. tar.

Piñ-tar-cyèng, Süden — sud. V. tar u. cyèng.

Piñ-tar-tuèng, Norden — settentrione.

Pir, P. aci-pir, leben, genesen — vivere, guarire.

Pir, Pl. pyer, Beule, Ausschlag — bubbone, tubercolo.

Pir, das Leben — vita.

Pi-rèc, Fischteich — pescina. V. piu u. rèc.

Piu, Pl. gl., Wasser — acqua; piu còl, trübes, schmutziges Wasser — acqua torbida, sporca; piu-gher-nyin, helles, klares Wasser — acqua limpida, chiara. V. gher u. nyen.

Piu-e-nyin, Thränen — lagrime.
Piu-ic, im (unter'm) Wasser — sott' acqua.
Piu-tar, Flussbett — alveo. V. tar.
Pyac, P. aci-puoyc, aufwecken — svegliare. V. paj.
Pyal, leicht — facile. V. puol.
Pyâr, Pl. pyar (puór), Schwüle, Narbe — callo, cicatrice.
Pyat, v. puat, apuat, apuât.
Pyât, Pl. gl., Unschlitt, Fett — sevo, grasso.
Pyát, P. aci-puât, annageln, befestigen — inchiodare, consolidare.
Pyat-agèr-kóu, P. aci-pyât-agèr-kóu, kreuzigen — crocifiggere.
Pyat-e-nom, P. aci-pyât e-nom, anfügen — aggiuntare.
Pyèo, P. aci-pic, rühren, kochen — sbattere, cuocere.
Pyèc-mac, P. aci-mac-pic, Feuer reiben (mit 2 Hölzern) — confricare (legna) per averne il fuoco.
Pyek, P. aci-pik, 1) stossen, schieben — urtare, spingere; 2) zwicken, drücken — pizzicare, premere.
Pyeng, P. aci-ping, hören — udire. Im P. heisst es auch: verstehen — nel P. signif. anche: capire. Imperat. ping, Pl. pyengke; ci-ping, aufmerksam — attento.
Pyeng-ic, P. aci-ping-ic, lernen — imparare.
Pyoc, v. pyac.
Pyol, v. puol.
Pyor, v. puór.
Pyor, Pl. pyôr (pyâr), wilder Esel, Zebra — onagro, zebra.
Pyóu, v. puóu.
Pyôu, Pl. gl., Blasbalg — mantice.
Poyc, P. aci-puoc, enthülsen, absondern — sgusciare, separare; apoyc, neu — nuovo.
Poy-loy, neu, „neu gemacht" — nuovo. V. poyc u. loy.
Pôk, v. puok.
Pol, Pl. gl., lichte Wolke — nube bianca.
Pòt, Pl. pot, Bast — corteccia.
Puac, neu — nuovo. V. poyc.

Puat (pyat, puåt, apuat), gut — buono; ci-puat, rein — puro.
Puat-puóu, gutherzig — di buon cuore. V. puóu.
Pul, Pl. pûl (puol), Sumpf, Lache, Brunnen — palude pozzanghera, cisterna. Cf. „Pfuhl" u. Benf. W. L. II. p. 81 — Wurzel παλ.
Pul-ic, v. pul.
Puoyc, neu — nuovo. V. poyc.
Puoyc, P. von pyac, q. v.
Puoyók, Milz, Lunge — milza, polmone.
Puok (pòk), P. aci-pòk (puók), 1) wegwerfen, ausstrouen, säen — gettar via, spargere, seminare; z. B. ran aci tab pòk, der Mann hat Tabak gepflanzt — l' uomo piantò tabacco; 2) uneinig sein, streiten — discordare, contendere.
Puók, 1) Streit — contesa; 3) Trennung — separazione.
Puók, P. aci-púk, 1) umkehren — voltare; 2) entschädigen, genugthun — indennizzare, soddisfare; 3) giessen — fondere.
Puok-bey, P. aci-pûk-bey, 1) ausgiessen, ausleeren — spandere, evacuare q. c.; 2) ausfliessen — spandersi a caso.
Puok-ic, P. aci-pûk-ic, umstürzen — rovesciare.
Puol (pyol), P. aci-pyal (pyol, puol), 1) leicht, ring sein — esser facile, leggiero; 2) leichtsinnig, ausgelassen, verschwenderisch sein — esser inconsiderato, dissoluto, prodigo; 3) erlassen, nachlassen — perdonare, rilasciare. V. pal.
Puol-ic, v. puol.
Puón-de (epuón-de), gern, „von Herzen" (3. Pers. S.) — volontieri, di buon cuore. In der 1. Pers. S. = puón-dia, in der 2. Pers. = puón-du u. s. w. V. Gramm. §. 32.
Puor, v. pyor.
Puór, P. aci-puór, 1) sieden (transit.) — far bollire; 2) stürmen, wogen (vom Fluss) — tempestare, gonfiarsi (del fiume).
Puòr, Dampf, Geruch — vapore, odore.
Puór-piñ, P. aci-piñ-puór, bewässern, (den Boden) begiessen — asperger il terreno.

Puot, P. aci-pôt, sich beschmieren, mit Asche bestreuen — lordarsi, impolverarsi.
Puot, P. aci-puòt, streiten, kämpfen — conbattere, lottare.
Puòt, Pl. gl., Kampf, Krieg — lotta, guerra.
Puóu, Pl. puót, stat. constr. puón..., Herz, Wille — cuore, volontà; acín-puóu, herzlos, undankbar — insensibile, ingrato; amyed-puóu, fröhlich, zufrieden, selig — ilare, contento, beato.
Pûr, P. aci-pur, ackern — arare; ran-a-pûr, Ackersmann, Bauer — agricoltore.
Pûr, Pl. pur, Karst, Ackereisen, Schaufel — vanga, zappa, marra.
Pûr-did, Pl. pur-did, grosser Karst (Schaufel) — badile.
Put, P. aci-pût, heranstürmen, blasen (vom Wind) — avvicinarsi con impeto, tirare (del vento).

R.

Rab (rap), Pl. gl., Getreide, bes. Durah, auch Durah-Brod — biada, spec. holcus Durah, anche: pane di durah.
Rabac (ghabac), 1) müssig — ozioso; 2) Müssiggang — ozio.
Rabac, nur, ohne weiters — soltanto, senz' altro. V. abac.
Rac, P. aci-rac (rec), 1) schlecht sein, schlecht werden — esser, diventar cattivo; 2) verderben, verführen — depravare, sedurre.
Radêk, langsam, faul — piano, pigro.
Ray-piñ, P. aci-piñ-ray, ebnen — appianare.
Râk, P. aci-râk, melken — emugnere; z. B. tik aci câ e wtâk râk, das Weib hat die Ziegenmilch gemolken — la donna munse latte di capra.
Râl, Pl. ral (rel), 1) Ader — vena; 2) Nerv — nervo.
Ran, Pl. rôr, Mann, Mensch — uomo. Davon eine Menge Zusammensetzungen — sene fà una quantità di parole composte.

Rang, Pl. reng (rang), Grab — sepolcro.
Ran-ley, Pl. ròr-ley, Fremdling — forestiere.
Rap, v. rab.
Rat, P. aci-rât, gierig haschen — acchiappare.
Râu, Pl. ròt, Nilpferd — ippopotamo. B. yaro.
Rec, P. aci-râc (rêc), 1) verstossen — ripudiare; z. B. ran aci tin-de rêc, der Mann hat sein Weib verstossen — l'uomo ripudiò la sua donna; 2) verneinen, verläugnen — negare.
Rèc, Pl. gl., Fisch — pesce. V. Gramm. §. 14.
Réd (öfter: arêd), sehr, sehr viel — assai, assai molto.
Réd-ic, v. rêd.
Rek, P. aci-rêk, thun handeln — fare, operare.
Rèk, 1) Hand- oder Fussschellen, Ketten — manette, ceppi, catene; 2) ein Paar — un pajo. Cf. B. muréke, zwei — due.
Rek-jòwt, P. aci-jòwt-rêk, in Ketten (Fesseln) schlagen — inceppare, concatenare.
Rel, Pl. gl., Ameisenhaufen — formicajo.
Rèl, P. aci-rèl, zerbrechen — rompere.
Rèl, P. aci-ril (rel), 1) trompeten (vom Elephanten) — barrire (dell' elefante); 2) donnern — tuonare; 3) durch schreien erschrecken — spaventar gridando.
Rem, P. aci-rèm, 1) empfinden, leiden, schmerzen — patire, dolorare, dolere; z. B. an a rem nom, ich habe Kopfweh — io addoloro il capo; 2) beklagen — lagnare.
Rèm, Pl. gl., Schmerz, Leiden — dolore, patimento.
Rèm, P. aci-rèm, 1) die Zähne fletschen — digrignare; 2) zerbeissen, zermalmen — macinare.
Rèm, Pl. rèm, Soldat, eig. ein „Einhau", Dreinschlager — soldato, „combattente". Gewöhnlicher: ran-e-rèm, Pl. ròr-e-rèm.
Rem-puóu, P. aci-rèm-puóu, bereuen, betrauern — increscere, affliggersi.
Rer, P. aci-rèr, bleiben, ruhen, sitzen, wohnen — stare, ripo-

sare, sedere, dimorare; z. B. an aci rèr pan-túy, ich wohne in jenem Lande — io dimorai in quel paese.

Rer-etok, P. aci-rèr-etok, zusammenwohnen — coabitare. V. tok.

Rêt, P. aci-rêt, 1) reissen, zerreissen — lacerare, frustare; 2) durchgehen, vorbeigehen — passare.

Rêt-ic, P. aci-rêt-ic, zerreissen — frustare; z. B. ghên aci buông rêt-ic, ich habe das Kleid zerrissen — io frustai l' abito.

Rêt-yic, P. aci-yic-rêt, zerplatzen, bersten — lacerarsi, frustarsi. V. yic.

Ric, P. aci-ric, irre gehen, den Weg verfehlen — errare, smarrirsi. Cf. rac u. rec.

Ric, P. aci-ric, 1) irre gehen — errare; 2) irre führen — ingannare. Cf. rac u. rec.

Ric-nyin, P. aci-nyin-ric, irre führen — ingannare.

Rid, Pl. rid, Ebenholzbaum, Ebenholz — ebano.

Rid, P. aci-rid, gelüsten — invogliarsi; öfter: nek-rid.

Rid, Gelüste — brame, desideri.

Ril (aril), fest, stark, hart — forte, gagliardo, duro. V. ryel.

Ril-cyn (aril-cyn), knauserig, „harthändig" — spilorcio, „con mano dura". V. cyèn.

Rin (Pl.), Name — nome; z. B. rin-ku abi lêc, dein Name werde gepriesen — sia santificato il tuo nome; ke (e) rin, im Namen — in nome. B. karin, Name — nome; ko karin, im Namen — in nome.

Rin, P. aci-rin, rennen — correre.

Ring, Fleisch — carne.

Ring-ci-get, Braten — arrosto. V. get.

Ryac, P. aci-ryâc, verderben (transit. u. intransit.) — guastare, guastarsi; z. B. uêk aci luoy ryâc, ihr habt die Arbeit verdorben — voi guastaste il lavoro.

Ryak, P. aci-ryak, verderben — depravare. V. ryac.

Ryal, P. aci-ryal, 1) leuchten — lucere; 2) erleuchten — illuminare.

Ryal-túy, übermorgen — posdimani.
Ryam, Pl. ryam (rim), Blut — sangue. B. rema.
Ryang, P. aci-ryang, herumrennen — correr quà e là.
Ryang, Pl. gl., ein offener Platz — piazza libera.
Ryau, P. aci-ryau, 1) leuchten — lucere; z. B. mac a ryau, das Feuer leuchtet — il fuoco risplende; 2) erleuchten — rischiarare; z. B. akol a ryau ghut-ic, die Sonne erleuchtet das Haus — il sole rischiara la casa.
Ryec, P. aci-ric, 1) gerade machen — raddrizzare; z. B. an aci tim ric, ich habe den Baum gerade gemacht — io raddrizzai l'albero; 2) strecken — distendere; 3) ausbauchen — dar una forma convessa; 4) sich bücken — curvarsi. B. ric.
Ryec (ryèc), Pl. ric (ryac), Maus — topo, sorcio.
Ryeg, Pl. gl., Wade — polpa.
Ryey, Pl. ryet, Schifflein, Kahn — barca, gondola. V. Gramm. §. 14, 5.
Ryey-yic, Schiffskörper — corpo d'una nave. V. yic.
Ryey-nom, Schiffsvordertheil — prora. V. nom.
Ryey-tar, Schiffshintertheil — poppa. V. tar.
Ryel, P. aci-ryel, 1) trocknen (intrans.) — asseccarsi; 2) hart werden — assodarsi.
Ryel, Pl. gl., 1) Stärke, Kraft — forza, vigore; 2) Wunder — miracolo.
Ryentínakan, Pl. ryettíakan, Schifflein, Nachen — navicella, barchetta.
Ryentíntet, Pl. ryettítet, v. ryentínakan.
Ryet, P. aci-rít, fest verschliessen, verlöthen — assodare, saldare.
Ryét, eine Grasart (Riedgras?) — gramigna.
Ryét, P. aci-ryét, ausgleiten, schlüpfen — sdrucciolare.
Ryoc, P. aci-ryòc (ryoc), 1) fürchten, scheuen — temere, spaventarsi; 2) ehren — riverire.
Ryoc, 1) Furcht — timore; 2) Ehrfurcht — venerazione.
Ryoc-nyin, P. aci-nyin-ryòc, die Augen niederschlagen, sich

schämen, eig. die Augen fürchten sich — abbassar gli occhi, vergognarsi, prop. gli occhi si spaventano.
Ryok, v. ryoc.
Ryok-bey, P. aci-ryok-bey, verwüsten — devastare.
Ryol, Pl. gl., Splitter — scheggia, sverza.
Ryop, P. aci-ryòp, belohnen — ricompensare.
Ryop, P. aci-ryop, verpachten — appaltare.
Ryop, Pl. gl., Lohn, Trinkgeld — ricompenso, mancia.
Ryòp, Pl. ryòp, Nagel, Klaue, Kralle — unghia, grifo, artiglio.
Ryu (gewöhnl. mit: tim == ryu-tim), P. aci-tim-ryu, 1) die Strasse verlegen, verbarrikadiren — attraversar la strada; 2) übersetzen — traversare; 3) sich kreuzen (von Wegen) — incrocicchiarsi (delle strade).
Roayn, P. aci-royn, untertauchen — tuffarsi; ran-a-royn, Taucher — palombaro.
Roat, P. aci-rôt, verstreichen (mit Koth) — spalmare (la capanna) collo sterco.
Roc, P. aci-roc, 1) ungestüm sein — esser impetuoso; 2) Ungestüm — importunità.
Rog (rok), Pl. ròg, 1) Niere — rene; 2) Lende — lombo. V. ròk.
Ròg, Pl. rog, Zaun — siepe.
Ròg-yeu (ròg-geu), zäunen — siepare.
Ròyn, v. roayn.
Roj, P. aci-roj, kastriren — castrare (bestie); muor-ci-roj, Hammel — castrato.
Rok, P. aci-rok, 1) gefrieren — congelare; 2) gerinnen — coagularsi.
Ròk, Pl. ruok, Lende — lombo. V. rog.
Ròk, P. aci-ròk, stottern — balbettare.
Rol, P. aci-rol, schreien, brüllen — gridare, ruggire.
Rol (ròl), Pl. ròl, 1) Hals, Gurgel — collo, gorgia; 2) Stimme — voce. V. aròl.
Rol-did, Pl. ròl-did, Kropf — gozzo. V. aròl-did.

Ròl, P. aci-ròl, unfruchtbar, kinderlos sein — esser sterile; len-ról (v. ley); tin-ról (v. tik).
Rom, P. aci-rom, anreihen (z. B. Perlen) — connettere (p. e. perle).
Rom, P. aci-ròm, 1) entgegengehen — incontrare; z. B. an aci ran ròm, ich bin dem Manne entgegen gegangen — io incontrai l'uomo; 2) gemeinschaftlich essen — mangiar in compagnia; 3) drücken, bedrücken — premere, molestare. B. rum.
Ròm, P. aci-ròm, schreien, brüllen, wiehern; rumoren — gridare, ruggire, nitrire, far rumore.
Ròng, Pl. rong, 1) Krümmung — 2) Fruchtkern — nocciolo.
Ròp, Pl. roop, Schnur angereihter Dinge — filza.
Ror, Pl. ròr (ruor), Wald, Wildniss, Wüste — bosco, foresta, deserto.
Rot, selbst, Wesenheit — stesso, medesimo, sostanza. In Verbindung mit Verben bedeutet es unser: mich, dich, sich u. s. w. — unito ai verbi signif.: mi, ti, si etc. V. Gramm. §. 30, 1.
Rot-dek, P. aci-rot-dak, faul sein — esser pigro. V. dak.
Róu, zwei — due. V. Gramm. §. 28.
Róu-róu, je zwei — a due a due.
Ròu (rou), Durst — sete; nek-ròu, dürsten — aver sete.
Rowt, Pl. ròwt, die Achselhöhle — ascella.
Ruac, P. aci-ruac, leiten, führen — guidare, condurre.
Ruac-kuèr, P. aci-ruac-kuèr, begleiten — condurre per istrada.
Ruay, Pl. gl., Hochzeit — nozze.
Ruey, Pl. ruay (ruey), Verwandter, Nächster — parente, prossimo.
Rucyn, P. aci-rucyn, wortbrüchig sein — non mantener la parola.
Ruel, P. aci-ruel, scheinen, brennen, heiss sein — splendere, riscaldare, scottare.
Ruel, die Sonne — sole.
Ruel-cok, Sonnenstrahlen, „Sonnenfüsse" — raggi (piedi) del sole.

Ruén (ruon), wohl, sicher, unversehrt — bene, sicuro, illeso.
Ruet, P. aci-ruet, spannen (z. B. den Bogen) — tendere (l' arco).
Ruewt, P. aci-ruèwt, schlürfen, trinken — sorbire, bere; z. B. yen aci câ ruèwt, er hat Milch getrunken — egli sorbi del latte.
Ruk (ruok), P. aci-rûk (ruok), 1) binden, knüpfen — bendare, annodare; 2) ankleiden — vestire. B. ruk, sich berocken — vestirsi.
Rûk, Pl. gl., 1) Binde, Knoten — benda, nodo; 2) Gefängniss — prigione.
Rûm, Pl. ruom, 1) Keule — mazza; 2) Raub — rapina. V. ruom.
Runé, heuer — quest' anno. V. ruòn.
Rung, Pl. gl., Bremse — moscone.
Runtêr, vor Jahren — anni fa. V. ruòn.
Ruoy, Pl. ruy, Made, Motte — verme, baco.
Ruok, v. ruk.
Ruok-nom, P. aci-nom-ruok (rûk), bekränzen, krönen, „das Haupt umwinden" — coronare, „circondar la testa".
Ruom, P. aci-rum, rauben — rapire; ran-a-rum, Räuber — ladrone. V. rûm.
Ruom-ic, P. aci-ròm-ic, pressen, zusammendrücken — premere, comprimere. V. rom.
Ruom-piñ, P. aci-piñ-rum, erobern — conquistare.
Ruon, P. aci-ruon (ruén), sich wohl befinden — star bene; ci-rnon? bist du wohl? — stai bene.
Ruòn, Pl. run, Jahr — anno.
Ruop, y. aci-ruòp (ròp), einfädeln — infilzare. V. ròp.
Rur, Pl. ruor, Nebel, Dunst — nebbia, vapore.
Rur-adid (rur-did), Pl. ruor-did, Finsterniss, „grosser Nebel" — caligine.
Rut (meist: alé-rut), Herbst — autunno.

T.

Tab, Pl. gl., Tabak — tabacco. B. taba.

Tâb (téb), P. aci-tâb, vollenden, fertig machen — adempiere, terminare; ci-tab, fertig — finito; z. B. ghòn aci luoy-dia tâb, ich habe meine Arbeit gethan — io terminai il mio lavoro. B. tobak, fertig machen — terminare.

Tac, P. aci-tac, hocken, sitzen — accoccolarsi, star seduto.

Tac, P. aci-tâc, setzen, stellen — porre, mettere.

Tayc (tac), P. aci-toyc (toc), einsalben, einschmieren — tignere, ungere; z. B. an aci guop-dia toc, ich habe meinen Leib eingeschmiert — io unsi il mio corpo.

Tayn, P. aci-tâyn, 1) befestigen, stützen — consolidare, assodare; z. B. ran aci ghun-de tâyn, der Mann hat sein Haus gestützt — l'uomo appuntellò la casa; 2) vertrauen, sich verlassen — fidarsi (meist mit rot konstr.).

Tayn-piñ, P. aci-tâyn-piñ, zertreten, ersticken — calpestare, soffocare.

Tak, P. aci-tâk (tak), 1) denken, überlegen — pensare, riflettere; 2) richten, urtheilen — giudicare, sentenziare.

Tâk, Pl. gl., 1) Gedanke — pensiero; 2) Urtheil — sentenza. V. Gramm. §. 11.

Tân (tång), P. aci-tòn, 1) klopfen, tönen — bussare, picchiare; 2) anvertrauen, übergeben, ausliefern — affidare, consegnare, tradire.

Tång-puóu, P. aci-tôn-puóu, übereinstimmen — concordare.

Tap, P. aci-tâp, betasten, auf etwas tappen — tastare, palpare. B. tan.

Tar, Pl. ter, posteriora.

Tar (Suffixe), hinter, unter — dietro, sotto.

Tar, P. aci-tor, verwunden — piagar (con lancia etc.).

Tât, P. aci-tât, peitschen, prügeln — bastonare, percuotere.

Tâu, Pl. gl., Frucht, Obst (Waldfrüchte), Dattel — frutto, dattera.

Tau, P. aci-tau (tâu), legen, stellen — porre, mettere; z. B. ran aci kiriec tau abel ic eben, der Mann hat Alles in's Schiff gelegt — l'uomo pose ogni cosa in barca.
Tau-akit, P. aci-tau-akit, gleich machen, vergleichen — agguagliare, paragonare. V. akit.
Tau-apuat, P. aci-tau-apuat, bewahren, versorgen — deporre, assicurare.
Tau-callic, P. aci-tau-callic, koncentriren — concentrare. V. callic.
Tau-ic, P. aci-tau-ic, einschliessen — inchiudere.
Tau-nom, P. aci-nom-tau, aufmerken — attendere.
Tau-piñ, P. aci-tau-piñ, niederlegen — deporre.
Tau-tin (wtin), P. aci-tau-tin, hineinlegen — por dentro.
Te, 1) Ort, Platz — luogo, piazza; 2) an, zu — a, verso; 3) nach, nachdem — dopo, dopochè; z. B. te tóu gbóg, nach unserm Tode, "nachdem wir gestorben" — dopo la nostra morte.
Tede, 1) Ort, am Orte — luogo, a parte; 2) vom Orte her, von — da parte, da; z. B. tede yin, von dir — da te.
Tede-eben, überall — da pertutto.
Tede-mac, Hölle, "Ort des Feuers" — inferno, "luogo del fuoco". V. mac.
Tede-mec, entfernter Ort — luogo distante.
Teden, anstatt — invece.
Tedéte, anderswo — altrove.
Tede-uàl, Gras, "Weideplatz" — gramignia, pascolo.
Tey, umsonst — gratis.
Toyn, P. aci-tèyn, prasseln, knattern, sprühen — scoppiare, far fragore, schizzare.
Tek (tèk), P. aci-tèk, austheilen, vertheilen — dispensare, distribuire.
Tek, P. aci-tèk, gehen, weggehen — andare, partire.
Tek (wtek), P. aci-tek (wtek), fasten — digiunare.
Tek-ic, P. aci-tèk-ic, zertheilen — spartire.
Tel, Pl. gl., Querholz am Dach — trave sul tetto.

Tel-cyeng, 1) Haupttragbalken — trave principale; 2) Erhalter — conservatore; 3) gütig, grossmüthig — benevolo, magnanimo.

Telip, Pl. gl., wüste Ebene — pianura, ove nulla si trova.

Tel-nom, P. aci-nom-tel, 1) den Kopf schütteln — crollar il capo; 2) verneinen — negare.

Tem, P. aci-tèm (tem), schneiden, abschneiden — tagliare, mozzare. Cf. sanscr. tam, tam-âla, gr. τάμνω (τέμνω).

Têm (wtèm), P. aci-tèm, messen, wägen, prüfen, versuchen — misurare, pesare, provare; z. B. an aci tûn-de akôn têm, ich habe den Elephantenzahn gewogen — io pesai il dente dell' elefante. B. tem.

Têm (tem), Pl. tèm, 1) Wage, Maass — bilancia, misura; 2) Piüfung, Versuchung — prova, tentazione.

Te-mac (temac), Pl. gl., 1) Gefängniss — prigione, contumacia; 2) Versuchung — tentazione. V. mac.

Tem-bey, P. aci-tèm-bey, wegschneiden — tagliar via.

Te-mec, von weitem, weit — da lontano, lontano. V. te u. mec.

Tem-kóu, P. aci-kóu-tèm, zertheilen, zerschneiden — dividere, tagliare. V. kóu.

Tem-luel, P. aci luel-tèm, unterbrechen, „die Rede abschneiden" interrompere il discorso. V. luel.

Tem-luoy, P. aci-luoy-tèm, aufhören, „die Arbeit abbrechen" — interrompere il lavoro. V. luoy (loy).

Tem-rol, P. aci-rol-tèm, abschlachten, „die Gurgel abschneiden" — scannare. V. rol.

Tem-uar, P. aci-uar-tèm, übersetzen, „den Fluss durchschneiden" — guadare. V. uar.

Ten (v. te), 1) Ort — luogo; 2) hier — quà; 3) hieher — qui.

Tene, 1) Ort — luogo; 2) von da, von wannen — da qui, da dove.

Tene-akol-ben, Osten, „woher der Tag kömmt" — oriente, „da dove viene il giorno (sole)".

Tene-cuòl-ben, Westen, „woher das Dunkel kǫmmt" — occaso, „da dove viene l'oscuro". V. cuol.

Tèng, P. aci-teng, ausklopfen, abschütteln — scuotere.

Te-nge, Pl. tengke, ausgewichen! „Hebe dich weg"! — da banda, via di quà. Cf. te u. ngay.

Tenò, 1) wo? — dove? 2) woher? — di dove? 3) wohin? — dove, per dove?

Tep, Pl. gl., Mimose — mimosa.

Ter, P. aci-tér, 1) altern — invecchiare; 2) hartneckig sein, widerstreben — esser ostinato, opporsi; 3) zwingen — sforzare.

Têr, 1) alt — vecchio; z. B. buông têr, altes Kleid — abito usato; ghun têr, baufälliges Haus — casa rovinaticcia; 2) schon lang her — da molto tempo.

Tet (gewöhnl.: itet oder etet), wahr, wahrhaftig — vero, veramente; ran tet, ein rechtschaffner Mann — uomo da bene.

Tet, P. aci-tèt, 1) anbauen — coltivare; 2) einrichten — accomodare; 3) ernten — cogliere (frutti).

Têt, Pl. gl., 1) Ordnung — ordine; 2) Gesetz — legge; 3) Freudenmal — banchetto.

Tet-ic, P. aci-tet-ic, ausklauben, ausmustern — sceverare, scartare.

Tetin-tèr, vormals, vor Zeiten — prima, molto tempo fà.

Te-tok (tetok), beisammen, „an Einem Platze" — insieme, „in un luogo".

Tetok, 1) einig — unito; 2) Einige — alcuni.

Tetòk, Pl. gl., Wunde, Geschwür — piaga, ulcera.

Tetúy (te-tuy), dort, am dortigen Platze — colà, in quel luogo.

Te-tût (tetût), 1) Tiefe, Abgrund — bassezza, abbisso; 2) unten, drunten — laggiú.

Te-wtyok (tewtyok), 1) nahe — vicino; 2) Nähe — vicinanza.

Ti, 1) wenn, insoferne — se, in quanto; 2) wann — quando; 3) Ort, Stelle — luogo (v. te); 4) Suffixe als Diminutiv. V. Gramm. §. 22.

Tic, P. aci-tic, erscheinen — comparire; 2) zeigen — mostrare.

Tic, Pl. gl., Erscheinung — apparizione.
Tièc, v. wtyèc.
Tik, Pl. dyar, Weib, Frau — donna, signora (moglie). V. Gramm. §. 11.
Til, Pl. gl., Distel — cardo.
Til, Pl. tyel, 1) Kupfer — rame; 2) Ohrring — orecchino.
Til, P. von tyel.
Tim, Pl. tìm, Pflanze, Baum, Holz, Wald — pianta, albero, legna, selva.
Tim, 1) tausend — mille (mila); 2) sehr viel — assai molto. Cf. lat. sexcenti.
Tim, v. tyem.
Tim, P. aci-tim, schröpfen — scarificare. Cf. tem.
Tim-bâr, Pl. tim-bâr, Pfahl — palo. V. bâr.
Tim-e-cuay (cyuay), Pl. tim-e-cuay, Tamarinde — tamarindo. Arab. tàmr-hindi, indische Frucht.
Tim-kóu, Pl. tim-kóu, Baumstamm — fusto dell' albero. V. kóu.
Tim-pat-ic, Pl. tim-pat-ic, Brett — asse. V. pat.
Tim-tar, Pl. tim-tar, Baumstamm — fusto dell' albero. V. tar.
Tin (wtin), 1) Ort — luogo; 2) hier — quà; 3) darin, vorhanden — dentro, presente; a to tin, existiren, vorhanden sein — esistere, trovarsi; z. B. câ a to tin? ist Milch vorhanden? — c'è del latte?
Tin, P. von tyen.
Tine, Diminutiv-Suffixe; z. B. ran, Mann — uomo; rántine, Männlein — ometto.
Tin-e-jonkor, Pl. dyar-e-jonkor, Stute — cavalla. V. Gramm. §. 11.
Tin-e-kôr, Pl. dyar-e-kor, Löwin — leonessa. V. tik u. kôr.
Tin-e-rèc, Flossen — pinne de' pesci.
Tingkay, Pl. dyarkay, junge Frau — donna giovine. V. tik und kay.
Tinô, wo? — dove? Cf. tenó.
Tintér, Pl. titer, klein von Umfang — piccolo di circonferenza.

Tíntet, Pl. títet, Diminutiv-Suffixe. V. Gramm. §. 22.
Tip, v. tyep.
Tir (tïr), P. von tyer.
Tit, v. wtit.
Tït, Pl. gl., 1) Erwartung — aspettazione; 2) Riesenbaum — albero gigantesco.
Tït, Pl. u. P. von tyet, q. v.
Tyay (meist mit bey), P. aci-tyay, 1) verzetteln, verschleudern — disperder (cose); 2) sich zerstreuen — disperdersi; 3) verstossen — scacciare.
Tyak, P. aci-tyak, heirathen — prender marito. Lat. nubere.
Tyalyang (tyal-yang), v. wtyal-yang.
Tyan, v. wtyan.
Tyân, P. aci-tyân, verstecken, sich verstecken — ascondere, nascondersi. Letzteres meist durch: lo-tyân oder: tyân-rot ausgedrückt.
Tyangkay, Pl. dyarkay, junge Frau — donna giovine. V. tik fiund kay.
Tyangtyang, Pl. gl., Spiegel — specchio.
Tyattyak (tyaktyak), P. aci-tyaktyak, wogen, fluthen — esser marea.
Tyattyak (tyaktyak), Wogen, Fluthen — cavalloni, onde.
Tyed, P. aci-tyid, ausbreiten — distendere.
Tyek, P. aci-tyek, heirathen — ammogliarsi. V. tyak.
Tyék, P. aci-tyék, hart, schwer, rauh sein — esser duro, difficile, aspro.
Tyék, Pl. gl., Sorge, Kummer, Bürde — cura, affanno, peso.
Tyel, P. aci-til, beneiden — invidiare.
Tyem, P. aci-tïm, niesen — starnutare.
Tyen, P. aci-tïn, mit einer Kugel oder Waffe treffen — colpire con arma o palla.
Tyen-e-Dén-did, Pl. tyec-e-Dén-did, Blitzstrahl, „Gotteskeule" — fulmine. V. wtyèc.
Tyeng (selten: ting), P. aci-ting, 1) sehen, betrachten — adoc-

chiare, ammirare; 2) zielen — mirare. Imperativ: ting, Pl. tyengke. Die Redensart: „ich danke dafür" drückt der Dinka durch: aci-ting aus = „ich habe (deine Gabe) gesehen". La frase: „tene ringrazio" esprime il Dinka con: aci-ting — io l'ho veduto.

Tyeng-yic, P. aci-yic-ting, horchen, lauschen — ascoltare. V. yic.
Tyeng-râl, P. aci-râl-ting, zur Ader lassen — salassare. V. râl.
Tyep, P. aci-tip, kosten — gustare; z. B. tik a tyep cuay, das Weib kostet die Suppe — la donna gusta il brodo.
Tyep, Pl. tip, Schatten — ombra.
Tyer, P. aci-tir (tir), begründen, befestigen, stützen — appuntellare, consolidare, fiancheggiare; z. B. an aci ghut tir, ich habe das Haus gestützt — io appuntellai la casa.
Tyet, Pl. tit (tit), 1) Zauberer — mago; 2) Weiser, Priester sapiente, sacerdote.
T'yet, P. aci-tit, 1) bewahren, bewachen, hüten — conservare, custodire; ran-a-tit, Wächter, Hirt — custode, pastore; 2) warten, erwarten — aspettare, attendere; 3) verschieben — differire.
Tyet-e-Dén-did, Pl. tit-e-Dén-did, Priester — sacerdote.
Tyewt, P. aci-tyewt, 1) ordnen, zurichten — ordinare, apparecchiare; 2) reinigen, sieben — depurare, cribrare.
Tyid, P. von tyed.
Tyok, Lehm, Bodensatz, Hefe — argilla, feccia.
Tyop, P. aci-tyop, 1) kothig, nass sein — esser fangoso, umido; 2) netzen — bagnare.
Tyop, Strassenkoth, Letten, Lehm — fango, pantano, argilla.
Tyut, P. aci-tyut, krümmen, biegen — curvare, piegare.
To, sein — essere (gewöhnl. mit: tin (wtin); a to tin, existiren — esistere.
Toat, v. tuat.
Toat, Pl. gl., Tröpflein — goccia.
Toc (tòc), P. von toyc.
Toc, P. aci-toc, grünen — verdeggiare.

Tŏc (tŏyc, tuŏyc), P. aci-tŏc, senden, schicken — mandare, spedire; ran-a (ci) -tŏc, Gesandter, Bothe, Apostel — ambasciadore, nunzio, apostolo.
Tod, P. aci-tod, hämmern — martellare. Cf. tundere, tutudi.
Tog-mac, P. aci-mac-tog, Feuer machen, anzünden — far fuoco, accendere. Cf. tŏk.
Toyc, v. toc.
Toyc (toc), P. aci-tŏc (toc), 1) liegen — giacere; 2) sich niederlegen — coricarsi.
Tòyn (toyn), Pl. tŏyn, Topf, Geschirr, Schüssel — fiasco, pentola, piatto.
Toyn (wtoyn), deutlich, sichtbar —, distinto, visibile.
Toyn (tuyn), P. aci-toyn (tuyn), zwicken — pizzicare.
Toyn-atuor, P. aci-atuor-toyn, schneutzen — soffiare. V. atuor.
Tòyn-did, Pl. tŏyn-did, Kessel — caldaja. V. tòyn.
Toj, P. aci-toj, reiben — fregare.
Toj-mac, P. aci-mac-toj, Feuer machen, "reiben" — accendere, "fregar fuoco". V. mac.
Tok, eins, Einer — uno, una.
Tòk, P. aci-tŏk, 1) hämmern, schlagen — martellare, battere; 2) hacken, fällen — spaccare, atterrare; 3) leiden, verschmachten — patire, svenire. B. tok (togu), hämmern, hacken — martellare, spaccare.
Tok-ko-tok, je Einer — uno ad uno.
Tòk-nyin, P. aci-nyin-tŏk, Augenweh haben — aver mal d'occhi. Cf. nek-nyin.
Tòk-piu, P. aci-piu tŏk, Wasser schöpfen, "Wasser schlagen" (aus dem Fluss in den Schlauch) — tirar acqua, "batter acqua (dal fiume nell' otre)".
Tok-rir, der Eingeborne — unigenito.
Tol, P. aci-tol, anspornen, reitzen, überreden — spronare, stimolare, persuadere.
Tòl, Rauch, Dampf — fumo, vapore.
Tòl-nir, Weihrauch — incenso. V. nyir.

Tól-tôl, P. aci-tòl-tòl, Rauch machen — profumare.
Tòm, Pl. gl., Zither, Leier — chitarra.
Ton (wton), Pl tòn (wtòn), Männchen — maschio.
Ton, v. etong.
Tòn (tòng), v. tân (tâng).
Tong, Pl. tâng (tong), 1) Lanze — lancia; 2) Krieg — guerra.
Tòng-ajid, Pl. gl., Hühnerei, Hennenei — uovo di gallina.
V. tuòng.
Tor, Pl. tar, Grube, Tiefe — cavo, profondità. V. tar.
Tor, Pl. gl., Staub — polvere. V. tur.
Tòr, Pl. tor, 1) Darm — budello; 2) Mücke — zanzara.
Cf. dyèr.
Tor-bey, P. aci-tor-bey, abortiren — abortire.
Torol, Pl. toròl, Kameel — cammello.
Totinò, 1) woher? — di dove? — 2) wo? — dove?
Totinòu (totinóu), v. totinô.
Tóu, P. aci-tóu, 1) verderben, zerbrechen — guastare, rompere; 2) zu Grunde gehen, sterben — perire, morire.
Tóu, Tod — morte; ran-tóu, Todter — morto; ci-tóu (ci-tóu), todt, zerbrochen — morto, rotto.
Tû, P. aci-tû, säugen — allattare.
Tuak, P. aci-tuak, 1) sieden, braten — far bollire, arrostire; 2) glühen, sprühen — esser rovente, scintillare; 3) geifern — far bava.
Tuâl, P. aci-tuâl, sprudeln, strudeln — bollire, far vortice.
Tuâl, Pl. gl., Wasserblase, Strudel — bollicella, vortice.
Tuat (toat), P. aci-tuat, tropfen, tröpfeln — stillare, gocciolare.
Tuat, Pl. gl., 1) Tropfen — goccia; 2) Punkt — punto.
Tub, P. aci-tûb, verwüsten, plündern — devastare, saccheggiare.
Tùc (tûyc), P. aci-tûc, verschlucken — inghiottire. V. tú u. yic.
Tuec, P. aci-tuèc, scherzen — scherzare; z. B. miwt a tuec, die Kinder spielen (scherzen) — i fanciulli scherzano.
Tuey-bey, P. aci-tuey-bey, überfliessen — traboccare.
Tuèj, Pl. tûj, Getreidekorb — cassa, recipiente pel grano.

Tueñ, P. aci-tuéñ, abreissen, sich trennen — staccare, rompersi; 2) abreisen — partire (partirsi).
Tuèng, P. aci-tueng, vorausgehen, der erste sein — precedere, esser il primo. B. tu, gehen — andare.
Tuèng (tuèn, tueng), 1) der erste — il primo; 2) früher, vor, vor Zeiten, vom Anfang — prima, avanti, da tempo, da principio.
Tuer-wtok, P. aci-wtok-tuer, öffnen — aprire. V. wtok.
Tuet, P. aci-tuet (tuat), saugen — succhiare.
Túy (Suffixe), dort — colà.
Tuyc (tuic, tuc), P. aci-tuyc, warm sein — far caldo; a nong tuyc, warm haben, schweissen — aver caldo, sudare. Cf. nek-tuyc.
Tûyc, v. tûc.
Tuyn, P. aci-tuyn, kneipen, beissen — pizzicare, mordere.
Tuyn (tuoyn), P. aci-tuen, in die Wette laufen — concorrere. B. tu.
Tuk, P. aci-tuk, 1) hüpfen, frohlocken — galoppare, gongolare; 2) beugen — piegare.
Tuk-muol, P. aci-muol-tuk, die Kniee beugen — genuflettere. V. myal u. cf. dûk.
Tul, P. aci-tûl, anschwellen (vom Flusse) — crescere (del fiume); z. B. uar a tul, der Fluss schwillt an — il fiume aumenta.
Tûn, Pl. gl., Löffel — cucchiajo.
Tûn-e-tab, v. tòyn-e-tab.
Tûng (tûn), Pl. tung (tun), Horn — corno.
Tûng-akôn, Elfenbein — dente d'elefante.
Tûng-ròc, Pl. tung-ròc, Fischflossen — pinne de' pesci.
Tuob, v. tub.
Tuoc, v. tòc.
Tuoc-beyc, P. aci-tòc-beyc, entlassen, „wegschicken" — licenziare, „mandar via". V. tòc.
Tuoyn, Pl. gl., Balken, Scheit — trave, pezzo di legno.

Tuòl, P. aci-tuòl, auftauchen — emergere.

Tuom, P. aci-tuom, 1) sich erheben, einen Aufstand erregen — ammutinarsi; 2) die Hände falten — giunger le mani.

Tuom, P. aci-tòm, stacheln, antreiben — pungere, punzecchiare; z. B. ran aci mûl tòm, der Mann hat den Esel angetrieben — l' uomo punzecchiò l' asino.

Tuòm, Pl. gl., Gespenst — spettro; ran-tuòm, einsamer Wanderer — uom ramingo.

Tuong, Pl. tòng, Ei — uovo.

Tuong-nyok, Pl. tòng-nyok, Nisse, „Lausei" — lendine.

Tuor-piñ, P. aci-tuor-piñ, verwüsten, einreissen — devastare, demolire; z. B. ran aci ghun-do tuor piñ, der Mann hat sein Haus niedergerissen — l' uomo demolí la sua casa.

Tuot, Pl. tut, Gans — oca.

Tuot (tut), P. aci-tut, anlügen, betrügen — contar bugie, truffare; ran-a-tut, Betrüger — ingannatore.

Tuot-ic, P. aci-tuòt-ic, biegen, drehen — incurvare, torcere.

Tur, Pl. tuor, Insel — isola.

Tur (tor), Staub — polvere; a nong tur, es staubt — fà polvere.

Tur-e-mac, Schiesspulver, „Feuerstaub" — polvere d' armi da fuoco. Arab. turab.

Tut, der Wurm beim Frentit — verme del frentit. V. II. Jahresbericht des Marienvereins. Wien 1853, p. 29. Cf. wtyóu.

Tut, P. aci-tût, 1) bilden — formare; 2) sich stellen, verstellen — fingere, simulare.

Tut, Verstellung, Irrthum — simulazione, errore.

Tût, 1) tief — profondo: pan-tût, Tiefe, Thal — profondità, valle; 2) niedrig, demüthig — umile. V. atût.

Tût-ic, 1) tief — profondo; 2) konkav — concavo.

Tutúy, dort — colà.

U.

U (un), Vater — padre. V. Gramm. §. 34.
Ua, Pl. uat, Knabe — ragazzo.
Uâ, mein Vater — mio padre, kontr. aus: u-dia (un-dia). V. Gramm. §. 34.
Uâc, P. aci-uac, einweichen, aufweichen — inzuppare, mollificare; z. B. ghên aci kuyn uac, ich habe das Brod aufgeweicht — io inzuppai il pane.
Uac, P. aci-uâc, gähren, sauer werden — fermentare; z. B. mâu aci (aci) uâc, die Merissa hat gegohren — la merissa (birra) fermentò. Metaphorisch heisst: a uac, treulos, Taugenichts — infedele, briccone.
Uâ-da, unser Vater — padre nostro. V. Gramm. §. 34.
Uay, P. aci-uay, salzen — salare. V. auay.
Uay, Salz — sale. V. auay.
Uayc, P. aci-uac, opfern — sacrificare.
Uak, P. aci-uâk, waschen, taufen — lavare, battezzare.
Uak-ic, Pl. uek-ic, Lache, Teich — lacuna, lago.
Uâ-ko-mâ, Eltern, „mein Vater und meine Mutter" — genitori, „mio padre e mia madre". V. Gramm. 34 u. 35.
Uakóu, Nacht, Nachts — notte, di notte; z. B. an abi ben uakóu, ich werde Nachts kommen — io verrò die notte.
Uak-rot, P. aci-rot-uâk, sich waschen — bagnarsi.
Uâl, P. aci-uel, 1) giessen — fondere; 2) seihen — colare; 3) sieben — cribrare.
Uàl (ual), Pl. ual (uâl), 1) Gras, Pflanze, Heu — erba, pianta, fieno; 2) Arznei, Gift — medicina, veleno; ran-c-ual (uàl), Arzt — medico. V. beyn-e-uàl.
Uâl-bey, P. aci-uel-bey, ausgiessen — versare.
Uâl-ic, P. aci-uel-ic, eingiessen — infondere.
Uâl-ye-koyc-nok, Gift — veleno. V. koyc u. nak.
Uan (uahn), gestern — jeri.
Uangur, Pl. uangûr, Taubenei (d. h. die weisslichen grossen

Glasperlen dieser Form) — uovo di piccione (specie di conteria).

Uanmad, Pl. uanmêd, mein Bruder — mio fratello. V. Gramm. §. 37.

Uar, P. aci-uer (uar), 1) aufrollen — svolgere; 2) verändern, sich ändern — permutare, cambiarsi; 3) vorbeifliessen — colar via; 4) tauschen — barattare; 5) täuschen — ingannare.

Uar (uer, uir), Fluss — fiume.

Uâr, Pl. uår, Schuh — scarpa.

Uar-auay, Pl. gl., Salzfluth, Meer — acqua (fiume) salsa, mare.

Uar-cia, meine Väter (Vater, Grossvater u. s. w.) — i miei padri (padre, nonno etc.). V. Gramm. §. 34.

Uar-yóu, Flussufer — riva di fiume. V. yóu.

Uar-ke, uar-ken u. s. w., v. Gramm. §. 34.

Uaróu, beide — ambodue. V. róu.

Uat, P. aci-uat, herausziehen — estrarre.

Uât, Pl. uet, Peitsche, „Riemen" — sferza, frusta.

Uauac, Pl. uac-kua, Vaters Schwester — zia (sorella del padre).

Ue (uê), gekürzte Form für — f. br. p. uèk, ihr — voi.

Uec (uêc), P. aci-uêc, abwischen, abtrocknen, reinigen, kehren — detergere, asciugare, nettare, scopare; ci-uêc, sauber — pulito.

Uec, P. aci-uèc, umgraben, ausgraben — zappare, vangare.

Uêc, Pl. gl., Besen, Bürste — scopa, spazzola.

Uec-rot, P. aci-rot-uêc, sich putzen, zieren — adornarsi.

Ued, Pl. uêd, Krebs — granchio.

Uèd, Pl. uyèd, 1) Eisen — ferro; 2) Pfeil — saetta.

Uèd-amòd-wtok, Nagel, „spitzmauliges Eisen" — chiodo, „ferro con bocca aguzza". V. amòd u. wtok.

Uey, P. aci-uêy (uèy), athmen, hauchen, anhauchen — alitare, respirare, flatare.

Uêy, Pl. gl., Hauch, Athem, Seele, Geist — alito, flato, anima, spirito; wird meist mit der Pl.-Suffixe konstr.

Uèy, P. aci-uèy, spinnen, weben — filare, tessere.
Uey-arêd, P. aci-uéy-aréd, schnaufen — ansare.
Uey-did, P. aci-uéy-did, laut athmen — ansare.
Uéy-lik, die letzten Züge — gli ultimi sospiri.
Uej, P. aci-uèj, ausschlagen, sich wehren — calcitrare, difendersi.
Uèj, P. aci-uij, 1) absenden — spedire; 2) bestimmen — destinare.
Uêk (ue, uê), ihr — voi. V. Gramm. §. 30.
Uékódia, ihr alle — tutti voi.
Uel, Pl. uèl (uel), Wort, Rede — parola, discorso.
Uèl, Pl. uèl, Perlhenne — gallina faraona.
Uèl, P. aci-uèl (uel), wenden, umstürzen — volgere, arrovesciare.
Uêl, Pl. uèl, Messer, Sichel — coltello, falce.
Uelén, Pl. uelén-kua, Vaters Bruder — zio (fratello del padre).
Uèl-uéy, P. aci-uéy-uel, deliriren — delirare.
Uen (uén), etwas früher — un po prima.
Uèn, Pl. uât (uét), Sohn, Knabe — figlio, ragazzo. Vokat.
Pl. uétkuy.
Uèn-did, der Erstgeborne — primogenito.
Uène, Pl. uâti, v. uèn.
Uentêr (uen-têr), früher — prima. V. ghontêr.
Uepec, ihr selbst — voi stessi. V. Gramm. §. 31.
Uer, P. aci-uêr (uar), vergehen, verfliessen — passare, scorrere; ruòn uêr, voriges Jahr — l'anno scorso; akol-uêr, gestern —· jeri.
Uer, Fluss, Meer — fiume, mare. V. uar.
Uêr, Pl. uer, Mist (von Thieren) — fimo stallatico. B. uóro.
Uêr, vorhin, früher — avanti, prima.
Uér-ic, gestern um Mitternacht — jeri a mezza notte.
Uè-rot (uèrot), P. aci-rot-uèl, sich wenden, kehren — volgersi. voltarsi.
Uet, P. aci-uêt, 1) zählen — numerare; 2) erzählen — raccontare; 3) unterrichten, predigen — insegnare, predicare.
Uet, Pl. uèl (uel, selten uet), Wort, Rede — parola, discorso.

Uet (uewt), Pl. uèu, Geräth, Geschirr, Werkzeug, Waffe — mobili, vasellame, stromenti, armi.
Uèu, Pl. von uet (uewt), q. v.
Ueuaróu, ihr beide — ambidue voi.
Ug-rot, P. aci-rot-uog, sich nähern — avvicinarsi.
Uid, P. von uyed und uyèd.
Uil, P. aci-uil, blitzen — lampeggiare; deng a uil, es blitzt — lampeggia. V. deng.
Uin, gekürzt. Pl. von uyón. V. yuón.
Uir, v. uar.
Uìr, kalt — freddo. V. yuìr.
Uìr-akòr, frisch, nicht sehr kalt — fresco, freschetto.
Uit, P. aci-uit, einschlafen — addormentarsi.
Uyed, P. aci-uid, schärfen — schleifen — raffilare, molare.
Uyèd, P. aci-uid, besiegen, überwinden — vincere, superare.
Uyèd-piu, P. aci-uid-piu, bespritzen — asporgere.
Uyèy-nom, P. aci-nom-uòy, das Haupthaar kämmen — pettinarsi.
Uyek, P. aci-uyik, schwanken, fallen — barcollare, cadere.
Uyén, v. yuén.
Uk (ûk), Pl. uok, Flügel — ala.
Ul (ûl), P. aci-ûl, ausreissen, entwurzeln — svellere, sradicare.
Um (ûm), Pl. um, Nase, Nasenlöcher — naso, narici. V. uom. B. kume.
Um-ic (ûm-ic), Pl. um-ic, Nasenlöcher — narici.
Un (û-n), sein (ihr) Vater — suo padre. V. Gramm. §. 34.
Un-den, ihr Vater — loro padre. V. Gramm. §. 34.
Unguan (u-nguan), vier — quattro. B. u-nguan.
Uô, P. aci-uòu, herumirren — errare.
Uoc, P. aci-uòc, 1) fehlen, fehlschiessen — errare, sbagliare; 2) sündigen — peccare; ran-ci-uòc, Sünder — peccatore.
Uôg, wir — noi. V. ghôg.
Uok, v. ûk.
Uom, P. aci-ûm (uum), durchbohren — bucare. V. ûm.
Uone, ehe — prima. V. Gramm. §. 58.

Uong, Pl. ghok, Kuh, Rind — vacca, giovenca. V. ghuen.
Uor, P. aci-uôr, schrauben, einschrauben — stringere colla vite.
Uor, P. aci-uòr (ûr), sauern — inacetire.
Uor (uòr), Sauerteig — lievito.
Uuot, P. aci-uat, gurgeln — gorgogliare.
Ur, dein Vater — tuo padre. V. Gramm. §. 34.
Ut (ût), P. aci-ut, 1) wüthig sein — infuriare; wüthig werden — arrabbiarsi.
Ut (ût), Pl. uût, der Vogel Strauss — struzzo.
Uu, P. aci-uu, brausen, sausen, stürmen — fischiare, sibilare, urlare.

Wd.

Wderóu, sieben — sette.
Wde-nguan (wdeunguan), neun — nove.
Wdetem, sechs — sei.
Wdyec, fünf — cinque.
Wdyèr, P. aci-wdir, tanzen, hüpfen — danzare, saltare.
Wdyèr, Pl. wdir (wdir), Gelse, Schnacke — zanzara. V. dir.
Wdòk, Pl. gl., 1) Bohrer — succhiello; 2) Schmetterling — farfalla.

Wn.

Wnyâc, P. aci-wnyac, 1) ausdrücken, pressen — spremere, torcere; 2) seihen — filtrare.
Wnyac-ic, v. wnyâc.
Wnyayn, P. aci-wnyayn, 1) verfaulen — imputridire; 2) stinken — puzzare; z. B. ring-ci (ci) -wnyayn, Aas — carogna.
Wnyak, 1) morgen — domani; 2) morgens — di mattina.
Wnyak-dûr, 1) früh Morgens — di mattina a buon ora; 2) morgen früh — domani mattina. V. Myak-dûr.

Wnyak-túy, übermorgen — posdimani.
Wnyal, 1) oben — sopra; 2) hinauf — su; 3) Himmel — cielo (paradiso).
Wnyal-ic, v. wnyal.
Wnyân, Pl. wnyan, Blase — vescica.
Wnyar, P. aci-wnyâr, 1) lieben, verlangen, sich sehnen — amare, desiderare, appetire; 2) schmeicheln — accarezzare. P. nyar.

Wt.

Wtac (wtaj), Pl. wtâc (wtâj), Thau — rugiada.
Wtâk, Pl. wtôk, 1) Schaf, Ziege — pecora, capra; 2) Heerde — gregge.
Wtal, P. aci-wtal, kochen — cucinare; ran-e-wtal, Koch — cuoco; tin-e-wtal, Köchin — cuoca; ghun-e-wtal, Küche — cucina.
Wtâr, P. aci-wtor, durchstossen, durchbohren — trafiggere, perforare.
Wtâr-ic, v. wtâr.
Wtec (wtej), v. wtac.
Wted, Pl. wtêd, Schmid — fabbro.
Wtey, Abend — sera. V. wtèn.
Wtek, v. tek.
Wtêk, P. aci-wtèk, 1) abhängen — dipendere; 2) gehorchen — ubbidire.
Wtel, P. aci-wtel, führen, ziehen, zwingen — condurre, tirare, sforzare.
Wtêm, v. têm.
Wtèn, Abend, Abendzeit — vespera, sera. V. wtey.
Wtet, v. wted.
Wtin (tin), 1) Ort — luogo; 2) hier — quà; 3) darin — dentro. V. tin.
Wtin, Pl. wtèn, Brustwarze, Brüste — papilla, mammella.

Wtit (tit), P. aci-wtit, 1) glühen — esser rovente; 2) roth sein — esser rosso; 3) roh — crudo.
Wtyayng, P. aci-wtyayng. aufhäufen, anfüllen, überfüllen — aumentare, empire, colmare. Cf. wtyan (tyan).
Wtyâk, P. aci-wtyok, begraben — sotterrare.
Wtyal, Pl. gl., Muschel, Schale — conchiglia.
Wtyal-yang, Pl. gl., Münze, Medaille — moneta, medaglia. Cf. wtyal u. melang.
Wtyan (wtyang, tyan), P. aci-wtyan (wtyân, tyan), 1) voll sein — esser pieno; 2) anfüllen — colmare.
Wtyan-nom, P. aci-wtyân-nom, bis „oben" anfüllen — colmare.
Wtyar (gewöhnl. wtyer), zehn — dieci. V. Gramm. §. 28.
Wtyec, P. aci-wtic, 1) seihen, durchseihen — colare, filtrare; 2) herausnehmen — prender fuora.
Wtyèc, P. aci-wtyèc, fragen, bitten, verlangen — domandare, pregare, chiedere.
Wtyèc, Pl. wtyèc, Stock, Keule — bastone, mazza.
Wtyey, P. aci-wtyey, 1) segnen — benedire; 2) verzeihen — perdonare.
Wtyer (selten wtyar), zehn — dieci. V. Gramm. §. 28.
Wtyok (tyok), P. aci-wtyok (tyok), 1) nahe sein — esser vicino; 2) nahe bringen — avvicinare; z. B. awtyok-e-tóu, dem Tode nahe — moribondo; koyo-wtyok, Angehörige, Verwandte — parenti, cugini.
Wtyòk, P. aci-wtyòk, schliessen, verstopfen — chiudere, otturare.
Wtyok-rot, P. aci-rot-wtyok, sich nähern — avvicinarsi.
Wtyôr, P. aci-wtyôr, 1) überlaufen — traboccare; 2) überschwemmen — inondare.
Wtyóu, der Guinea-Wurm, Frentit — malattia di frentit. V. Einleitung p. IX.
Wtoc, Pl. wtoyc, Sessel, Sitz, Thron — sedia, banca, trono.
Wtoy, Pl. wtóy, Fischreusse — gabbia da prender pesce.
Wtoyn (toyn), deutlich, sichtbar — distinto, visibile.
Wtok (wtog), Pl. gl., 1) Oeffnung, Thür, Thor — buco, ingresso,

porta; 2) Mund, Sprache — bocca, lingua; z. B. wtong-e-Jyeng (wtong-Jyeng), Dinka-Sprache — lingua de' Dinka; 3) Nachricht — novella. B. kotok, Mund, Sprache — bocca, lingua; kotomit, Thür — uscio. Cf. mit dem stat. constr. wtong (Gramm. §. 11, 12, 13), gr. *φθόγγος*, engl. tongue, unser Zunge.

Wtok (Suffixe), bis, bis an den Rand — sino, sino all' orloi z. B. unr-wtok, bis zum Flusse — sino al fiume.

Wtok, P. aci-wtòk, fertig werden, vollenden — finire, terminare; z. B. rap aci wtòk, das Getreide ist ausgegangen — il grano è consumato.

Wtòk, Ende — fine.

Wtol, P. aci-wtol, 1) zu Ende gehen, vergehen — finirsi, passare; 2) beendigen, aufzehren — terminare, consumare; ci (ci) wtol, das Vergangene — il passato. Nur im P. gebräuchlich — si usa soltanto nel passato.

Wton (ton), Pl. wtòn (tòn), Männchen — maschio.

Wton (wtong), P. aci-wton, 1) genügen — bastare; 2) ähnlich sein, entsprechen — esser simile, corrispondere.

Wtòn, Pl. wton, Schläfe — tempia.

Wtong-bâr, Pl. wtok-bâr, Schnabel, „langer Mund" — becco, „bocca lunga". V. wtok u. bâr.

Wtong-dia, Muttersprache — lingua vernacola. V. wtok.

Wtong-piñ, Pl. wtok-piñ, Unterlippe — labbro inferiore. V. wtok.

Wtong-wnyal, Pl. wtok-wnyal, Oberlippe — labbro superiore. V. wtok.

Wtonki (tongki), Vergleichung — paragone. V. wton.

Wtor (tor), sehr — assai; z. B. aril-e-wtor, sehr stark — molto forte. Cf. tor.

Wtor, P. aci-wtor, verspotten — schornacchiare.

Verbesserungen.

Seite	Zeile	
1	7	statt „seine" liess „seiner".
11	23	nach „Getreide" schalte ein: „und mehrere andere".
17	12	nach „Negation" schalte ein: „in einfachen unabhängigen Sätzen meist".
19	2	statt rêu l. ghên.
23	23	statt ka-ken l. ka-ke.
28	13	statt agé l. ayé.
50	8	statt a tyop l. abl tyop.
57	12	statt ghog l. ghòg.
64	2	statt abl dyèt ... man l. abl man dyèt ...
65	4	statt reyl l. ryel.
137	5	statt ran e màn l. man e ran.
152	3	statt lenò l tenò.
256 und 257		die Wörter lid und lik-llu setze vor lyáb.
266	12	statt Pl. myàc l. P. aci-myàc.
288	30	statt y. l. P. (Perfekt).

Einige andere geringere Verstösse bitten wir den geneigten Leser selbst zu verbessern.

A. Weger's Hofbuchdruckerei in Brixen.

www.ingramcontent.com/pod-product-compliance
Lightning Source LLC
Chambersburg PA
CBHW030745230426
43667CB00007B/849